·历史与文化书系·

族群的政治
西方殖民与南印度泰米尔民族主义的缘起
（1813—1925）

万里洪 | 著

光明日报出版社

图书在版编目（CIP）数据

族群的政治：西方殖民与南印度泰米尔民族主义的缘起：1813—1925 / 万里洪著 . -- 北京：光明日报出版社，2023.6

ISBN 978-7-5194-7318-1

Ⅰ.①族… Ⅱ.①万… Ⅲ.①泰米尔人—民族主义—研究—印度—1813-1925 Ⅳ.①D093.51

中国国家版本馆 CIP 数据核字（2023）第 112112 号

族群的政治：西方殖民与南印度泰米尔民族主义的缘起：1813—1925
ZUQUN DE ZHENGZHI：XIFANG ZHIMIN YU NANYINDU TAIMIER MINZU ZHUYI DE YUANQI：1813—1925

著　　者：万里洪	
责任编辑：梁永春	责任校对：杨　茹　李佳莹
封面设计：中联华文	责任印制：曹　净

出版发行：光明日报出版社
地　　址：北京市西城区永安路 106 号，100050
电　　话：010-63169890（咨询），010-63131930（邮购）
传　　真：010-63131930
网　　址：http://book.gmw.cn
E - mail：gmrbcbs@gmw.cn
法律顾问：北京市兰台律师事务所龚柳方律师
印　　刷：三河市华东印刷有限公司
装　　订：三河市华东印刷有限公司
本书如有破损、缺页、装订错误，请与本社联系调换，电话：010-63131930

开　　本：170mm×240mm			
字　　数：246 千字		印　张：16	
版　　次：2023 年 6 月第 1 版		印　次：2023 年 6 月第 1 次印刷	
书　　号：ISBN 978-7-5194-7318-1			
定　　价：95.00 元			

版权所有　　翻印必究

目 录
CONTENTS

绪 论 ·· 1
第一章 西方人的早期殖民活动与南印度人民的反抗 ············ 44
  第一节 西方人军事及政治的殖民扩张 ························ 44
  第二节 英国殖民的扩大化与南印度的抵抗回击 ············ 53
  小 结 ·· 60

第二章 英国殖民者的"社会改造"与南印度的民族主义觉醒 ······ 62
  第一节 英国殖民者的"社会改造"及冲击 ···················· 62
  第二节 南印度的民族主义思潮及政治组织显现 ············ 80
  小 结 ·· 90

第三章 英属印度政府对印度本土民族主义的政治转变 ·········· 92
  第一节 英俄地缘政治博弈与英国对印政策调整 ············ 92
  第二节 英属印度政府参与下的国大党组建 ················· 108
  小 结 ·· 118

第四章 印度国大党引领下的非婆罗门反抗与泰米尔民族主义
       萌芽 ·· 120
  第一节 国大党活动下南印度的民族主义发展 ·············· 120
  第二节 非婆罗门群体觉醒与民族主义政党组织的组建 ······ 137
  小 结 ·· 159

第五章　南印度马德拉斯管区泰米尔人的民族主义政治渐显 …… **161**
　第一节　不合作运动时期印度各派民族主义力量的合作与分化 …… 161
　第二节　"庙宇道路使用权"与南印度"不可接触者"的政治
　　　　　抗争 …… 171
　第三节　佩里亚尔领导地位凸显及与甘地领导的国大党决裂 …… 185
　小　　结 …… 193

第六章　南印度泰米尔人的海外迁徙与海外泰米尔民族主义 …… **195**
　第一节　马来亚的泰米尔人与泰米尔民族主义 …… 195
　第二节　锡兰的泰米尔人与泰米尔民族主义 …… 204
　小　　结 …… 214

结　　语 …… **217**
参考文献 …… **222**
后　　记 …… **248**

绪 论

一、选题的缘起及意义

长期以来，由于印度的南方与北方在地理、文化及风俗等方面存在广泛差异，南印度常作为一个与北印度相对的概念出现，成为认识和观察印度的一大重要视角。近现代历史上，马德拉斯管区是南印度最核心和最具代表性的区域之一，其主体部分后随行政区域划分曾陆续变更为马德拉斯省、马德拉斯邦、泰米尔纳德邦。如今的泰米尔纳德邦地区是泰米尔人的世居地区，亦为南印度最具代表性的地方邦之一，也是印度城市化程度最高、教育普及程度最高、女性权益受保护程度最高的地方邦之一。该邦土地面积约为13万平方千米，境内人口总数约7800万①，是印度重要的制造业基地，首府金奈市被称为"东方底特律"。依据土地面积、人口数量、海岸线长度、地区国民经济总量指标，其在印度国内各邦中分别排第10、第6、第3、第2位。该邦的主要民族——泰米尔人，为印度的主要"土著民族"之一，泰米尔语是该邦的官方语言。泰米尔人移居海外的历史十分悠久，是海外印度人口中最主要的群体之一，在世界上的30多个国家和地区有着广泛分布。目前，全球的泰米尔人口总数约8300万②，绝大多数居住在南印度的泰米尔纳德邦，除此以外，在斯里兰卡、马来西亚和新加坡也是当地占比较高的重要族群。泰米尔人是马来西亚与新加坡排名前列的一大族群，泰米

---

① 资料来源于印度政府"印度唯一身份认证管理局"于2020年底的统计报告，See Unique Identification Authority of India, Government of India. State/UT wise Aadhaar Saturation (Overall) – All Age Groups [R]. December 31, 2020.

② 依据气候集团网于2020年统计公布的最新数据 [R/OL]. (2021-02-02). weathergroup.com, http://weathergroup.com/4isfd/47290a-tamil-nadu-statistics-2020.

尔（当地华文中常称为"淡米尔"）语亦是当地所使用的重要语言之一。①作为印度与斯里兰卡两国之间最大的跨境民族，泰米尔人也是斯里兰卡的第二大民族，其族群问题长期在印斯双边关系中发挥着重要影响。

印度这片土地历史上有过自发统一印度次大陆的理想与实践②，孔雀王朝、笈多王朝和莫卧儿王朝都曾开疆拓土、盛极一时，然而南部地区却始终未能完全纳入印度中央政权的行政管辖。及至近代英国殖民者在当地开启殖民统治之后，才大致形成了一个相对松散的政治实体——印度次大陆，可即使这样也由于内部大量土邦的存在而未能达成政治上的完全统一。③ 国内学者尚会鹏将其扼要概括为，印度历史中"统一与分裂的时间之比大体为三比七"。④ 基于此，印度的宗教、语言、民族资源十分丰富，有着"宗教博物馆""语言博物馆""民族博物馆"等称谓。与此同时，印度国内长期遭受着民族冲突、宗教冲突和教派冲突的严重困扰，隐藏着大量族群冲突的隐患，至今亦未根绝。

自 2014 年莫迪政府上台以来，印度人民党的印度教民族主义思潮与政策进一步抬升，印度国内族群矛盾进一步激化。2017 年，印度最高法院干涉泰米尔人"加里卡图"驯牛传统的禁令，就在泰米尔纳德邦引发巨大的民众骚乱，数十万人参加了抗议活动。国际网络平台上，一度有印度民众和海外印侨询问泰米尔纳德邦是否会重新寻求独立？2019 年 12 月，印度政府人民院和联邦院通过的《公民修正法案》也引发了印度国内多地尤其是东北部地区大量的大规模群众骚乱和族群冲突。莫迪政府奉行印度教民族主义的"一个国家、一种语言、一种文化"理念而推行的"印地语强制教学政策"，在各邦地方势力的强烈反对下于 2019 年最终宣告取消，而泰

---

① 其中，泰米尔语是马来西亚的通用语言之一，也是新加坡的官方语言之一。参见王晋军，施黎辉. 东盟海洋国家的语言生态及语言政策研究［C］//语言政策与规划研究：第 1 辑，北京：外语教学与研究出版社，2019：25-35；王睿欣. 多语言背景下汉语在马来西亚传播的特点与动因［C］//汉语应用语言学研究：第 1 辑，北京：商务印书馆，2019：175-184.

② 陈延琪. 印巴分立克什米尔冲突的滥觞［M］. 乌鲁木齐：新疆人民出版社，2003：9-13.

③ 直到 1947 年印巴分治时，印度次大陆仍有约 600 个土邦，相关占地面积近 115 万平方千米，相关人口约 1 亿。参见闵光沛. 殖民地印度综论［M］. 成都：四川民族出版社，1996：161.

④ 尚会鹏. 印度文化史［M］. 南宁：广西师范大学出版社，2007：15.

米尔纳德邦的地方性政党就是其中最中坚的反对力量之一。这与1938年前后由泰米尔民族主义力量在泰米尔纳德邦地区广泛发起的反印地语运动具有较强的相似性,当时执政的国大党邦政府最终也放弃了要求学校教学强制使用印地语的政策。目前,在泰米尔纳德邦使用印地语的族群仅占该邦总人口数的0.0002%,"印地语独尊"政策被当地人视为对本地语言文化的入侵以及对当地官方语言地位的剥夺。① 正如美国历史学者斯坦利·沃尔波特的观察,印度人民党奉行的"印度教第一"政策,代表着婆罗门群体政治利益诉求的印度教民族主义,让国内的其他少数派群体与其渐行渐远。② 在印度教民族主义再次兴起的背景下③,未来印度教民族主义与泰米尔民族主义两股力量之间的政治博弈在可预见的时期内仍会持续,局势会走向何方有待后续进一步的观察和研究。

如今,泰米尔民族主义政治早已成为南印度特别是泰米尔纳德邦的地方政治特色和地方政党底色,而泰米尔民族主义在泰米尔纳德邦的长期存在与发展,背后更是有着深刻的历史、文化与政治背景。泰米尔民族主义的缘起是印度近代历史演进的产物,而在近代泰米尔民族主义的兴起和发展中,佩里亚尔④是被公认的核心领导人物,他加入过国大党,领导和改

---

① 和红梅,周少青. 印度民族国家构建中应对复杂多样性的政治策略及其效果 [J]. 西南民族大学学报(人文社科版),2019(6):7-15.
② 斯坦利·沃尔波特. 细数恒河沙:印度通史:下 [M]. 李建欣,张锦东,译. 上海:东方出版中心,2019:504.
③ 近年来,印度人民党及印度教民族主义在莫迪政府领导下强势回归,已成为印度政坛的一大鲜明特征和不可忽视的政治力量倾向,甚至在对外政策中也有体现。可参阅王世达. 印度教民族主义强势崛起及其影响 [J]. 现代国际关系,2020(2):31-38;许娟. 宗教政治化:印度教民族主义的再次兴起及其对印度外交的影响 [J]. 南亚研究,2020(2):1-31;张帅. 宗教政治化与宗教社会化:印度教民族主义的崛起及未来走向 [J]. 印度洋经济体研究,2021(2):93-112;张书剑. 不可忽视的是"印人党独大"下的"多数主义"施政 [J]. 世界知识,2020(21):14-17。
④ 关于佩里亚尔的人名问题,在英文文献中,最常见的为"E. V. Ramaswami Periyar",在一些文献中也称为"E. V. Ramaswami Naicker"。其本名为"E. V. Ramaswami Naicker","Periyar"为世人对其尊称,在当地语言中有"伟人"之意。对于"Ramaswami Naicker"之名,现有"拉马斯瓦米·奈克"和"罗摩斯瓦米·奈克尔"两种中文译名;而对于"Periyar"之名,国内现有"佩尼亚尔""佩利亚尔""佩里亚尔""佩里雅尔""贝里亚尔""贝里雅尔"等多种译名。为保障译名的广泛性与统一性,本文采用简称为"佩里亚尔"、全称为"拉马斯瓦米·奈克"的译法。

组正义党为达罗毗荼联盟。在近代印度争取独立的政治进程中，佩里亚尔与国大党政治人士既有过合作也出现过分歧，其领导的自尊运动①成为近代泰米尔民族主义兴起的重要标志。

"达罗毗荼"是南印度达罗毗荼人②及达罗毗荼语系的统称，这一词语分别对应着古代梵文中 drāvida 和现代英语中 dravidian 的概念。"达罗毗荼"这一概念的形成既有族群文化的基础，也有政治发展的推动，客观上成为联结南印度族群身份认同和族群政治的一大纽带。与此同时，南印度与北印度存在着巨大的差异性。关于这一点，正如国内印度文化史学者尚会鹏总结的，"大而言之，北印度与南印度存在着明显的区别"③，南印度和北印度在地理、文化、种族、语言、种姓、音乐、建筑等方面都有着不小的差异。曾担任印度第一任驻华大使的印度著名历史学者、外交官潘尼迦就曾在其撰写的著作《印度简史》中使用了近两章的篇幅讲述南印度的历史，认为史诗《罗摩衍那》中没有提及与描述南印度达罗毗荼人的文明就是"北印度与南印度文化分别发展的明显证据"，并指出"它们之间没有共同之处"。④

由此可见，泰米尔民族主义及其政治思想与政党组织在近代印度历史上具有重要地位。然而，迄今国内对印度的研究仍较为薄弱，而在印度历史研究方面尤为突出。印度的南方与北方在民族、语言、文化和发展上都呈现出较大的差异性，回溯南印度泰米尔民族主义的历史发展进程，通过

---

① 关于自尊运动的称呼，最常见的名称有两个，一是"Self-Respect Movement"，可译为"自尊运动"；二是"Dravidian Movement"，可意译为"达罗毗荼运动"或音译为"德拉维达运动"。该运动是一场较为激烈的社会思想运动，既包含南部达罗毗荼人民族意识觉醒的内容，也包含大量关于"不可接触者"权利、女性"解放"等社会思想和政治权利的内容。为全面贴切该运动的内涵与特征，本文采用"自尊运动"这一称呼。

② "达罗毗荼人"是一个相较于"泰米尔人"而言包含范围更广的一个概念，泛指印度南方讲"达罗毗荼语系"的诸"土著族群"。达罗毗荼人主要包含泰米尔人、泰卢固人、马拉雅利人以及卡纳达人等，约占印度总人口的 20%。在历史、文化、经济、人口等多重因素影响下，泰米尔人成为其中最主要的族群之一，泰米尔人聚居的泰米尔纳德邦也在南印度居于经济、文化的中心地位。正因如此，在中英文的文献中常将二者相互替用，或者更准确地讲，常用"泰米尔人"代指整个"达罗毗荼人"。

③ 尚会鹏. 印度文化史 [M]. 南宁：广西师范大学出版社，2007：15.

④ K.M. 潘尼迦. 印度简史 [M]. 简宁，译. 北京：新世界出版社，2016：80.

对南印度泰米尔纳德邦内的案例分析，以及印太地区国际关系及历史中的泰米尔人相关问题加以考察分析，将有助于丰富对南印度政治发展、印度泰米尔人的族群政治问题及印度近现代中央与地方关系等问题的深层次认知。

与此同时，印度是中国的一大邻国，为当今中国周边外交中的重要一环。中、印同为亚洲地区有着十多亿人口的发展中大国，在全球治理及发展中国家的一些问题上，有着相近的立场和合作的空间。近年来，美国政府的外交战略进入调整期，其全球外交政策不确定性增加、对华政策日趋强硬。[①] 中、印两国均处于国家发展复兴的重要时期，在应对国际格局变化方面具有一定的共同利益。而在未来国际社会发展及印太地区国际格局演变中，印度对中国的地缘政治经济重要性愈益凸显，如何更好地认识印度及促进中印互信也日益成为当今中国学术界迫切需要面对及研究的命题。[②]

中国国家主席习近平也代表中国政府多次谈及中印关系及中印人文交流等工作的重要性和现实意义。2014年9月，习近平主席在印度世界事务委员会专门发表了题为"携手追寻民族复兴之梦"的演讲，特别提到"中印两国要做更加紧密的发展伙伴，共同实现民族复兴"，并强调了中印关系的重要性及"一带一路"中合作的广阔前景。[③] 2019年10月，中国国家主席习近平与印度总理莫迪在南印度泰米尔纳德邦的首府金奈市举行了

---

① 自特朗普政府执政之后，中美关系逐渐步入一个新阶段，美国对华政策调整已成为中国外交工作布局与开展中不可忽视的一个重大命题。参阅万里洪. 现实与自由之辨：美国外交传统哲学的两重性："美国外交传统与中美关系的走向"学术研讨会综述 [J]. 科学·经济·社会, 2019 (2): 119-124。

② 李艳芳，杨怡爽，吕嘉欣，等. "印度洋局势与中印关系"研讨会观点实录 [J]. 印度洋经济体研究, 2021 (1): 128-151.

③ 演讲中，习近平主席表示"中国提出'一带一路'倡议，就是要以加强传统陆海丝绸之路沿线国家互联互通，实现经济共荣、贸易互补、民心相通。中国希望以'一带一路'为双翼，同南亚国家一道实现腾飞……"并对中印关系做了重要论述，"中印两国作为世界多极化进程中的两支重要力量，作为拉动亚洲乃至世界经济增长的有生力量，又一次被推向时代前沿。中印关系已经远远超出双边范畴，具有广泛的地区和全球影响。中印携手合作，利在两国，惠及亚洲，泽被世界"。参见习近平. 携手追寻民族复兴之梦 [N]. 人民日报, 2014-09-19 (3)。

"中印领导人第二次非正式会晤"①,习近平主席再次呼吁中印之间亟须加强交流合作推动双边关系。② 南印度位于"21世纪海上丝绸之路"上,古代时就与中国境内的泉州等地有着广泛的往来联系,对此地区的历史研究有助于增进中国学界对印度更细化、更全面的了解,可加深对印度内部的文化差异、族群差异及族群政治的认知,能为今后中国与印度方面继续加强省际交流及民间交流工作提供助力,而近现代历史上泰米尔民族主义缘起的研究也可为推动国内民族主义的理论探究继续深入提供一个内涵丰富且极具代表性的重要案例。

二、国内外研究状况

(一) 国内研究状况

国内涉及"泰米尔人"或"达罗毗荼人"的研究,在知网上分别可查到百余篇相关文章,不过其中的大多数文章关注的皆为斯里兰卡泰米尔人的族群冲突问题。斯里兰卡的泰米尔人分离运动及泰米尔猛虎组织于20世纪80年代初至21世纪初一度十分活跃,并因引发了斯里兰卡长期的激烈内战而受到了国内学者的不少关注。实际上,南印度的泰米尔纳德邦才是近现代泰米尔民族主义缘起和发展的"大本营",泰米尔纳德邦的大量泰米尔人长期扮演着斯里兰卡泰米尔分离主义势力的"海外支援者"角色。而国内专门研究印度泰米尔人相关问题的文章总体偏少,至于印度泰米尔民族主义的专题性研究则更为稀缺。仅在印度通史著作和有关印度国内印度教民族主义和伊斯兰教民族主义等相关研究中,偶尔对印度泰米尔民族主义问题有所涉猎。

关于泰米尔民族主义的研究,可散见于以下几类著述中。

---

① 中印领导人非正式会晤,是双方领导人以拉近私人情谊为纽带、以构筑合作大局为内容、以增强战略互信为目标的外交新机制。第一次中印领导人非正式会晤于2018年4月27日至28日在中国湖北省武汉市举行,第二次中印领导人非正式会晤于2019年10月11日至12日在印度泰米尔纳德邦金奈市举行。
② 金奈会晤中,习近平主席做出了"支持中国福建省和泰米尔纳德邦、泉州市和金奈城建立友好省城关系"的重要指示,指出"中印人文交流大有潜力可挖",双方要"开展更广领域、更深层次的人文交流,为双边关系发展注入更加持久的推动力"。参见张红.“龙象共舞”迈开新步伐[N].人民日报(海外版),2019-10-15(10);林蔚.推动友好省城关系取得实质性进展[N].福建日报,2019-11-12(1).

>>> 绪　论

　　第一类是在印度及地区通史和印度现状概览的专著中简要述及泰米尔民族主义。

　　王辑五在《亚洲各国史纲要》①一书中对印度次大陆的政治统治历程有简要回顾，指出达罗毗荼人是印度次大陆上较早生活的居民，早期居住在印度河流域，后被雅利安人征服，雅利安对达罗毗荼人的入侵客观上导致了种姓制度的产生和反婆罗门运动的爆发，进而孕育出了佛教。王宏纬的《南亚区域合作的现状与未来》②一书对斯里兰卡泰米尔民族主义与分离主义的形成发展有具体的阐述，并对斯里兰卡僧泰冲突急剧恶化后引发的印度干涉进行了分析。王宏纬指出，泰米尔纳德邦各界的多面施压③在促使印度政府对斯里兰卡进行干涉问题上起到了重要作用，达罗毗荼政党派系中的达罗毗荼进步联盟、全印安纳达罗毗荼进步联盟也广泛活动捞取政治资本。王宏纬认为，在斯里兰卡泰米尔民族主义观念形成中，文化及语言因素的作用要远大于宗教因素；而在僧伽罗人与泰米尔人的冲突中，宗教与教育因素则发挥了十分重要的作用，僧伽罗民族主义的发展也是主要围绕这两大方面展开的。④林承节所著的《殖民统治时期的印度史》⑤对西方殖民者在印度次大陆的殖民统治进行了宏观梳理，其中对达罗毗荼人及南印度的政治历史概况多有所述及，不过均散见于各处。16-18世纪时，南印度的泰米尔商人及金融家已在整个印度及周边地区中拥有较高地位与社会影响力。17世纪时，在整个印度使用最多的几门语言里，达罗毗荼语系中的泰米尔语及泰卢固语就位列其中。及至18世纪初，英国业已在印度形成了马德拉斯、孟买及孟加拉国3大管区的殖民区域划分格局。根据《1813年法案》，英国方面在马德拉斯与孟买分别设立主教职位，逐渐成为当时西方人于印度进行传教活动的一大中心。而以马德拉斯为核心的南印度对英国人的殖民统治抵抗与反击，是印度国内发起时间最早、持续

---

① 王辑五.亚洲各国史纲要[M].北京：高等教育出版社，1957.
② 王宏纬.南亚区域合作的现状与未来[M].成都：四川大学出版社，1993.
③ 王宏纬认为，泰米尔纳德邦泰米尔人在印度中央政府、新闻舆论界、科研教学领域的代表都间接影响到印度中央政府，而泰米尔纳德邦的地方政府也在同印度中央政府的政治渠道中直接对印度中央政府的决策产生影响。
④ 王宏纬.南亚区域合作的现状与未来[M].成都：四川大学出版社，1993：214-217.
⑤ 林承节.殖民统治时期的印度史[M].北京：北京大学出版社，2004.

时间最久的地区之一，涌现出了不少政治人物及政治组织。

朱昌利主编的《当代印度》一书中介绍了印度主要的邦级政党，其中分别论述了"德拉维达进步联盟"①、"全印安纳德拉维达进步联盟"② 及阿卡利党这三大邦级政党的基本情况，并简要谈及了"德拉维达进步联盟"与"全印安纳德拉维达进步联盟"的渊源关系。③ 雷启淮主编的《当代印度》一书中谈及了印度建国后的宗教民族问题与地方民族主义，指出较为突出的有南部地区和东北部地区，认为其普遍大致经历了"民族运动—语言邦运动—地方自治或地方分离"的发展进程。该书作者特别罗列到，阿萨姆邦、旁遮普邦、"泰米尔纳杜邦"④ 及西孟加拉邦的民族自治和民族分离倾向最强烈。其中，还论及了印度的达罗毗荼人民族运动，强调这是独立后第一个爆发出来的地方民族主义问题，其具有典型性和严重性⑤。书中还指出，达罗毗荼人追求独立的民族主义运动大致肇始于20世纪初，后渐发展为反婆罗门的社会运动，并反对印地语、反对种姓制度、反对印地语及印度斯坦人对达罗毗荼语和达罗毗荼人的压迫，强调这一时期在其中发挥领导核心的政治组织即为达罗毗荼联盟。⑥

第二类是在关于印度政治的研究著作中对泰米尔民族主义及相关政治问题进行讨论。

洪共福的《印度独立后的政治变迁》⑦ 对印度中央与地方的权力博弈进行了深刻的探讨，较为系统地回顾了印度独立后地方政治势力的兴起，认为印度1956年语言邦的划分具有双重影响：一方面在一定程度上缓和了各民族之间既有的紧张关系与激烈矛盾，另一方面助长了印度国内各地方

---

① 本文统一写作"达罗毗荼进步联盟"。
② 本文统一写作"全印安纳达罗毗荼进步联盟"。
③ 朱昌利. 当代印度［M］. 昆明：云南大学出版社，1995：170-171.
④ 本文统一写作"泰米尔纳德邦"。
⑤ 该书作者认为，鉴于达罗毗荼人口众多（其总人口数量当时仅次于印度第一大主体民族——印度斯坦族）、历史文化璀璨、拥有共同的语言与土地且历史上长期处于一种独立或半独立状态，其民族主义发展的背后有着深刻的历史与现实背景。
⑥ 雷启淮：当代印度［M］. 成都：四川人民出版社，2000：439-447.
⑦ 洪共福. 印度独立后的政治变迁［M］. 合肥：黄山书社，2011.

的地方民族主义和政治地方化倾向。作者总结出了印度的地方主义政治表现①，对泰米尔纳德邦的泰米尔地方民族主义进行了简要回顾，指出达罗毗荼拥有悠久的反婆罗门历史，认为达罗毗荼联盟、达罗毗荼进步联盟、全印安纳达罗毗荼进步联盟等政党都具有鲜明的泰米尔民族主义色彩。②曹小冰在《印度特色的政党和政党政治》③一书中对印度的政党政治有十分详尽的考察，极具特色的部分是对印度国内的地方性政党分门别类地进行了梳理，将印度的地方性政党主要分为三大类：第一类为教派性政党，第二类为种姓性政党，第三类为民族民主性政党。其中，关于民族民主性政党，其认为影响大的主要有3个：达罗毗荼进步联盟、全印安纳达罗毗荼联盟和泰卢固之乡党，皆位于南印度地区。作者还有一大有趣的发现，即在达罗毗荼进步联盟和全印安纳达罗毗荼联盟的政党活动中，电影、文学、报刊、戏剧等扮演了十分重要的角色。一方面，政党通过这些具有亲民性的活动进行群众性组织工作，具有较强的号召力；另一方面，政党依靠这些媒介塑造形象、传播泰米尔民族主义，吸引大量选民支持和同情者捐款。该书对这两党的历史渊源进行了简要回顾，并对二者在独立自治、联邦主义、民主政治、社会正义及语言政策等方面的施政理念异同做了十分仔细的比较和分析。陈金英著的《社会结构与政党制度：印度独大型政党制度的演变》④，从政党政治的角度对印度的国内社会政治问题进行了分析，其中论及了南印度的泰米尔民族主义旗帜问题。陈金英指出，"全印安纳德拉维达进步联盟"与"德拉维达进步联盟"均为高擎泰米尔民族主义的政党组织，二者在泰米尔纳德邦内拥有广泛的政治影响力。陈金英还在《印度地方政党及其政治影响》⑤一文中探讨了印度的地方政党情况，指出印度的地方政党十分活跃，这些地方政党普遍在一个邦级政府内拥有较强的政治影响力。同时，陈金英将印度的地方政府划分为3类：种族民

---

① 洪共福指出，印度的地方主义政治有3种表现形式：第一，地方性政党的出现与存在；第二，领导人或政党倾向于表露地方化情感；第三，对地方问题加以操纵，进行政治煽动。
② 洪共福. 印度独立后的政治变迁［M］. 合肥：黄山书社，2011：194-201.
③ 曹小冰. 印度特色的政党和政党政治［M］. 北京：当代世界出版社，2005.
④ 陈金英. 社会结构与政党制度：印度独大型政党制度的演变［M］. 上海：上海人民出版社，2010.
⑤ 陈金英. 印度地方政党及其政治影响［J］. 南亚研究季刊，2007（3）：45-51.

族主义政党、教派主义政党和种姓政党。陈金英认为，种族民族主义政党在南印度地区是尤为明显的政治现象，其中影响最大的有3个：德拉维达进步联盟、全印安纳德拉维达进步联盟和泰卢固之乡党。

第三类是关于印度民族问题及民族主义问题的研究中对印度泰米尔人展开的论述。

赵卫邦在《独立后印度民族问题的回顾》[①]一文中，分析了达罗毗荼的民族运动与独立运动，认为反婆罗门运动、自尊运动都是其历史组成部分，并指出正义党就是反婆罗门运动的"领导机构"。作者认为，印度的民族问题由来已久，独立后更为突出，达罗毗荼独立运动是在内外两种因素[②]的共同作用下衰弱瓦解的。该文还提到了独立后印度的地方民族主义抬头的问题，这一观点的概括富有学术洞察力。[③] 赵卫邦的另一篇论文《印度贱民处境在近代的变化》[④]，就贱民群体的处境变化进行了考察，其中不少内容反映了南印度泰米尔纳德邦贱民群体面临的恶劣遭遇。文中还特别论及了近代的贱民解放运动，赵卫邦指出，20世纪20年代，"奈克"就分别领导了马德拉斯地区的自尊运动以及特拉凡哥尔地区的贱民群体为争取进入印度教庙宇权利的"坚持真理运动"，并认为贱民群体的解放运动属于印度解放运动中的一个组成部分。马加力在《崛起中的巨象：关注印度》[⑤]一书就印度的民族问题进行了研究，并将印度国内民族问题的表现形式划分为4类，官方语言问题、按语划邦问题、地方自治主义问题及民族分离主义问题。1965年，依据宪法规定推广印地语时，在印度国内多个邦遭到了反对，其中"泰米尔纳杜邦"的抗议活动尤为激烈。马加力认为，"泰米尔纳杜邦"及南印度的反印地语运动实质上是对大印度斯坦族主义的强烈不满，可归属于官方语言问题类。廖波的《印度的语言困局》[⑥]

---

① 赵卫邦.独立后印度民族问题的回顾 [C]//四川大学南亚研究所.赵卫邦文存：下册.成都：四川大学出版社，1989.《赵卫邦文存》分上、下两册，上册中的《印度的种姓制度和贱民》一文也对南印度的自尊运动及贱民政治等问题有所论述。
② 赵卫邦认为，内部因素是达罗毗荼联盟领导层的政治分化，外部因素是印度国大党执政的中央政府出台了一系列缓和与拉拢的族群政策。
③ 赵卫邦.独立后印度民族问题的回顾 [C]//四川大学南亚研究所.赵卫邦文存：下册.成都：四川大学出版社，1989：446-453.
④ 赵卫邦.印度贱民处境在近代的变化 [J].云南民族学院学报，1984（4）：27-43.
⑤ 马加力.崛起中的巨象：关注印度 [M].济南：山东大学出版社，2010：69-80.
⑥ 廖波.印度的语言困局 [J].东南亚南亚研究，2015（3）：77-80.

一文对印度国内的语言问题进行了分析，文中认为语言是种姓及教派以外印度社会内部群体划分的第三大影响因素，并指出泰米尔纳德邦强大的语言民族主义阻碍了印度中央政府在当地的印地语推广行动。

陈小萍所著的《印度教民族主义与独立后印度政治发展研究》为关于印度教民族主义的研究专著，书中对印度教民族主义的形成、进程、崛起及影响做了多角度的考察。在形成发展过程中，印度教民族主义与印度国内的其他民族主义实质上形成了一种互动过程，其中的部分内容就涉及南印度的民族主义政治问题。陈小萍认为，1947年，印度独立后尼赫鲁领导的政府奉行的"伪世俗化"政策、"民主化"模式、"补偿性照顾政策"①为印度教民族主义的发展提供了巨大的发展空间。20世纪50年代，在尼赫鲁执掌的国大党治理下，印度教民族主义势力与政党组织低调地发展壮大；而在60年代中后期，在英·甘地接任国大党领导人并掌握印度联邦政府大权时，印度国内中央层面与地方层面的政党格局均出现了明显多元化。多个印度教民族主义势力与团体得以从中迅猛崛起，并于1977年3月组建了人民党，参与印度联邦政府的大选角逐。其中，陈小萍还提到南印度的民族主义势力增长，伴随这一现象的是当地许多政治家出身于电影明星。用电影塑造政治人物形象与政党影响力的这一方式，后被印度教民族主义政治团体加以学习并模仿，利用电影方式影响民众的政治认同情感。②张力的《工业化困境与印度近代民族主义的起源》③一文从经济因素方面对近代印度民族主义的起源进行了探讨。文中认为，19世纪中期以后，部分受过西式教育的印度精英逐渐意识到，英国的殖民与"压榨"下印度走向工业化的前景甚为黯淡，这种经济方面的意识让近代印度的民族主义意识得以强化。张力的《印度近代民族主义意识与西方教育》④一文则就西方教育同近代印度民族主义意识的关系做了探讨。张力认为，19世纪兴起的印度民族主义意识是此后印度自治与独立运动的重要基础，而这些印度

---

① 陈小萍指出，这种对少数族群的"补偿性照顾政策"被视为一种"保护性的歧视"，不仅没能消除族群冲突，反而增加了族群矛盾。
② 陈小萍. 印度教民族主义与独立后印度政治发展研究[M]. 北京：时事出版社，2015：54-66，123-125.
③ 张力. 工业化困境与印度近代民族主义的起源[J]. 南亚研究季刊，1987（4）：33-40.
④ 张力. 印度近代民族主义意识与西方教育[J]. 南亚研究季刊，1989（3）：52-59.

民族主义的提出者与传播者大多数均于英国在印举办的西方教育活动中所"培养"和"成长"。兰江的《再论印度民族主义的兴起》① 一文从本尼迪克特·安德森的民族主义理论出发，对 19 世纪印度民族主义的兴起原因进行了探讨。兰江认为，印度民族主义开始于英国在当地推行的英国化教育政策，扩散于印度国内报刊、交通、工业的发展及国大党的成立。该文对印度民族主义的兴起原因做了多角度的有益分析，不过由于篇幅有限，大量相关内容并未具体展开。

程人乾的《祸流：20 世纪民族主义潮汐透视》一书就 20 世纪世界范围内普遍高涨的民族主义进行了观察与分析，其中对斯里兰卡的民族主义与民族冲突也做了相应的探讨。程人乾指出，斯里兰卡泰米尔民族主义的形成与发展与僧伽罗人长期奉行大民族主义有着密切联系。自 20 世纪 50 年代中期以后，斯里兰卡政府推行僧伽罗民族主义，僧伽罗民族主义与泰米尔民族主义之间的矛盾即长期成为斯里兰卡社会中最主要的矛盾。程人乾还认为，就斯里兰卡泰米尔民族主义的性质而言，其实际为一个国家内部的民族冲突与矛盾所导致，应归类为地方民族主义。② 王红生的《二十世纪印度教民族主义的历史与社会探源》③ 一文从世俗化与民族主义的关系视角出发，就 20 世纪的印度教民族主义发展演变进行了探讨，并着重对其历史与社会层面的根源进行了分析。文中指出，民族主义在印度独立后十分盛行，并制造了系列政治刺杀事件，如 1948 年甘地被印度教民族主义分子刺杀、1984 年英迪拉·甘地被锡克教民族主义分子刺杀、1991 年拉吉夫·甘地被泰米尔民族主义分子刺杀。王红生的《论印度的民主》一书则从现代化的视角切入，对印度的民主历史进程做了系统的研究，书中对印度近代政治民主进程中的民族主义多有着墨。其中，还从中央与地方关系的角度对泰米尔纳德邦的民族主义做了简明扼要且富有价值的分析。④ 许利平主编的《民族主义：我们周围的认同与分歧》一书从中国周边 10 余个邻国的民族

---

① 兰江. 再论印度民族主义的兴起 [J]. 历史教学（下半月刊），2010（10）：47-51.
② 程人乾. 祸流：20 世纪民族主义潮汐透视 [M]. 北京：西苑出版社，2000：161-164.
③ 王红生. 二十世纪印度教民族主义的历史与社会探源 [C] //北大史学：第 4 辑，北京：北京大学出版社，1997：214-227.
④ 王红生. 论印度的民主 [M]. 北京：社会科学文献出版社，2011：291-296.

主义出发,进行了案例式的探讨与适当的比较,也涉及印度、巴基斯坦两个南亚国家的民族主义情况研究。其中,由王红生撰写的《印度民族主义与民主主义》一文,就印度国内的民族主义情况进行了回顾,并且对西北部克什米尔问题、南部的"泰米尔纳杜"语言邦重划、东北部的阿萨姆问题、西部的旁遮普问题予以了扼要的探讨,呈现了印度国内民族主义与分离主义情况的基本面貌。王红生还指出,1956 年印度中央政府取消"双语制"在南印度引发的抗议行动最为激烈,除了南印度民众讲历史悠久的达罗毗荼语而非印地语以外,还与当地的政治文化传统相关,该地区在独立以前即已存在宣扬分离主义的政治组织。①

陈邹斌的《寇松时期英印民族主义的萌芽——以 1905 年孟加拉分割为例》② 一文对英印时期的民族主义发展进行了考察,并指出自 1857 年大起义过后印度民族主义经历了长期的"蛰伏",而 1905 年的"孟加拉分割"在较大程度上"刺激"到印度民族主义步入新的阶段,从而日趋活跃、走向运动化。张高翔的《印度教派冲突研究》③ 一书以印度教徒与穆斯林这一冲突为研究对象,并就印度近代历史上的民族主义运动、国族构建予以了相应探讨。长久以来,教派冲突是困扰印度社会的一大难题,其中规模最为庞大与程度最为复杂难解的大抵要算印穆冲突。该书作者对印度古代的族群关系、印度早期国家意识进行了相应的梳理,这对把握印度族群关系与国家认同的演进提供了资料补充。孙士海在《南亚民族宗教问题的现状、成因及其影响》④ 一文中对南亚民族问题的形成原因进行了分析,并将其分为以下几类:小民族对大民族的不满、经济发展失衡、语言政策冲突、国外力量干预、国际分离主义、移民矛盾。孙士海在文中举例分析后认为,斯里兰卡的泰米尔人问题几乎与以上几种原因都有程度不一的关联性。孙士海的《印度政治五十年》⑤ 一文对印度建立共和国后的政

---

① 许利平. 民族主义:我们周围的认同与分歧 [M]. 北京:社会科学文献出版社,2017:58-64.
② 陈邹斌. 寇松时期英印民族主义的萌芽:以 1905 年孟加拉分割为例 [J]. 历史教学问题,2019(2):84-91.
③ 张高翔. 印度教派冲突研究 [M]. 北京:人民出版社,2012.
④ 孙士海. 南亚民族宗教问题的现状、成因及其影响 [J]. 当代亚太,1998(8):36-42.
⑤ 孙士海. 印度政治五十年 [J]. 当代亚太,2000(11):3-15.

治发展史进行了回顾,并对印度国内政治的问题与特征进行了探讨。孙士海认为,宗教化、种姓化和地方化已成为印度政治的突出特征,主要表现为印度教民族主义力量、地区政治力量和低种姓政治力量的同时上升。其中,在"泰米尔纳杜邦"、印控克什米尔及西北部地区,地方性政党具有强大的政治优势,而全国性政党在当地几乎毫无影响力。基于上述因素,印度国内政局呈现出动荡的趋势,一大推动因素即为种族分离主义。孙士海就此指出,印度国内的种族分离主义主要存在于国内几个部分地区,且一旦地区性政党被吸纳进国家政治体系中,就会普遍抛弃此前的政治诉求。贾连庆、付东升、张景伟的《印度的语言生态与语言政策研究》[1] 一文分英国殖民时期、印度独立初期及20世纪60年代以后3个时期,对印度语言政策的演变史做了归纳与探讨。文中认为,印度独立后全国多地的语言民族主义逐渐活跃,南印度反印地语的运动就是率先在今天的泰米尔纳德邦所展开的,并迅速蔓延到印度国内其他不少地方。吴晓黎的《从印度的视角观照印度"民族问题":官方范畴与制度框架的历史形成》[2] 一文从语言、地区、文化、宗教、种族、部落等多个方面,就自英国殖民以来的民族国家建构做了学理探讨。吴晓黎在文中指出,20世纪20年代印度国内存在多个"民族",这些"民族"之间主要以语言划分并期望在此基础上建立单独的国家,其中泰米尔地区强调达罗毗荼身份的民族主义就颇具代表性。

值得一提的是,欧东明对印度的民族主义问题多有论述,并对其中派别组成进行了划分。欧东明的《浅论印度民族主义意识的确立》一文对近代印度民族主义进行了考察,文章认为,欧洲殖民者对印度不仅是贸易、军事及政治的扩张活动,也是文化、教育等方面的西方文化与制度规模化传播。欧东明指出,印度知识分子对西方人的殖民统治持矛盾心态,一方面愤怒于西方人对印度的殖民与压迫,另一方面对这些殖民活动客观上带来的部分有益革新与变化持接纳态度。因而,当时印度的民族主义普遍交织着双重因素:一是基于西方殖民活动"正面影响"下的"自我改革",

---

[1] 贾连庆,付东升,张景伟. 印度的语言生态与语言政策研究[J]. 学术探索,2020(1):41-46.
[2] 吴晓黎. 从印度的视角观照印度"民族问题":官方范畴与制度框架的历史形成[J]. 民族研究,2019(3):46-60.

二是出于西方殖民活动"负面影响"下的"自我复兴",二者之间既有矛盾又有统一,往往是交织与汇合于民族主义的旗帜下。此外,欧东明还提到,19世纪80年代印度出现了民族文化复兴的思潮,在传统宗教文化与西方思想理念(理性主义、人本主义)交织下出现了自我改革与民族斗争,并于这一过程中确立了印度民族这一意识。① 欧东明的《印度教派民族主义析论》② 一文对印度民族主义与印度教派民族主义的关系进行了考察,认为印度教派主义是印度民族主义分化的产物,而印度的教派主义中至少可以分为印度教民族主义、印度伊斯兰民族主义和印度锡克教民族主义,这些印度教派主义之间具有一定的对立性。《印度民族问题研究》一书围绕印度国内复杂的民族问题进行了研究,其中由欧东明撰写的两章内容对泰米尔人相关问题也有不少提及。该书对泰米尔人的人种特征、地理分布及宗教信仰予以了简述,并就印度的民族热点问题进行了专题研究,对印度教民族主义、印度伊斯兰主义③、锡克教民族主义分别予以了扼要分析。而且,书中还以国际关系视角探讨了印度民族问题的影响,从南印度移民到斯里兰卡的泰米尔人与僧伽罗人之间的联系与冲突在书中亦有所涉及。其指出,南印度的泰米尔纳德邦与海外侨民有着紧密联系,其语言文化等内容对海外侨民的民族认同有着重要影响。此外,书中特别提到了达罗毗荼人的独立反抗,认为21世纪初的反婆罗门运动、20世纪20年代的自尊运动就是两大核心内容,并总结认为这实质上是南印度人对北印度民族沙文主义的反抗。④

第四类是对南印度特别是泰米尔纳德邦的专题性研究,其中涉及政治、文化和社会等方面,奈保尔关于南印度的文学性著述受到学界较高关注。

刘国楠、王树英《印度各邦历史文化》⑤ 从邦级层面对印度国内各邦的基本情况做了较为详细的介绍,其中对泰米尔纳德邦的历史、地理、族

---

① 欧东明. 浅论印度民族主义意识的确立 [J]. 南亚研究季刊, 2013 (3): 68-74.
② 欧东明. 印度教派民族主义析论 [J]. 南亚研究季刊, 2019 (4): 51-58.
③ 也常称为"伊斯兰民族主义"。
④ 赵伯乐. 印度民族问题研究 [M]. 北京: 时事出版社, 2015: 80-82, 235-238, 320-322.
⑤ 刘国楠, 王树英. 印度各邦历史文化 [M]. 北京: 中国社会科学出版社, 1982.

群、风俗及文学等方面均有涉及。尽管该书偏于资料介绍的性质，在一定程度上制约了学术性，但其是国内至今仍并不多见的、从邦一级视角出发对印度国内情况进行观察研究的著作之一。吴晓黎的《社群、组织与大众民主：印度喀拉拉邦社会政治的民族志》一书以民族志的方式，详细地就南印度的喀拉拉邦社会政治生活进行了案例式研究。这是国内所少见的针对印度内部一个邦的研究专著，聚焦于南印度的喀拉拉邦，以田野调查的方法就印度的政治生活从内部进行了剖析。吴晓黎指出，社群矛盾是印度政治生活中的一大核心组成部分，社群是理解这些的一大关键概念。西方殖民时期，北印度地区的社群矛盾主要聚集于印度教徒与穆斯林两大社群之上，而南印度地区则主要于婆罗门与非婆罗门两大社群之别中展开。在南印度地区，社群的历史常天然地与反婆罗门运动、语言族群运动联系到一起，语言成为塑造当地族群认同的重要因素。① 邱永辉、欧东明在《印度世俗化研究》② 一书中对婆罗门地位的变化历史有所论述，并认为泰米尔纳德邦地区的巴克提运动③和反婆罗门运动在其中发挥了重要作用。作者列举出反婆罗门运动中几位重要的改革家，指出其中的佩里亚尔为泰米尔语地区最著名的启蒙者和改革家。作者还认为，婆罗门的世俗化与其地位下降密不可分，而其地位下降又与种姓制度衰落密切相关，这意味着印度教的根基——种姓制度出现了重大变化，但近现代印度政治发展给种姓状况的统计工作造成极大困难，因无法掌握一手资料和原始数据而对种姓制度的变化程度难以进行把握和分析。

由中国社会科学院历史研究所组织编著的《南印度农村社会三百年：坦焦尔典型调查》④ 一书，从南印度的视角出发关注了当地农村社会的演变史，以泰米尔纳德邦的坦焦尔县为中心进行了案例式的研究。此书特别

---

① 吴晓黎. 社群、组织与大众民主：印度喀拉拉邦社会政治的民族志 [M]. 北京：北京大学出版社，2009：14-15.
② 邱永辉，欧东明. 印度世俗化研究 [M]. 成都：巴蜀书社，2003.
③ 也称"虔诚派（改革）运动""虔信派（改革）运动""虔信运动"等，为中世纪南印度地区率先爆发的印度教改革运动，后传入北印度地区，对印度教自身的教派发展产生了广泛影响。参见朱明忠. 印度教虔信派改革运动及其影响 [J]. 南亚研究，2001（1）：36-43。
④ 中国社会科学院世界历史研究所. 南印度农村社会三百年：坦焦尔典型调查 [M]. 黄思骏，刘欣如，译. 北京：中国社会科学出版社，1981.

以农村生产方式与社会结构之间的互动，呈现了南印度农村的长时段演变过程。陈洪进、黄思骏的《南印度农村社会——坦贾伍尔县①典型的剖析》② 一文，以泰米尔纳德邦的"坦贾伍尔县"作为考察对象，就英国殖民统治以后农村土地制度与阶级之间的关系加以研究。黄思骏的《南印度泰米尔纳杜邦的资本主义农业》③ 一文从泰米尔纳德邦的"坦焦尔"和"钦格尔普特"两个县出发，对南印度的资本主义农业发展状况进行了考察。作者在文中直陈，国内学术界此前多注重对印度北部地区的研究，而对印度国内其他地区的关注较少。

梅晓云在《文化无根：以 V.S. 奈保尔为个案的移民文化研究》④ 中，以奈保尔对佩里亚尔及自尊运动的记叙为研究对象，做了不少资料性的补充，对其背后的政治运作也多有剖析。作者指出，佩里亚尔的政治活动最终走向了一个异化的困境：佩里亚尔推崇理性主义与无神化，但其死后却被达罗毗荼政党派系及信徒神化。同时，在奈保尔提到印度独立后几十年面临的"南方与北方、非婆罗门与婆罗门、达罗毗荼与雅利安人"冲突背后，作者认为其一大核心要素就是内外因⑤共同驱动下印度婆罗门教文化的衰落。徐振、杨茜、陈祥波的《V.S. 奈保尔印度书写的嬗变》一书对奈保尔的印度书写加以研究，分析了一些奈保尔文字中的佩里亚尔及其领导的自尊运动形象。奈保尔抵达南印度的泰米尔纳德邦后才知晓到佩里亚尔，对其在印度独立运动中的种种事迹都感到惊讶，甚至称佩里亚尔为"南方先知"。奈保尔将甘地与佩里亚尔做了比较：认为甘地反对的是贱民制度，而佩里亚尔是反对整个种姓制度。奈保尔指出，佩里亚尔是典型的无神论者，是达罗毗荼进步联盟党的创始人和先知；反婆罗门运动的主要参与者为中层种姓，获得相应政治权力后即变为反动的新压迫者；佩里亚

---

① 一译"坦贾武尔"，也称"坦焦尔"。
② 陈洪进，黄思骏. 南印度农村社会：坦贾伍尔县典型的剖析 [J]. 南亚研究，1979 (1)：11-17.
③ 黄思骏. 南印度泰米尔纳杜邦的资本主义农业 [J]. 南亚研究，1982 (2)：63-70.
④ 梅晓云. 文化无根：以 V.S. 奈保尔为个案的移民文化研究 [M]. 西安：陕西人民出版社，2003.
⑤ 梅晓云认为，内部因素是现代社会宗教仪式的简化、弱化与可替代化，这"三化"必然降低婆罗门的生存空间与价值，外部因素是现代政治运行下非婆罗门群体的反抗加强。

尔去世后的相关达罗毗荼政治背离了佩里亚尔的理念和教导，引发了泰米尔纳德邦政治派系的混乱。①

第五类是关于海外泰米尔人及泰米尔民族主义的研究，其主要集中于斯里兰卡的泰米尔人问题。

刘军的《后"猛虎"时代的斯里兰卡》② 一文对泰米尔猛虎组织覆灭后的当代斯里兰卡政治局势进行了探讨，文中认为泰米尔猛虎组织覆灭后僧伽罗民族主义高涨，不过在斯里兰卡国内外泰米尔人群体的互动下，并不意味泰米尔民族主义就会彻底消失。裴圣愚、余扬的《慈悲善治：斯里兰卡民族政策的转型》③ 一文以西里塞纳当选总统以后斯里兰卡民族政府的转型为重点进行了针对性的考察，并分析了斯里兰卡国内的民族关系与国家整合状况。文中认为，当代斯里兰卡的民族和解与政策转型中，面临的最大障碍是泰米尔地方民族主义与僧伽罗佛教民族主义。文中还指出，斯里兰卡国内的主要政党具有突出的族裔民族主要色彩，并列举了最有代表性的泰米尔政党和僧伽罗政党，强调国家民族主义与族裔民族主义之间的矛盾也干扰着民族主义政策转型。不过，文中对于泰米尔民族主义的性质既提到地方民族主义，又谈到族裔民族主义，而对二者之间的关系究竟如何未能详加阐释。杨翠柏主编的《南亚政治发展与宪政研究》一书对斯里兰卡的政治发展进行了考察，认为斯里兰卡的内战实质为僧伽罗民族主义与泰米尔民族主义之间的冲突，其中僧伽罗民族主义对泰米尔人的歧视与迫害为主要原因。④ 曹兴的《僧泰冲突与南亚地缘政治》⑤ 一文以地缘政治为切入点，对斯里兰卡的僧伽罗人与泰米尔人之间的族群冲突进行了案例式研究，深入考察了上千年的僧泰关系史及当代的族群冲突，并就僧泰冲突形成了原因进行了探讨。刘艺的《跨境民族问题与国际关系：以斯

---

① 徐振，杨茜，陈祥波. V. S. 奈保尔印度书写的嬗变 [M]. 成都：四川大学出版社，2014：55-59.
② 刘军. 后"猛虎"时代的斯里兰卡 [J]. 国际论坛，2009（6）：72-76.
③ 裴圣愚，余扬. 慈悲善治：斯里兰卡民族政策的转型 [J]. 国别和区域研究，2019（2）：130-149.
④ 杨翠柏. 南亚政治发展与宪政研究 [M]. 成都：巴蜀书社，2010：420-428.
⑤ 曹兴. 僧泰冲突与南亚地缘政治 [M]. 北京：民族出版社，2003.

里兰卡泰米尔跨境民族问题与印度和斯里兰卡关系为例》①一书从印度、斯里兰卡双边关系的视角下出发,就泰米尔人这一跨境民族进行了追踪,并对在此基础上形成的泰米尔人跨境民族问题加以分析。

佟加蒙的《殖民统治时期的斯里兰卡》②一书在殖民主义及全球化的双重视野下对西方人对斯里兰卡的殖民历程加以研究,其中分别对葡萄牙、荷兰及英国3个西方国家于当地的殖民活动做了较为详细的梳理与分析,并就这些西方殖民活动对斯里兰卡的影响也做了分析。作者指出,受西方教育的当地人逐渐居于社会中的主体地位,为斯里兰卡的民族觉醒和民族主义复苏创造了条件。王兰的《斯里兰卡的民族宗教与文化》③一书从民族和文化两大视角出发,对斯里兰卡从古代至近代及独立后的民族发展进程做了较为全面的回顾,并涉及西方殖民者与泰米尔人之间和僧伽罗人与泰米尔人之间的两大组冲突矛盾。在僧伽罗人与泰米尔人的冲突探讨中,还特别对僧伽罗民族主义形成原因做了分析。郭家宏的《发展与民族冲突的困境——斯里兰卡》④一书以现代化进程的宏大视野,对斯里兰卡的社会发展历程进行了系统回溯与研究,其中特别指出僧伽罗人与泰米尔人的民族冲突成为斯里兰卡经济发展中的一大障碍,严重制约着斯里兰卡的现代化进程。

其中,需要特别指出的是,学者张位均对泰米尔人相关问题多有论述,有不少研究成果问世。张位均的《斯里兰卡泰米尔人问题:回顾与展望》⑤一文对斯里兰卡的泰米尔人问题由来进行了梳理,并简要分析了英国殖民时期与独立后时期政府政策的区别与影响,并认为斯里兰卡的泰米尔人问题在泰米尔民族主义与僧伽罗民族主义的交织下在相当长一段时期内难以重归和平。张位均的《斯里兰卡民族问题的特点》⑥一文就斯里兰卡僧伽罗人与泰米尔人的民族矛盾和冲突进行了分析,张位均指出独立以

---

① 刘艺. 跨境民族问题与国际关系:以斯里兰卡泰米尔跨境民族问题与印度和斯里兰卡关系为例[M]. 长沙:湖南人民出版社,2012.
② 佟加蒙. 殖民统治时期的斯里兰卡[M]. 北京:社会科学文献出版社,2015.
③ 王兰. 斯里兰卡的民族宗教与文化[M]. 北京:昆仑出版社,2005.
④ 郭家宏. 发展与民族冲突的困境——斯里兰卡[M]. 成都:四川人民出版社,2002.
⑤ 张位均. 斯里兰卡泰米尔人问题:回顾与展望[J]. 南亚研究,1996(2):29-33.
⑥ 张位均. 斯里兰卡民族问题的特点[J]. 南亚研究,1990(2):22-28.

前斯里兰卡的民族矛盾主要存在于上层精英集团之间，而独立后民族矛盾逐渐扩散到普通民众中。张位均还认为，1983年激烈的民族冲突陷入内战，此后的僧伽罗人与泰米尔人冲突"一发不可收拾"。张位均在《印斯关系概述》[1]一文中从印度斯里兰卡双边关系的角度就其中的问题进行了梳理与分析，分别谈到了斯里兰卡泰米尔劳工问题、卡恰提武岛争端问题及斯里兰卡泰米尔人独立问题，其中还指出了南印度的地方政府及印度中央政府对斯里兰卡泰米尔人分离主义的不同态度与政策。

除此之外，马来西亚地区也是有关海外泰米尔人的一大研究对象，但普遍以"海外印度人"的身份出现在国内学术界的研究视野内。

梁英明的《马来西亚种族政治下的华人与印度人社会》[2]一文从种族政治的角度对马来西亚的华人与印度人进行了比较，文中注意到马来西亚的印度人并非单一民族，其中绝大多数为泰米尔人，早期主要为来自南印度的劳工。梁英明还指出，马来西亚印度人内部的民族文化相差较大，彼此之间交往较少，且普遍与母国有着较强的联系与文化归属感。贾海涛的《海外印度人与海外华人国际影响力比较研究》[3]一书，从比较的视角对海外印度人的国际影响力做了研究，其中部分涉及南亚与东南亚的印度人之状况与影响。何平的《东南亚民族史》[4]一书中专门用一章的篇幅，聚焦东南亚地区仅次于华人群体的第二大移民群体——印度人，讨论了印度人在东南亚地区的族群迁徙与社会发展。罗圣荣所著的《马来西亚的印度人及其历史变迁》[5]，为国内第一本专门研究马来西亚印度人的专著，对马来西亚印度人的由来与变迁均做了较为系统性的研究，其中还部分论述了马来西亚印度人近代历史上的民族主义。石沧金的《马来西亚华人和印度人政治参与历史比较研究》[6]从马来西亚国内政治的角度，对马来西亚印度

---

[1] 张位均. 印斯关系概述[J]. 南亚研究刊, 1990 (3): 32-36.
[2] 梁英明. 马来西亚种族政治下的华人与印度人社会[J]. 华侨华人历史研究, 1992: 1-7.
[3] 贾海涛. 海外印度人与海外华人国际影响力比较研究[M]. 济南: 山东人民出版社, 2007.
[4] 何平. 东南亚民族史[M]. 昆明: 云南大学出版社, 2012.
[5] 罗圣荣. 马来西亚的印度人及其历史变迁[M]. 北京: 中国社会科学出版社, 2015.
[6] 石沧金. 马来西亚华人和印度人政治参与历史比较研究[M]. 北京: 中国社会科学出版社, 2020.

人的政治参与状况做了相应研究，论及了马来西亚印度人的政治发展历史进程，是国内较新的学术研究成果。石沧金、常樟平的《马来亚印度人国大党的成立及早期政治活动（1946—1957）》① 一文对二战结束初期马来亚印度人国大党的活动进行了研究，并就当地印度民族主义的发展进行了探讨。文中指出，1950 年之后泰米尔民族主义出现上升，马德拉斯的"德拉韦迪"② 政治在马来亚印度人群体中亦扩大了影响。石沧金的《二战前英属马来亚印度劳工的政治生活简析》③ 一文，对英属马来亚劳工的政治活动情况进行了研究。石沧金指出，20 世纪初时英属马来亚的印度人中民族主义思想快速日趋活跃并成立了政治组织，而到 20 世纪 20—30 年代时泰米尔民族主义的思想则逐渐凸显出来，一些泰米尔精英通过泰米尔语新闻媒体对泰米尔民族主义思想加以宣传。石沧金认为，这种泰米尔民族主义从更广义上来讲是马来亚地区印度民族主义的一部分，大量低种姓的泰米尔劳工既是泰米尔亚民族主义者，也支持当地印度民族主义。

正如罗圣荣在其研究中指出的，在马来西亚的印度人中，绝大多数的为泰米尔人，占到了当地印度人群体总数的 80%。④ 石沧金、潘浪也同样观察到了这一现象并指出，"马来亚的印度人并不是由单一的群体（乃至民族，原文注）构成的，其中，泰米尔人数量居于优势地位，所占比例高达 80%，其后依次为喀拉拉人、安得拉人、孟加拉人、旁遮普人、信德人和古吉拉特人"、"泰米尔人主要来自南印度……印度泰米尔人占主体"。⑤ 可以说，上述研究实际上已直接涉及马来西亚的泰米尔人及其近代政治发展进程，但笼统地将其概称为"印度人"则仍显示出相关研究部分地出现了"对象脱焦"甚至"结果失真"，需要进一步地认识这一地区内重要的族群。

---

① 石沧金，常樟平. 马来亚印度人国大党的成立及早期政治活动（1946—1957）[J]. 南亚东南亚研究，2020（1）：109-123.
② 本文作"达罗毗荼"。
③ 石沧金. 二战前英属马来亚印度劳工的政治生活简析 [J]. 南洋问题研究，2009（4）：49-57.
④ 罗圣荣. 马来西亚的印度人及其历史变迁 [M]. 北京：中国社会科学出版社，2015：25.
⑤ 石沧金，潘浪. 二战前英属马来亚印度人的政治生活简析 [J]. 世界民族，2010（6）：60.

第六类是泰米尔文化及族群的介绍性文章。

值得关注的是,张位均的《读〈海外泰米尔人〉》[①]一文向国内学界引介了印度"泰米尔纳杜邦"学者纳加拉坚教授所著的泰米尔文书籍《海外泰米尔人》,并介绍了泰米尔群体在世界上的广泛分布与悠久灿烂文化。张俊杰的《美国泰米尔文化研究简介》[②]一文对20世纪90年代以前的美国的泰米尔研究做了简要回顾,介绍了泰米尔语专业开设、泰米尔研究机构和泰米尔研究成果的一些基本概况。吴闻的《新加坡的泰米尔人》[③]一文对新加坡的泰米尔人群体的由来和发展状况,以及其历史、文化、教育、政党、人口等多个方面做了基本介绍。始步的《世界上的泰米尔人》[④]一文较早在国内学界中关注了泰米尔人这一族群,并简要介绍到其属达罗毗荼人中最大的一支,拥有长达约5000年的文明史,在世界上大量国家均有分布,而这些海外的泰米尔人皆根源于南印度的"泰米尔纳杜邦"。

特别是,张位均的《世界各国泰米尔研究概况》一文较早在国内就世界范围内各国的泰米尔研究状况进行了系统性的梳理。文中指出,世界上最早的泰米尔研究要数近代去往南印度旅居的西方基督教传教士群体,此后这些关于泰米尔研究的书刊陆续在西方社会有所增多。以20世纪80年代已刊出的泰米尔相关资料来看,苏联最多、美国次之。此外,张位均还在文末对当时国内的泰米尔研究状况进行了归纳与分析,指出新中国成立以前泰米尔语并未传入我国,从20世纪60年代开始我国陆续有机构招收少数的泰米尔语学生并出版泰米尔文刊物,1978年中国社科院南亚研究所成立并安排了2名研究人员进行泰米尔相关研究。不过,总体上"泰米尔语传到我国已有二十多年了,然而我国读者对于泰米尔语、泰米尔民族和他们的文化、历史还缺乏基本的了解,原因是有关这些方面的知识还没有人做过比较系统的介绍"[⑤]。这是张位均于20世纪80年代初对国内泰米尔相关研究的总结归纳,至今这一研究状况的基本格局仍未出现显著变化,总体上仍呈近乎空白之貌。

---

① 张位均. 读《海外泰米尔人》[J]. 南亚研究,1993 (3):77-79.
② 张俊杰. 美国泰米尔文化研究简介[J]. 南亚研究,1992 (2):81-82.
③ 吴闻. 新加坡的泰米尔人[J]. 南亚研究,1993 (4):79-81.
④ 始步. 世界上的泰米尔人[J]. 南亚研究,1983 (4):94-95.
⑤ 张位均. 世界各国泰米尔研究概况[J]. 南亚研究,1983 (2):90-95.

（二）国外研究状况

国外关于自尊运动的研究相对较多，泰米尔民族主义也受到了不少学者的关注和研究，但多是对斯里兰卡泰米尔民族主义的研究，而忽略了对印度的泰米尔民族主义的研究。下面分别介绍国外相关研究的主要状况。

一是散见于通史类著作中的相关问题论述。

芭芭拉·梅特卡夫、托马斯·梅特卡夫在《剑桥现代印度史》中对现代印度史的主要脉络做了提纲挈领式的梳理，书中从印度全境及整个现代史的角度给予了南印度、马德拉斯管区、达罗毗荼人、泰米尔民族主义政治等问题相应的观察，对了解相关问题在印度近现代历史的地位、作用及形成具有重要的参考价值。作者认为，中印度的地貌变化在一定程度上形成了一道天然屏障，让南印度地区发育出了有别于北印度地区的达罗毗荼语言与文化。不过，中世纪以后北印度的婆罗门文化逐渐抵达了南印度地区，而南印度的达罗毗荼商人则通过海洋贸易活动充当了将印度文化传向东南亚地区的重要传播者。作者提到，西方人在马德拉斯建立了城堡、发展了经贸、修建了学校，19世纪下半叶南印度的泰米尔文逐渐被西方传教士和英属印度政府官员形成、确立下来，地方性语言出版物的印刷成为当地新贵的思想宣传平台。19世纪末，马德拉斯的非婆罗门群体日益关心本群体在政府政治与公共参与方面的问题。与此同时，英国学者对达罗毗荼语言文化的新研究成果，让南印度的达罗毗荼人"非婆罗门"群体重新思考历史与现实，并视其为北印度的"雅利安"婆罗门群体对他们的入侵与迫害。一战开始后，神智学社的贝桑特夫人等以马德拉斯为基地组建自治同盟，反对英国在印度的殖民统治。1920年，新的自治政府得以建立，不过非婆罗门、穆斯林等英国人特别标识的群体之间的分歧与冲突日益扩大。作者强调，甘地的政治理念与实践活动已在南印度社会中扎根，正义党在19世纪30年代得以让南印度非婆罗门群体进入政府及大学等机构的数量有所增加。不过，正义党的势力在这一时期迅速衰落，国大党势力于南印度地区"渐露峥嵘"。而泰米尔文化人及知识分子重新塑造自身的文化符号，如泰米尔语神化、湿婆神的达罗毗荼属性。而佩里亚尔所发起并领导的自尊运动，则是在这种泰米尔文化政治意识快速上升的背景下出现与形成的。作者还指出，印度独立后，以语言为基础的地方民族主义问题真正走向激烈化，印度国内的分离主义势头十分猛烈。马德拉斯地区就进行了更名活动，改邦名为"泰米尔纳德"（意为泰米尔人的土地），而当地追求独立与反印地语的情绪在这一时期持续高涨。①

斯坦利·沃尔波特在《细数恒河沙：印度通史》一书中对印度历史做了素描式呈现，囊括了古印度文明时期至21世纪的全景政治史。书中对近现代印度的政治史着墨尤多，对南印度及泰米尔人的政治历史也多有简要叙述。斯坦利·沃尔波特注意到，近代早期南印度马德拉斯民族主义即有了快速发展，并且成立了"马德拉斯民族协会"，甚至编辑出版了泰米尔语报纸——《民族之友》。而后当地又成立了"文学社"、马德拉斯士绅会，不过这些政治团体主要代表着当地的婆罗门群体，与达罗毗荼社会中的非婆罗门群体关联不大。1925年，甘地对南印度地区举行的不可接触者争取进入寺庙部分道路的非暴力不合作运动表示了政治支持，并与当地的特拉凡哥尔政府就此事的解决进行了磋商。20世纪50—60年代，印度爆发了语言邦运动，国大党在全国不少地区的实力受到挤压，显示出当地人对本地古老语言文化的情感纽带更强于对这个新成立国家的认同。而南印度地区也出现了多个设立独立邦的政治诉求，甚至出现了希望建立"达罗毗荼国"的达罗毗荼分离主义，其中还偶尔伴随着一些极端行动。斯坦利·沃尔波特还特别指出，"伯里雅尔"②领导的达罗毗荼联盟宣扬基于种族与文化的民族自豪感，并团结当地达罗毗荼人中的不可接触者及首陀罗等非婆罗门群体，而努力追求建立单独的"达罗毗荼国"。而"安纳杜赖"（Annadurai）③领导的达罗毗荼进步联盟则更倾向于抓住当地泰米尔人的人心，巩固在当地的政治领导与执政基础。④ 爱德华·卢斯的《不顾诸神：现代印度的崛起与发现》一书就印度政坛中的族群政治与印度教民族主义问题有着深刻的分析，其中对南印度地区不可接触者群体的政治影响力增长保持了关注。作者谈及了近代印度政治历史进程中，婆罗门群体与低种姓群体之间的政治矛盾，低种姓政治群体对婆罗门群体的社会抗争是始终

---

① 芭芭拉·梅特卡夫，托马斯·梅特卡夫. 剑桥现代印度史［M］. 李亚兰，周袁，任筱可，译. 北京：新星出版社，2019：234-257.
② 本文统一写作"佩里亚尔"。
③ 本文统一写作"安纳杜拉伊"。
④ 斯坦利·沃尔波特. 细数恒河沙：印度通史［M］. 李建欣，张锦东，译. 上海：东方出版中心，2019：289-290，347-348，416-418.

存在的一股政治力量。其中，作者还特别指出，南印度的泰米尔纳德邦地区近代比更北印度地区更早为西方国家所殖民，而当地的低种姓群体亦更早实现政治觉醒并发动社会抗争的运动以维护自身群体的政治利益。而18-19世纪的西方传教士在当地的传教活动大大提高了当地群体受教育的程度，以及当地多为达罗毗荼群体及低种姓群体、婆罗门群体比例和数量相对较少，这些都有助于当地低种姓运动的率先爆发及发展壮大。①

苏米特·萨卡尔在《现代印度：1885—1947》② 中对南印度的政治社会变革历史多有记叙。该书讲述了佩里亚尔早期与泰米尔地区共产党、国大党等政治力量的互动，并对南印度比哈尔邦政府、马哈拉施特拉邦和泰米尔纳德邦的社会运动、阶级运动、社会变革进行了不少独到的分析，是一本全面而系统的研究著作。尼兰鉴·拉玛克湿楠在《21世纪里理解甘地》③ 中对甘地的生平、思想及政治实践活动有全面的考察，指出甘地因为其宽容和非暴力不合作的思想广受欢迎，但也有很多人对其持批评态度，其中就包括尼赫鲁、安倍德卡尔、佩里亚尔等印度近现代政治进程中的著名人士。作者在书中就有关的争论做了较为全面的论述，这对理解和把握甘地、安倍德卡尔、佩里亚尔之间的合作与分歧大有裨益。迪利普·希罗在《今日印度内幕》④ 一书中对南印度的近现代政治历史发展多有论述，对泰米尔纳德邦泰米尔人的政治发展有不少独到的分析。希罗尤其关注达罗毗荼进步联盟在泰米尔纳德邦的政治活动，认为南印度诸邦中分离主义情绪最强的为泰米尔纳德邦，而其他几个南部邦的分离主义色彩更弱一些，这也制约着达罗毗荼进步联盟在南印度其他各邦的政治影响力。帕特里克·皮布尔斯的《斯里兰卡史》⑤ 一书为研究斯里兰卡史的一本重要著作，书中专门辟有"僧伽罗人与泰米尔民族主义"一章，对斯里兰卡国内政局中泰米尔民族主义的兴起与发展做了精要的回顾和叙述。

---

① 爱德华·卢斯. 不顾诸神：现代印度的崛起与发现 [M]. 张淑芳, 译. 北京：中信出版社, 2011：97-100.
② Sumit Sarkar. Modern India, 1885-1947 [M]. London：Palgrave Macmillan UK , 1989.
③ NIRANJAN RAMAKRISHNAN. Reading Gandhi in the Twenty-First Century [M]. New York：Palgrave Macmillan, 2013.
④ 迪利普·希罗. 今日印度内幕 [M]. 裴匡丽, 戴可景, 译. 天津：天津人民出版社, 1980.
⑤ 帕特里克·皮布尔斯. 斯里兰卡史 [M]. 王琛, 译. 上海：东方出版中心, 2013.

二是关于印度内部的民族关系与民族认同研究。

安东尼·史密斯的《民族认同》一书中就民族主义与民族认同之间的联系做了不少探讨,而在分析后殖民国家的分离主义问题时特别提及了泰米尔人的民族主义。史密斯认为,族裔分离主义主要发生在后殖民国家之中,其原因有二:一是殖民地时期殖民主义将大量分散的族裔加以联络与治理于同一政权下,这加大了各族群之间出现冲突的概率;二是在殖民主义衰落、非殖民化进程推进的过程中,殖民地当地族裔之间的矛盾地位逐渐上升。史密斯还分析道,在欧洲地区的族裔民族主义中,其发展过程往往是精英阶层利用地方语言进行动员,之后族群文化出现政治化进程;而在亚非殖民地的民族主义则普遍是同时进行的。史密斯特别指出,二战过后的族裔分离主义中往往有海外力量的支持,包括泰米尔纳德邦在内的这些分离主义运动几乎都不能让政府做出重大让步以达成协议,不过的确会导致长期的族群分离主义冲突,斯里兰卡、安哥拉及爱沙尼亚就是其中的典型例子。① 姆瑞纳里尼·辛哈在《印度母亲的幽灵:一个帝国的全球重组》② 这本书中以 1927 年美国记者凯瑟琳·梅奥(Katherine Mayo)发表《印度母亲》后引发的大规模国际争议③为中心事件,探讨了近现代印度女性的权利保护问题,这其中与自尊运动中的女性保护产生了一定的社会共振。围绕《印度母亲》的争议,辛哈追溯了从该书出版到 1929 年通过《禁止童婚法案》的发展轨迹,并认为这场争议对印度殖民时期政治-社会关系的重新调整以及女性群体身份的统一产生了广泛的推动作用。书中保留着不少记录与描写当时社会历史的文字资料,为考察和了解同时期南印度女性的社会状况与政治参与提供了重要参考内容。

---

① 安东尼·D. 史密斯. 民族认同 [M]. 王娟, 译. 南京:译林出版社,2018:162-169.
② MRINALINI SINHA. Specters of Mother India: The Global Restructuring of an Empire [M]. Durham : Duke University Press, 2006.
③ 凯瑟琳·梅奥的《印度母亲》,在美国、英国和印度等国家被翻译成数十种语言且多次重印,产生了广泛的社会影响,被许多人誉为印度版的《汤姆叔叔的小屋》。该书聚焦于印度各种社会弊病,特别是提供了印度妇女地位和童妻困境的大量细节。关于印度社会弊病的形成原因,梅奥认为其根源在于"无可救药"的印度教文化(信仰和习俗)。与此同时,梅奥的批评者则认为应归咎于殖民主义国家——英国,正是英帝国的统治阻碍了近代印度社会实现必要的社会改革。

卜正民、施恩德在《民族的构建——亚洲精英及其民族身份认同》①一书中对民族主义在东、西方的变化做了比较分析，认为民族主义的意识形态和政治力量在西方社会已经逐渐衰退，但在亚洲则不然：历史上东西方的互动以及当今国际体系中民族国家间的互动使民族主义仍然得以强势存在。值得指出的是，该书还对印度泰米尔民族主义的兴起与西方传教士"东方主义思维"之间的互动关系多有分析。迈克尔·布朗、萨米特·甘古利在《话语争斗：亚洲的语言政策与族群关系》②一书中对印度的语言政策和国家族群认同发展有案例式的研究。该书作者认为，自尊运动逐渐唤醒了泰米尔人的族群认同，调动了南印度几个达罗毗荼人聚居区的政治参与意识，进而共同反对联邦体制、寻求泰米尔自治。作者还分析指出，达罗毗荼进步联盟、全印安纳达罗毗荼进步联盟的兴起其实也是对联邦体制的一大支持，印度联邦体制在维护印度统一中发挥了重要作用，并以斯里兰卡的大规模僧泰冲突作为一大"例证"③。索尼娅·达斯在《语言的对抗：泰米尔移民和英法冲突》④一书中利用民族志的研究方法，从空间、时间及族群等维度对印度裔、斯里兰卡裔的加拿大泰米尔人社区及在移民国的族际关系进行了探讨，认为在全球化时代下海外泰米尔人共同的"历史和语言记忆"催生了"远距离民族主义"问题。作者还指出，印度独立后初期泰米尔民族主义者利用泰米尔人的"反雅利安入侵"意识，将印度政府推行印地语教育描述为第二次"雅利安入侵"，得到了当地民众的大量响应而影响深远。尚卡尔的《肉和鱼血：后殖民主义、翻译和方言文学》⑤一书通过挖掘印度本土的文学表达对后殖民主义研究做了新的探讨，

---

① 卜正民，施恩德. 民族的构建：亚洲精英及其民族身份认同［M］. 陈城，等，译. 长春：吉林出版集团有限责任公司，2008.
② MICHAEL E BROWN, Sumit Ganguly. Fighting Words: Language Policy and Ethnic Relations in Asia (BCSIA Studies in International Security) ［M］. London: The MIT Press, 2003.
③ 为证明印度联邦体制对维护印度统一、抵消泰米尔民族主义特别是分离主义冲击的有效性，该书举出斯里兰卡的大规模僧泰冲突作为例子，但并未展开具体论证或提供详细资料，此例的有效性尚待进一步讨论。
④ SONIA N DAS. Linguistic Rivalries: Tamil Migrants and Anglo-Franco Conflicts ［M］. Oxford: Oxford University Press, 2016.
⑤ SHANKAR S. Flesh and Fish Blood: Postcolonialism, Translation, and the Vernacular ［M］. Berkeley: University of California Press, 2012.

对英语、泰米尔语和印地语的印度文学与电影合作实现了积极的探索,对泰米尔达利特文学进行了批判性思考。尚卡尔较为全面地展示了泰米尔地区的乡土材料如何推动政治上的进步和女权主义思想的发展,并呼吁重新关注翻译问题和比较方法,以揭示后殖民社会被忽视的方面。尚卡尔也对佩里亚尔领导的自尊运动在南印度的具体开展及社会反响做了阐述,认为"北印度-雅利安人"与"南印度-达罗毗荼人"逐渐发展成为一对文化上的相对概念存在,并进而产生了广泛的社会影响,而运动背后一大核心推动力就是种姓制度下阶层的利益需求。

三是关于印度国家政治体制及现实发展的研究。

阿尔弗雷德·史地潘、胡安·林兹、约衿达·亚达夫在《塑造国家:印度和其他多民族民主国家》[①] 一书中对印度的语言、民族与民族国家建构进行了有益的探讨,认为传统的政治思维习惯将国家的政治边界与文化边界约同,但现代国家社会文化多元性的政治实践证明这一思维已经过时。该书详述了国家政策如何使印度形成多种但互补的身份认同,而斯里兰卡的民族国家政策则加剧了不同族群的认同分歧与族群冲突,并运用不少原始调查数据来支持其相关论点。作者认为,印度作为一个民主联邦制的国家,国内民族较多、群体分裂意识较强等因素让印度天然成为一个的适合观察内部民族认同演变及政策作用的"多民族民主国家试验场"。在《印度的民族国家消解》[②] 这本论文集中,不少文章对近现代泰米尔纳德邦政治演变做了多角度的分析与回顾。纳兰德拉在其中一文中认为,泰米尔民族主义是一种文化民族主义,在发展后期逐渐被达罗毗荼进步联盟、全印安纳达罗毗荼进步联盟两党用来作为吸引民众支持的政治噱头;自尊运动与其说是一场激烈的社会变革运动,不如说是一场反对精英(婆罗门)政治霸权的运动。科布里奇则在其中的另一篇文章中认为,泰米尔纳德邦地区提出的自治甚至独立的增减,背后实际上是印度中央政府与泰米尔纳德邦之间政治权力的博弈过程,也是印度教民族主义与泰米尔民族主义的

---

① ALFRED STEPAN, JUAN J LINZ, YOGENDRA YADAV. Crafting State-Nations: India and Other Multinational Democracies [M]. Baltimore: Johns Hopkins University Press, 2011.

② ANDREW WYATT, JOHN ZAVOS (eds.). Decentring the Indian Nation [C]. London & Portland, Ore.: Frank Cass, 2003.

互动过程。

尼韦迪塔·蒙侬、阿蒂特亚·尼甘在《权力与论争：1989年以来的印度》① 一书中，从全球化与印度教特性两大视角思考印度的民族国家进程中的现象和问题，对印度国内各种社会思潮与政治力量的变迁和影响做了简要有力的剖析。作者认为，泰米尔纳德邦的民族主义政治问题，正好体现了印度政治局势中各种力量的复杂性。自尊运动引发的泰米尔民族主义势力，在该州长期是压倒性的政治力量，20世纪60年代以前都是其社会活动影响力的顶峰时期。印度中央政府也与其进行了长时间的政治博弈，1963年，尼赫鲁政府出台的法律对其政党活动产生了深远影响。乌戈·阿莫瑞蒂、南希·贝尔梅奥主编的《联邦制与领土裂痕》一书研究了民族国家联邦制下的政治机制建设与地区领土分离矛盾，并对世界上具有代表性的联邦制国家的这一问题进行了探讨，其中也涉及印度国内的领土分离问题。其中，阿图尔·科利在《印度联邦制与族群民族主义的调和》一文中，就对联邦制下印度中央与地方在领土和族群问题上的协商、博弈及调和进行了专门性的探讨，并且对印度泰米尔民族主义进行了直接论述。阿图尔·科利认为，20世纪50—60年代，泰米尔人的政治领导者声称他们在印度与其他族群是与众不同的，他们鼓动民众参与支持建立"泰米尔纳德"的政治运动，并且最大化向印度中央政府施压以获得新德里的妥协，让其拥有更大的自治权利。在语言为基础的文化上，泰米尔人及周围南印度的所有达罗毗荼人社会，与北印度以雅利安人为主的社会存在较大的差异。而在20世纪中叶以前，泰米尔人聚居的地区普遍比印度国内其他地区城镇化程度高，成为泰米尔民族主义形成的一大诱发性因素。而国大党与婆罗门群体的紧密联系性，让泰米尔群体寻求自己的政治组织以保护相应利益，正义党、达罗毗荼系列政党则是对此的回应。②

由阿图尔·科利主编的《印度民主的成功》一书从权力分配角度对印度的民主体制及民主政治进行了研究，并对印度中央政府与地方政府的关系从内部做了细致的分析探讨。其中有不少内容涉及南印度的泰米尔纳德

---

① NIVEDITA MENON, ADITYA NIGAM. Power and Contestation: India since 1989 [M]. London &New York: Zed Books, 2007.
② UGO M AMORETTI, NANCY BERMEO. Federalism and Territorial Cleavages [M]. Baltimore: Johns Hopkins University Press, 2004: 285-288.

邦，以及泰米尔纳德邦与中央政府之间的政治互动。尼赫鲁时代国大党主要依靠传统的地方乡绅与精英获得支持，而英·甘地时期则转为依靠意识逐渐觉醒的印度基层民众，而相应的政治动员模式早已出现变化。在南印度的泰米尔纳德邦与安得拉邦，当地的电影明星投身政界过后，迅速利用自身既有的资源与影响力获得了巨大支持，向英·甘地领导的国大党产生了争夺与挑战。其他邦的不少基层民众与低种姓群体也更为活跃地参与政治，甚至出现了专门的低种姓群体新政党。

在该书中，麦伦·维纳所做的《争取平等的斗争：印度政治中的种姓》一文从种姓斗争的角度谈及了泰米尔纳德邦的反婆罗门运动，并认为反婆罗门运动是南印度低种姓争取政治权力的抗争。维纳还指出，近代历史上南印度低种姓群体的政治动员要早于北印度，达罗毗荼运动主要为破坏旧有的种姓制度，而之后成立的达罗毗荼派系政党则把这种对种姓制度的抗争由政治意识逐渐变为泰米尔民族主义。吉奥迪林德拉·达斯古普塔在《印度的联邦设计与多元文化的国家建设》一文中，认为印度建国后的地方身份与联邦身份在制度建构中出现了相互调和，让地方政治力量想将民族主义与地方自治联合捆绑起来变得日益困难，但地方政党的组织化、地方自治性的制度化在提高。詹姆斯·马诺尔在其中的《中央与邦的关系》一文内，对泰米尔纳德邦的泰米尔分离主义进行了简要回顾与要点探讨，其中不少内容涉及泰米尔民族主义的发展分析。马诺尔认为，泰米尔纳德邦的分离主义只是看起来声势浩大，当地近代的民族主义大体上是"失败"的。1914年成立的"达罗毗荼人协会"，主要是基于反对婆罗门群体这个"外来人"建立起来的，当时并没有建立单独国家的打算。拉玛斯瓦米·奈克尔发动了"达罗毗荼运动"，后在反对国大党与马德拉斯的印地语推广时，极力提出只有建立一个单独的达罗毗荼国家，才能解决这种压迫。此后，奈克尔又领导成立了自己的政党——达罗毗荼联盟，然而奈克尔等政治代表人物并未向其他的达罗毗荼兄弟——泰卢固人、马拉雅利人、卡纳达人做出任何传播该消息和理念的努力。马诺尔对此予以了批评，指出这实际上是泰米尔政治人物为追求本民族的利益而提出的冠冕堂皇的由头，而这种建立达罗毗荼国家的想法与实践在20世纪50年代达中后期到了顶峰。此后，达罗毗荼进步联盟于泰米尔纳德邦执政过后，这种分离主义的思想逐渐成为一种"暗流"。尽管当地的反印地语情绪与力量仍然强劲，但至 60 年代末时，已在当地政坛失去了真正的生命力。①

四是关于南印度内部包括泰米尔纳德邦政治社会变迁的研究。

佐伊·谢里尼安所著的《泰米尔民间音乐：作为达利特解放神学》② 一书考察了近现代南印度基督教达利特如何利用民间音乐抗议社会压迫并将其作为自身解放工具的历史。当地牧师利用泰米尔民间音乐创造了一个独特的本土化基督教音乐，并创作了包含基督教神学与社会不平等批判思想的歌曲和礼拜仪式。该书从泰米尔达利特基督徒村民、神学院学生、社会活动家和神学家组成的社区互动中解读近现代南印度达利特的生活状况、思想变迁与政治诉求实践。谢里尼安认为，自尊运动在泰米尔纳德邦最活跃的时期是 1949 年至 1972 年，它是整个印度民族主义运动的一部分，这场运动的政治根源是 1916 年的《非婆罗门宣言》和 1917 年成立的正义党。自尊运动也对泰米尔民间音乐与泰米尔基督教徒产生了一定程度的影响，甚至有部分基督教学者因而转变为无神论者，陆续加入其影响下成立的达罗毗荼派系政党。而拉瓦特、萨扬那拉亚娜在《达利特研究》③ 一书中认为，在自尊运动开始之前近现代不可接触者寻求政治自治的思想意识就已出现，并积极利用南方语言作为政治活动的重要砝码。弗朗西斯·科迪在《知识之光：南印度的扫盲激进和文字政治》④ 一书中，以泰米尔纳德邦地区农村妇女为考察对象，研究了该群体在扫盲运动过程中如何由受众逐渐变为施予者甚至政治激进者的社会现象与变化过程。其对南印度的泰米尔民族主义与非婆罗门运动也有具体阐述，指出佩里亚尔希望建立"泰米尔人家园"的思想是受到了欧洲激进政治思想的启发。科迪认为，佩里亚尔访问俄国时亲眼见到"没有阶级关系"的俄国"平等社会"而深受震撼，回国之后不久就在其主办的泰米尔语杂志上刊发了反映卢梭、伏尔泰、马克思、恩格斯等西方社会思想家观念的系列文章，并大力提倡和

---

① 阿图尔·科利. 印度民主的成功 [M]. 牟效波，等译. 南京：译林出版社，2013：17，55-85，96-101，217-251.
② ZOE C. Sherinian. Tamil Folk Music as Dalit Liberation Theology [M]. Bloomington：Indiana University Press，2014.
③ RAMNARAYAN S, RAWAT K. SATYANARAYANA. Dalit Studies [M]. Durham & London：Duke Press，2016.
④ FRANCIS CODY. The Light of Knowledge：Literacy Activism and the Politics of Writing in South India [M]. Ithaca & London：Cornell University Press. 2013.

宣传科学的理性主义思想。佩里亚尔还提倡新式的自尊婚姻、泰米尔文学和文字扫盲，这些理念与实践受到当地大量民众的欢迎，一些人甚至将其誉为"南印度的伏尔泰"。

赫弗齐芭·伊斯利尔在《殖民地时期南部印度的宗教事务：语言、翻译和新教身份认同的形成》① 一书中，考察了传教士到来后对泰米尔文学和语言的研究及其与近现代泰米尔文学复兴活动的互动，并以新教与当地宗教的关系作为侧面，分析了语言研究、《圣经》翻译如何最终演化成当地部分人的新教身份认同。该书从文学角度提供了一个自尊运动逐步由文学性社会运动向政治性社会活动转变的观察思路，也提供了南印度语言政治研究的一个具体案例。普雷明达·雅克布在《电影神明：南印度电影和政治的视觉文化》② 以 20 世纪南部印度金奈市的电影业发展作为考察对象，对泰米尔电影业发展的特色之处多有着墨，也回顾了其发展及与社会的互动关系，并发现这些可视化影像的意义远远超出了电影本身，在南印度社会中发挥了十分广泛的作用。作者还指出，自尊运动中就对电影方式多有运用，而在 20 世纪 50 年代后电影方式与泰米尔纳德邦的地方政党产生了十分密切的联系，与达罗毗荼意识、泰米尔民族主义多有关联。20 世纪下半叶后泰米尔纳德邦这种电影与政党相互交织的密切关系在印度是独一无二的，甚至在全世界也是极为罕见的。斯瓦纳威尔·皮莱的《马德拉斯摄影室：泰米尔电影中的叙事、体裁和意识形态》③ 一书基于不多见的相关史料及口述资料，对泰米尔电影产业的发展历史做了详细记录与考证，梳理了泰米尔经典电影的叙事、类型和意识形态，分析了文化、历史和社会政治主张等对电影媒介调动观众政治意识形态潜力的影响。皮莱还指出，不少与泰米尔电影业相关的理论家，广泛采用和发展自尊运动中形成的泰米尔民族主义理论。

乌马玛黑湿瓦利所著的《泰米尔耆那教徒的历史解读：一项关于身

---

① HEPHZIBAH ISRAEL. Religious Transactions in Colonial South India：Language, Translation, and the Making of Protestant Identity [M] . New York：Palgrave Macmillan, 2011.
② PREMINDA JACOB. Celluloid Deities：The Visual Culture of Cinema and Politics in South India [M] . Lanham, MD：Lexington Books, 2008.
③ SWARNAVEL ESWARAN Pillai. Madras Studios：Narrative, Genre, and Ideology in Tamil Cinema [M] . New Delhi：SAGE Publications Pvt. Ltd. , 2015.

份、记忆和边缘化的研究》① 一书综合运用新的历史编纂方法和社会历史研究方法，对南印度泰米尔纳德邦少数民族社区邦耆那教徒的社会历史进行了考察。该研究将实地调研与历史文献紧密结合，用具体的案例式研究方法深入分析了语言、身份、种姓和泰米尔纳德邦现代社会政治运动等相关问题，也研究了自尊运动中泰米尔纳德邦当地不同群体的参与状况，书中还对宗教、语言及社区共同历史叙述与身份认同间的关系多有探讨。乌马玛黑湿瓦利认为，近现代泰米尔纳德邦的自尊运动对泰米尔耆那教徒的身份认同产生了一定程度的影响。

莎拉·霍奇斯在《避孕、殖民主义和商业：1920—1940年南印度的节育》② 一书中就南印度地区特别是泰米尔纳德邦的节育历史进行了概述。两次世界大战期间，泰米尔纳德地区进行了大量的节育宣传，并大力推广避孕方法和避孕措施，这对泰米尔纳德邦的人口、社会和经济发展产生了巨大而深远的影响。作者对佩里亚尔在自尊运动中以"将妇女从贫困中解放出来"等观点为代表的政治理念进行了系统阐述，得到了社会各界及其政治理念追随者的继承，使泰米尔纳德邦女性地位和福利的提高走在印度社会的前列，不过相关政策理念也存在一定的社会争议。苏马蒂·拉玛斯瓦米的《身体语言：泰米尔印度的身心学》③ 一文关注了南印度泰米尔人社会中和文本中女性身体与形象的建构及使用。拉玛斯瓦米认为，这些南印度泰米尔女性身体与形象的建构过程中充满民族主义色彩，并且反过来影响了泰米尔女性的集体行为与政治认同。

五是关于海外泰米尔人群体及文化政治现象的研究。

苏尼尔·阿姆瑞斯在《横渡孟加拉湾：自然的暴怒和移民的财富》④ 中对孟加拉湾地区不同国家之间的族群迁徙与交流互动有着新颖独到的分析，其中也从孟加拉湾国际史的角度对泰米尔人在其中的政治文化活动进

---

① UMAMAHESHWARI R. Reading History with the Tamil Jainas: A Study on Identity, Memory and Marginalisation [M]. New Delhi: Springer India, 2017.
② SARAH HODGES. Contraception, Colonialism and Commerce: Birth Control in South India, 1920-1940 [M]. England: Ashgate, 2008.
③ SUMATHI RAMASWAMY. Body Language: The Somatics of Nationalism in Tamil India [J]. Gender & History, 1998, 10 (1).
④ 苏尼尔·阿姆瑞斯. 横渡孟加拉湾：自然的暴怒和移民的财富 [M]. 尧嘉宁, 译. 朱明, 校. 杭州：浙江人民出版社, 2020.

行了细致观察与别致探讨。书中强调,在西方人来到这里之前,南印度地区的泰米尔人就与孟加拉湾的其他地区之间有着长期而密切的贸易往来。而以19世纪80年代为肇始,劳工移民逐渐成为整个孟加拉湾地区的重要产业,南印度地区的达罗毗荼人特别是泰米尔人成为这其中最主要的劳工迁徙群体。多数情况下,南印度的泰米尔人倾向于去锡兰或马来亚,主要聚居在种植园中工作;而南印度的泰卢固人则更习惯于到缅甸,分散在当地多个产业的不同职业中。阿姆瑞斯认为,当大英帝国的殖民主义力量在这些国家和地区逐渐瓦解的时候,这一地方民族主义力量就会逐渐兴起,这些新兴的民族国家就要面对这些不同族群关系的新格局。20世纪20—30年代,这些泰米尔人的群体着手寻求自身的政治权利与政治地位,而共同享有的泰米尔历史文化与共同使用的泰米尔语就成为他们自身天然的政治情感纽带。此外,泰米尔民族主义领袖佩里亚尔于1929年末到东南亚地区的访问,在当地泰米尔人社会中引发了不小的政治反应。

迈克尔·斯滕森在《西马来西亚的阶级、种族与殖民主义:印度人的案例》[1]中就英属马来亚地区的印度人问题做了案例式的研究,详细阐述了当地印度人的经济状况、民族主义的兴起、日本占领时期的共产主义运动以及当地印度人的政党组织。其中,尤其值得注意的是,作者对当地印度人协会与社团的情况做了大量细致的研究,具有重要的参考意义与史料价值。切兰在《泰米尔民族主义的文化政治》[2]一文中,从社会学的方法出发,结合作者在斯里兰卡的实地调研,对斯里兰卡泰米尔人文化层面的政治演进加以探讨。切兰发现,斯里兰卡泰米尔人的电影、舞蹈、诗歌及音乐等文化形式彼此之间有着紧密的联系,并与斯里兰卡泰米尔民族主义存在关联性。这些文化形式内承载的内容,既是对现实社会与政治问题的反映,也是泰米尔民族主义发展的载体,并影响了斯里兰卡泰米尔人的政治活动。切兰编的《分歧之路:斯里兰卡的泰米尔民族主义》[3]一书对斯

---

[1] MICHAEL R Stenson. Class, Race, and Colonialism in West Malaysia: The Indian Case [M]. Vancouver: University of British Columbia Press, 2002.
[2] CHERAN R. Cultural Politics of Tamil Nationalism [J]. South Asia Bulletin, 1992, 12 (1).
[3] CHERAN R. Pathways of Dissent: Tamil Nationalism in Sri Lanka [M]. New Delhi: India SAGE Publications India Pvt Ltd, 2009.

里兰卡泰米尔民族主义形成与发展的多个面相进行了考察和呈现,特别是从经济、历史及文化等方面对泰米尔民族主义进行了多角度分析。卡利亚尼·图拉伊拉贾的《海内外的斯里兰卡泰米尔人案例:共同的族群认同》① 关注了斯里兰卡的泰米尔人及加拿大的泰米尔人的族群认同问题,并通过调查问卷的方法进行了针对性研究,发现海外泰米尔人仍存在对母国一定的政治认同。

六是关于印度的民族主义及泰米尔民族主义的研究。

埃里克·霍布斯鲍姆的《民族与民族主义》一书中就近代民族主义的发展变迁做了详细而全面的研究,探讨了殖民与东方民族主义产生的关系,并对斯里兰卡与南印度的泰米尔民族主义均有所涉及。在开篇的导论中,霍布斯鲍姆就提及了斯里兰卡的泰米尔民族主义,并强调部分政治人物当时利用泰米尔民族主义推动"泰米尔人地区"的自治与独立。霍布斯鲍姆指出,斯里兰卡的泰米尔人大致分为三支:一是世居的泰米尔原住民,二是从印度过来的泰米尔劳工移民,三是泰米尔人中的穆斯林群体。而在讨论世界范围内民族主义在1870年至1918年之间的转型时,霍布斯鲍姆又提及南印度的泰米尔民族主义发展转型问题。霍布斯鲍姆认为,泰米尔民族主义在早期发展时曾大力借助左翼政治思想宣传社会革命,而这些社会革命的实践往往最终率先将民众引向民族运动。斯里兰卡的泰米尔民族主义是"民族建构"的人为产物,作为泰米尔民族主义有力推动力量的达罗毗荼进步联盟,其前身是社会主义派别出身的正义党。② 阿洛伊修斯在《印度:没有民族国家的民族主义》③ 一书中,从历史社会学的新颖角度对印度历史中的民族主义进行了考察分析,印度人民通过对英国殖民的激烈反抗获取了国家独立,因而有观点认为是民族主义塑造了印度的民族国家。而作者认为这是一种错误的"幻觉",英国"撤退"后印度国内迅速面临了大面积失业、经济滑坡等严重的国家治理问题,并由此引发社

---

① KALYANI THURAIRAJAH, The Case of the Sri Lankan Tamil Diaspora and Homeland: A Shared Ethnic Identity [J]. Studies in Ethnicity and Nationalism, 2017, 17 (1).
② 埃里克·霍布斯鲍姆. 民族与民族主义 [M]. 李金梅,译. 上海:上海人民出版社,2006:6-10, 119-121.
③ ALOYSIUS G. Nationalism without a Nation in India [M]. London: Oxford University Press, 1999.

会的离心现象加剧。国内的政治分裂势力借机迅速占据了印度国内政治议题的中心位置,此般政治局势在印度独立后持续了相当长一段时期,而这恰恰是民族主义的"不良后果"。

罗伯特·哈德格雷夫的《达罗毗荼进步联盟与泰米尔民族主义的政治》① 一文从达罗毗荼进步联盟这一政党入手,对南印度的泰米尔民族主义发展及政治进程进行了研究。哈德格雷夫认为,泰米尔民族主义在南印度导致的最棘手问题就是泰米尔分离主义,达罗毗荼进步联盟早期就是支持泰米尔分离主义的一大政治组织,后又对泰米尔分离主义持否定态度。哈德格雷夫还指出,达罗毗荼进步联盟通过议会选举在南印度地区获得了较强的政治吸引力,并成为泰米尔民族主义于当地存在与依赖的一大政党组织。帕梅拉·普莱斯在《泰米尔民族主义的革命与等级》② 一文中对泰米尔民族主义的实践活动加以重点考察,分析了其在 20 世纪 50—60 年代泰米尔民族主义活动的基本概况。普莱斯认为,南印度泰米尔人社会在这一时期与种姓一样形成了某种荣誉机制,奉行泰米尔民族主义的理念与实践,既是个体的精神满足也是族群的荣誉捍卫。因而,当时大量泰米尔民众力挺泰米尔民族主义,甚至少部分还采取了激进的暴力方式。普莱斯指出,1949 年至 1967 年是泰米尔民族主义激进化的一个时期。与此同时,普莱斯还指出这种浓厚的泰米尔民族主义氛围实际上是一种意识形态,并且成为达罗毗荼进步联盟当时发展的制约因素,因为达罗毗荼进步联盟的政策调整稍不留意就会被泰米尔民族主义者视为"政治的背叛"。拉维·瓦伊提斯帕拉的《超越"良性的"与"法西斯主义的"民族主义:审视斯里兰卡泰米尔民族主义的历史书写》③ 一文以有关斯里兰卡泰米尔民族主义的历史书写为研究对象,重新探讨了其中暗示的趋势,并且考察了与斯里兰卡泰米尔民族主义历史书写中与暴力相关的内容。瓦伊提斯帕拉还

---

① ROBERT L. HARDGRAVE. The DMK and the Politics of Tamil Nationalism [J]. Pacific Affairs, 1964, 37 (4).
② PAMELA PRICE. Revolution and Rank in Tamil Nationalism [J]. The Journal of Asian Studies, 1996, 55 (2).
③ RAVI VAITHEESPARA. Beyond "Benign" and "Fascist" Nationalisms: Interrogating the Historiography of Sri Lankan Tamil Nationalism [J]. South Asia: Journal of South Asian Studies, 2006, 29 (3).

在《派生民族主义的局限：马克思主义、后殖民理论和泰米尔民族主义问题》[①]一文中，就与泰米尔民族主义问题研究相关的理论与方法进行了梳理。瓦伊提斯帕拉指出，后殖民理论已成为泰米尔民族主义问题中影响尤深的研究视角，其带来了一些新的研究思路与成果。不过，后殖民理论的程式化使用也更加凸显自身的一些局限性。比如，过于强调西方帝国与东方世界的对立，而忽视东方世界内部的差异性乃至矛盾。

其中，也有学者对佩里亚尔的政治主张及现实影响做了探讨。奈保尔是英籍印度裔文学家、诺贝尔文学奖获得者，在其著名的"印度三部曲"之一的《印度：百万叛变的今天》一书中对佩里亚尔与自尊运动多有提及。作者曾实地对南印度进行考察游历，走访了不少亲身经历过佩里亚尔、自尊运动及达罗毗荼政党派系等政治活动的当地人，获得了大量一手资料和口述信息。该书采用记叙体的形式保存了大量当地考察的细节，不少与当地人的对话极具口述史价值，作者的许多思考也颇有启发性。书中指出，地方经济发展催生出一部分富有的中阶种姓人士，他们开始寻求政治参与和反对种姓的社会阶层枷锁，这种革新传统的理性主义政治理念获得不少民众的支持。而自尊运动和达罗毗荼政党派系极其注重教育和印刷品宣传的作用与力量，长期将下基层直接"向民众大声解读报纸新闻"作为自身政党政治活动的一大有效方式。[②]斯瓦纳维尔·埃斯瓦兰在《佩里亚尔的传记片：明星形象、历史事件和政治》[③]一文中，以泰米尔民族主义重要领导人佩里亚尔的一部传记电影为对象，分析南印度历史中的泰米尔民族主义政治。埃斯瓦兰认为，佩里亚尔是一位激进主义的领导人，其当时在涉及种姓、族群、宗教等方面提及的内容对民众产生了很强的吸引力，这些内容表达客观上塑造了一种明星形象。而电影传记的表达方式，则再一次"塑造"了佩里亚尔的"明星形象"，这在南印度仍有不少问题能与其联系起来的情况下扩大了其文化及政治影响。女性主义历史学家吉

---

① RAVI VAITHEESPARA. The Limits of Derivative Nationalism：Marxism, Postcolonial Theory, and the Question of Tamil Nationalism [J]. Rethinking Marxism, 2012, 24 (1).
② 奈保尔. 印度：百万叛变的今天：印度三部曲Ⅲ [M]. 黄道琳, 译. 海口：南海出版公司, 2013：264-273.
③ Swarnavel Eswaran. Periyar as a Biopic：Star Persona, Historical Events, and Politics [J]. Biography, 2017, 40 (1)：93-115.

塔在《佩里亚尔、妇女与公民身份的族群》①一文中就佩里亚尔在南印度近代政治进程中的地位及作用做了一种新颖的考察，并着重探讨了佩里亚尔及其政治实践在南印度妇女政治权益发展中的价值。吉塔认为，要简单地描述佩里亚尔在当时社会运动中的作用及其此后在南印度的影响是十分困难的，佩里亚尔的政治思想业已成为一种特殊的政治伦理，作用于南印度泰米尔人的政治社会生活。吉塔还指出，佩里亚尔的思想带有空想主义色彩，其政治理念影响了南印度女性公民身份认知与政治的发展。

约翰·哈里斯著的《泰米尔纳德邦的文化民族主义到底怎么了？解读泰米尔政治的当前事件与最新文献》一文②对泰米尔纳德邦的选举政治做了简要分析，并探讨了泰米尔纳德邦几个文化民族主义政党及联盟之间的力量对比与党际关系。阿桑加·韦利卡拉主编的纪念论文集《斯里兰卡的共和国40周年：宪法的历史、理论和实践之反思》③，在斯里兰卡的共和国政体建立40周年之际，就斯里兰卡的政治发展进行了多角度、多领域的回顾和反思。其中，安姆比卡·萨特坤安纳塔撰写的《谁的国家？权力、机构、性别和泰米尔民族主义》一文对斯里兰卡泰米尔猛虎组织的活动进行了考察。该文就加入和未加入泰米尔猛虎组织的泰米尔妇女群体做了对比分析，着力探讨受泰米尔民族主义影响的泰米尔妇女的政治观念与政治角色状况。萨特坤安纳塔发现，妇女的政治权益在泰米尔猛虎组织的治理下受到了较大的制约，其让位于泰米尔民族主义话语和政治，而泰米尔妇女的"受害者"形象也常被用作攻击僧伽罗人的"宣传内容"。

（三）研究状况评述

国内已有不少学者从经济、政治、文化等角度对印度的民族主义及泰米尔民族主义做了相关的有益性探讨，其中张力、欧东明等对印度民族主义觉醒与西方教育之间的一些探讨给人以启发，赵卫邦、雷启淮、洪共福

---

① GEETHA V. Periyar, Women and an Ethic of Citizenship [J]. Economic and Political Weekly, 1998, 33 (17): 9-15.
② JOHN HARRISS. Whatever Happened to Cultural Nationalism in Tamil Nadu? A Reading of Current Events and the Recent Literature on Tamil Politics [J]. Commonwealth & Comparative Politics, 2002, 40 (3): 97-117.
③ ASANGA WELIKALA, The Sri Lankan Republic at 40: Reflections on Constitutional History, Theory and Practice [C]. Colombo: Centre for Policy Alternatives, 2012.

等对非婆罗门群体觉醒、达罗毗荼进步联盟、全印安纳达罗毗荼进步联盟的南印度政治活动的发展探讨也为本研究的开展提供了重要指引。不过，目前国内关于泰米尔民族主义问题尚无专题性的文章及著作问世，而涉及泰米尔人问题、自尊运动及南印度等其他密切相关的研究仍十分薄弱，总体上处于"开垦拓荒"的阶段。国内对于泰米尔人族群的介绍与研究均较少，且主要聚集在斯里兰卡的泰米尔人群体研究之上。少数已问世的研究成果对泰米尔民族主义问题有所提及，但普遍偏重于概要式的描述与评论，缺乏全局性、系统性的专题研究。

国外对泰米尔民族主义研究相对更多一些，或侧重于文化社会和群体认知的方面，或关注于斯里兰卡的僧泰冲突与泰米尔民族主义方面，而对南印度这个泰米尔人的主要聚居地和近代泰米尔民族主义缘起发展的主要地区缺乏专门性的研究。由于斯里兰卡的泰米尔人分离主义力量采取了武装暴力手段，并且产生了大规模的族群冲突，也较多地吸引了国外学者的研究目光与研究精力。国外学者对泰米尔民族主义中语言、文化因素做的探讨提供了观察泰米尔民族主义的另一视角，而普遍从社会科学理论及政治制度与国家建构的角度对泰米尔民族主义发展进行分析，这有助于加深对泰米尔民族主义性质的思考，但忽视了历史脉络及发展情况。

综上所述，国内外学术界对斯里兰卡的泰米尔人群体及政治冲突的现状研究相对更多一些，而对南印度泰米尔人及近代以来出现的泰米尔民族主义的历史性研究较为不足。而泰米尔人的广泛分布促使近代泰米尔民族主义在南印度及周边地区的扩散与发挥影响，从地区史的视野下加强相关研究也有待进一步深入。因此，本研究将以南印度泰米尔纳德邦的泰米尔民族主义缘起作为核心考察对象，把握和剖析南印度泰米尔民族主义缘起的脉络、特征，并兼及考察部分海外重点国家的泰米尔民族主义早期历史的相关情况。

三、相关概念释义与说明

（一）南印度

南印度为一文化地理概念。关于印度的地理区域，目前常见的划分方法有三种："两分法"，将印度划分为南印度与北印度；"四分法"，把印度划分为南印度、北印度、东印度和西印度；"五分法"，把印度划分为南印度、北印度、东印度、西印度及中印度。无论采用哪种划分方法，南印度与北印度都是最基本的组成部分，这在客观上也反映了南、北印度的地理差异及文化差异。不过，其中的南印度概念在不同划分法中包含的区域并不完全相同。综合上述几种划分方法来看，被普遍接受的南印度概念，大致包含了泰米尔纳德邦、安得拉邦①、泰伦甘纳邦②、喀拉拉邦和卡纳塔克邦。上述地方邦中，多数属于原来马德拉斯管区自19世纪后期起的管辖范围。1947年独立之后，陆续有一些邦从马德拉斯邦中分出，而如今的泰米尔纳德邦就是原马德拉斯邦的主体，也是南印度中最核心和具有代表性的地方邦之一，本文主要以地理上的泰米尔纳德邦为中心进行研究。

（二）马德拉斯管区、马德拉斯省、马德拉斯邦及泰米尔纳德邦

1639年，英国殖民者在南印度的马德拉斯村设立贸易点，马德拉斯此后逐渐发展为城市。1652年，英国殖民者在当地设立马德拉斯管区，下辖马德拉斯市及周边地区；后于1655年取消，但1684年又恢复马德拉斯管区的建制。1947年，印度独立后改设为马德拉斯省。1950年，印度共和国成立后改设为马德拉斯邦；1969年，马德拉斯邦更名为泰米尔纳德邦。

（三）达罗毗荼人和泰米尔人

达罗毗荼人这一概念主要是依据语言划分的，尽管其在地理位置、历史文化、人种体貌上还有一些的相应特征，"南印度-达罗毗荼人"与"北印度-雅利安人"常常作为一组相对概念出现。同样是基于语言学基础，达罗毗荼人内部还分为泰米尔人、泰卢固人、卡纳达人和马拉雅利人③四大主要族群，泰卢固人与泰米尔人在人数上位列前两名。其中，泰米尔人的语言、文化及历史在达罗毗荼人中最悠久和最突出，民族认同感在历史上较为强烈。在近代南印度的政治发展进程中，泰米尔人长期在达罗毗荼群体内居于领导者的地位。

（四）马来亚和马来西亚

1826年，英国殖民者将槟榔屿、新加坡和马六甲合并为海峡殖民地。1895年，英国殖民者将雪兰莪、森美兰、霹雳和彭亨联合组建马来联邦。

---

① 该邦于1953年10月从马德拉斯邦中脱离、组建。
② 一作"特伦甘纳邦"，该邦于2009年12月才从安得拉邦脱离出、组建。
③ 也译"马拉雅里人""马拉雅兰人"，又称"马拉雅拉姆人"。

1946年，英属马来亚的管辖区域及行政改组为马来亚联邦。1948年，废除马来亚联邦，改为马来亚联合邦。1963年，重新组建了马来西亚联邦，新加坡退出联邦并单独建国。在本文中，研究内容主要涉及1963年8月31日之前的历史统一使用"马来亚"一词，而在提及或论述如今的这个国家时则使用"马来西亚"一词。

（五）锡兰和斯里兰卡

1796年，英国东印度公司开始在锡兰岛建立据点；1815年，英国对锡兰岛全境拥有管辖权；1948年，锡兰独立并成为英联邦的一员；1972年5月22日，锡兰建立斯里兰卡共和国；1978年，斯里兰卡共和国改为斯里兰卡民主社会主义共和国。在本文中，研究内容主要涉及1972年5月22日之前的历史统一使用"锡兰"一词，而在提及或论述如今的这个国家时则使用"斯里兰卡"一词。

（六）泰米尔民族主义

关于民族主义的概念与含义，国内外学术界有众多专家做过相应的探讨，不过仍未形成大家普遍认可的定义。其中，较有代表性的一些观点大致如下：安东尼·吉登斯认为，民族主义是一种心理学现象，是个体对共同性政治秩序的心理从属[1]；厄内斯特·盖尔纳认为，民族主义是一条政治原则，强调政治单位与民族单位的一致性[2]；安东尼·史密斯认为，民族主义是一种意识形态与社会运动，以维持群体的自治与特性[3]；本尼迪克特·安德森则认为，民族主义是一种社会建构的产物，基于现实及文化元素的"想象的共同体"——民族之上"构建"的主权共同体[4]。

与此同时，国内也有不少学者如王缉思、李少军、王立新、周平等都对民族主义的概念及渊源进行过梳理。王缉思分析欧洲的民族主义后认为，民族主义指的是忠诚于本民族、扩大本民族利益并为此斗争的政治思

---

[1] 安东尼·吉登斯. 民族-国家与暴力 [M]. 胡宗泽，赵力涛，译. 王铭铭，校. 北京：生活·读书·新知三联书店，1998：140-143.

[2] 厄内斯特·盖尔纳. 民族与民族主义 [M]. 韩红，译. 北京：中央编译出版社，2002：1-3.

[3] 安东尼·史密斯. 民族主义：理论、意识形态、历史 [M]. 叶江，译. 上海：上海人民出版社，2006：3-7.

[4] 本尼迪克特·安德森. 想象的共同体：民族主义的起源与散布 [M]. 吴叡人，译. 上海：上海人民出版社，2016：4-7.

想观念，但又指出由于民族概念的复杂性及不确定性，民族主义的概念边界也是不确定的。① 李少军在综合对比分析国内外有关民族主义概念的研究后，认为这些说法中最核心的原则和内容是民族与国家的对应关系。② 王立新在对国内外民族主义概念研究梳理后，认为美国学者卡尔顿·海斯的观点较为全面，该观点强调民族主义包含四个部分：单一民族建立政治实体的历史过程，建立民族国家过程中的理论、原则及理想，寻求建立民族国家的实践，民族内部成员的优越感和忠诚信念。③ 周平对民族主义做的创新性概括尤其具有代表性和启发性，其认为民族主义是一种意识形态，是一种集体利己主义，"民族主义主张民族的特殊性、民族的独立性、民族利益的至上性"。④

本文并非思想史的探讨，而是立足于从历史发展进程，就近代泰米尔民族主义的起源、演变及海外扩散做一全局性的研究，尽可能全景式地呈现泰米尔民族主义缘起的发展进程。泰米尔民族主义诞生于近代西方人在南印度的殖民活动中，早期是印度民族主义整体的一个组成部分，主张推翻英国人的殖民统治并建立自己（包含泰米尔人在内的印度人）的政治实体。而在印度取得独立后，泰米尔民族主义的"新敌人"则变成了"北印度-雅利安人"及其掌控的印度中央政府。南印度作为劳工去往锡兰和马来亚的泰米尔人群体人数持续增加，而随着印度本土泰米尔民族主义的发展，相关的思想及理念也在这些群体中获得了巨大的市场和支持。基于此，本文研究的泰米尔民族主义的核心即为泰米尔人自我的高度认同感⑤并寻求相应政治权利，涉及民族意识、政治实践、意识形态、社会运动等多个层面的内容。

四、研究思路

南印度的泰米尔民族主义缘起较为复杂，时间跨越也相对较长，本文

---

① 王缉思. 民族与民族主义 [J]. 欧洲研究，1993（5）：14-19.
② 李少军. 论民族和民族主义 [J]. 中国社会科学院研究生院学报，1994（5）：39-41.
③ 王立新. 美国对华政策与中国民族主义运动（1904—1928）[M]. 北京：中国社会科学出版社，2000：1-2.
④ 周平. 民族政治学 [M]. 北京：高等教育出版社，2007：233.
⑤ 这种认同感来源于种族、语言、宗教、文化、经济等其中的一种或多种因素。

主要选取1813年英国《1813年特许状法案》（英国改变原有政策开始在印度推进大规模的文化殖民活动）颁布后至1925年自尊运动（南印度泰米尔民族主义力量的首次运动高潮）爆发前这一时段，并重点关注泰米尔纳德邦以进行相对深入详细的案例式考察与探讨，以此区域和此时段来考察研究能更好地观察、分析和呈现南印度泰米尔民族主义缘起历史。

本文的主要研究对象为南印度的泰米尔民族主义，但鉴于南印度泰米尔人在海外的广泛分布及泰米尔民族主义在部分海外国家和地区的出现，本研究将同一时期的斯里兰卡泰米尔民族主义、马来西亚泰米尔民族主义纳入研究范围，从比较的视野把握泰米尔民族主义在海外的缘起状况。本研究综合运用历史学、国际关系学、族群政治学等相关领域的学科知识，从多个视角出发对南印度泰米尔民族主义与泰米尔纳德邦的政治进程进行一个全面而客观的呈现，能更好地认识近现代印度地方政治及族群政治的发展演变历史。

泰米尔民族主义是在近现代南印度历史中孕育且至今仍具有重要影响力的社会思潮与政治力量，目前国内尚缺乏针对印度泰米尔民族主义的专门性研究成果。本文从南印度的视角出发，以泰米尔纳德邦为中心，对近现代历史中的泰米尔民族主义缘起历程进行考察，并借以增进对"南印度—北印度"、印度族群政治及印度央地关系的认知与研究。

本文综合利用印度国家档案馆、印度议会（下议院）电子图书馆、印度宪法网站及英国国家档案馆公布的相关档案，相关重要历史人物在当时的公开演说及著述资料（如《佩里亚尔文集》《甘地全集》《贾瓦哈拉尔·尼赫鲁全集》等），同时代相关人士的一些直接性或间接性记述，尽可能全面地还原南印度泰米尔民族主义缘起的历史脉络与关键细节。

不过，由于泰米尔民族主义本身涵盖面较广，涉及泰米尔民族主义文学、社会运动、民族主义政党甚至民族分离主义等多种形式的内容；其缘起演变的时间跨度也较大，在西方殖民的不同时期具有不同的发展特征及存在形式，如何厘清其主要脉络既是本研究的价值所系，也是本研究开展中的难点所在。

第一章

西方人的早期殖民活动与南印度人民的反抗

古代时期，在与从北方而来的雅利安人群体的接触与碰撞中，泰米尔人就初步有了早期的民族意识。双方的民族史诗均有着不少同对方冲突与战争的相关记述。在泰米尔人早期的文学，特别是桑伽姆文学时期的不少作品中，即不乏对雅利安人"入侵"与"邪恶"的形象表达。不过，泰米尔民族主义则是于近代西方人在印度长期的系统性殖民入侵活动下逐渐缓慢萌发出来的。西方人的军事入侵活动，直接激发了南印度泰米尔人的早期抵抗行为，部分即带有民族主义性质。西方人的传教等政治文化活动，则从文化与宗教层面对南印度泰米尔人原有的社会产生了冲击，泰米尔人社会中的少数精英分子对此率先予以有力的回应，泰米尔民族主义的政治意识逐渐在这一过程中孕育。

第一节 西方人军事及政治的殖民扩张

南印度地区拥有悠久的海上贸易传统，是古代东西方海上贸易往来重要的地理节点与中转地区。现有的考古证据证明，南印度地区的泰米尔人在公元1世纪时就与西方的罗马帝国有过贸易往来。① 不过，南印度的泰米尔人与西方人之间发生大规模的接触和交流，是近代才发生的事情。在

---

① 在南印度地区的港口考古活动中已发现了不少当时罗马帝国的钱币，这是贸易交往的一大实物凭证，而同时期在罗马帝国境内的一名商人所著的《厄里特里亚海航行记》（*The Periplus of Erythraean Sea*）中也对相关贸易活动有着文字记载。参见罗帅. 汉佉二体钱新论［J］. 考古学报，2021（4）：501-520；李伯重. 中国海外贸易的空间与时间：全球经济史视野中的"丝绸之路"研究［J］. 北京大学学报（哲学社会科学版），2021（2）：21-36.

地理大发现时期，西方社会中存在着诸多推动因素①，让西方人一次次有组织地去寻求与东方的世界加强联系。就是在这种背景下，葡萄牙、法国和英国等西方国家的殖民者，陆续来到南印度地区展开相关的殖民活动。

一、葡萄牙人的殖民活动

15世纪末，葡萄牙航海家达·伽马（Da Gama）找到了一条经绕行非洲大陆后到达印度次大陆的海上航行路线。大约在1498年，达·伽马一行抵达当时东方世界特别是印度次大陆的一大主要贸易港口——卡利卡特港②，进而重新建立起欧洲人与印度人之间的直接联系，这成为自古罗马时代以后欧洲再次与印度之间成功取得的直接贸易联系。

1502年，葡萄牙人率先在印度的奎隆③建立了贸易中心。1503年，葡萄牙殖民者在埃尔讷古勒姆④地区附近的维滨岛建立了第一座军事要塞——帕利普拉姆堡⑤。同年，葡萄牙殖民者在帕利普拉姆建立起了一座天主教教堂——雪地圣母圣殿⑥。之后，葡萄牙人开始寻求建立政治行政机构，以维护其在印度获得的商业利益。1505年，葡萄牙国王曼努埃尔一

---

① 诸多推动因素包括淘金热、对东方的幻想、传播基督教福音、航海技术发展、"地圆学说"、香料贸易需求等，其中对香料贸易的渴望与需求也被不少学者认为是其主要经济动力之一。
② 也译"科泽科德"，中国古籍曾称其为"古里"，是南印度的著名港口城市，今属于印度马拉巴尔邦。在中世纪时期即已成为东方香料贸易的重要贸易中心，同东亚、非洲及中东等地区都保持着较为密切的贸易往来，也被称为"香料之城"。中国航海家郑和与葡萄牙航海家达·伽马都曾在此港口登陆，也从侧面体现出其在该地区海上航线上的重要地理位置。
③ 音译自英文名Kollam，其原在葡萄牙语中拼写作Coulão，中国古代对其称作"故临""俱兰"，是南印度达罗毗荼地区的重要港口城市，今属于印度喀拉拉邦。在中国古籍文献中对其有不少记载，其最晚在有宋一代即已成为中国与阿拉伯地区贸易的重要海上中转枢纽之一。宋朝《诸番志》中的"故临国"、明朝《瀛涯胜览》中的"小葛兰国"等，都是中文古籍文献中描述与记载这一地区风貌时使用的地名称呼。
④ 埃尔讷古勒姆地理上紧邻柯钦，今属印度喀拉拉邦管辖，是该邦的商业中心和金融中心。
⑤ 帕利普拉姆堡是印度已知现存最古老的欧式堡垒，而帕利普拉姆为印度喀拉拉邦的一座村庄，其位于佩里亚尔河旁的一座小岛上。
⑥ 1577年时该教堂被单独划为一教区，2012年时教皇本笃十六世（Pope Benedict XVI）宣布将其升格为次级圣殿。

世（Emmanuel Ⅰ）任命弗朗西斯科·德·阿尔梅达（Francisco de Almeida）①为葡萄牙驻印度的第一任总督。1509年，阿方索·德·阿尔布克尔克（Afonso de Albuquerque）②接任总督一职，次年阿尔布克尔克带领葡萄牙军队征服了"旧果阿"地区③，使该地成为葡属印度的政治中心——葡萄牙总督的驻地。1518年，葡萄牙人在奎隆港附近的登格塞里地区修建了圣托马斯堡，以保卫当地贸易港口安全。

在占领更多当地领土的同时，葡萄牙方面也在进行着族群治理和殖民管理。一方面，葡萄牙总督积极鼓励葡萄牙士兵和与当地印度姑娘通婚，扩大葡萄牙裔在当地族群中的基数；另一方面，葡萄牙殖民机构积极欢迎天主教会来到当地开展工作，为当地葡萄牙裔族群社区提供宗教信仰服务，并进行传教工作。

1516年，葡萄牙人在马德拉斯地区建立了第一所天主教教堂——光明圣母教堂④；1522年，葡萄牙人建立了圣多默圣殿⑤，该教堂后于1606年

---

① 葡萄牙军人、政治家，第一任葡萄牙驻印度总督。其在1509年第乌战役中率领葡萄牙军人打败了埃及马木鲁克苏丹国、卡利卡特扎莫林和古吉拉特苏丹的联合舰队，从穆斯林手中夺取了在印度第乌等地区的统治权。此举为葡萄牙在印度的殖民统治奠定了重要的军事基础。

② 葡萄牙军人、政治家，军事征服旧果阿和马六甲的领导者，提出了控制东方航路、建筑要塞、安置移民等殖民举措，是葡萄牙殖民亚洲地区特别是印度的一大先锋人物。

③ 17—18世纪时，霍乱肆虐整个"旧果阿"地区，到1775年城区人口仅剩下约1600人，首都"旧果阿"已在很大程度上被人们废弃。1843年，葡属印度的首都迁至潘吉姆，之后将其更名为"新果阿"，正式成为葡属印度的行政机关所在地，从而取代"旧果阿"。

④ 当地人也称其为"卢兹教堂"，此名来源于其葡萄牙语名称Nossa Senhora da Luz。该教堂建筑采用了融合哥特式拱门与巴洛克式装饰图案的古典欧式风格，在多个方面体现出葡萄牙的风格特色，被认为是印度最古老的欧洲古迹之一。

⑤ 也称"St. Thomas Cathedral Basilica""National Shrine of Saint Thomas"。据传耶稣十二门徒之一的圣多默曾在南印度马拉巴尔海岸的克兰加努尔传教，并在圣多默山殉道，而此教堂即修建在其墓地上。其与梵蒂冈的圣彼得大教堂、西班牙的圣地亚哥-德孔波斯特拉主教座堂一起，被视为世界上目前已知的三个修建在圣徒陵墓之上的教堂。1956年，教皇庇护十二世（Pope Pius Ⅻ）将其升格为次级圣殿。2006年，印度主教团宣布其为国家朝圣地。目前，圣多默圣殿是印度天主教教徒的朝圣中心，也是全世界天主教教徒的圣殿之一。

获得大教堂地位；1524年，葡萄牙人兴建了圣母赎虏圣殿①。

1527年，泰米尔社会中的帕拉瓦尔种姓②族群因长期受到穆斯林舰队的侵扰，向葡萄牙人寻求庇护。葡萄牙人要求其族群中的上层精英必须受洗为天主教教徒，同时亦鼓励民众追随并接受洗礼，数月之内就有20000人左右成为天主教教徒。③ 1534年，出于对胡马雍（Humayun）④皇帝领导下莫卧儿国力呈现迅猛增长势头的忧心，古吉拉特苏丹国⑤的苏丹巴哈杜尔·沙阿（Bahadur Shah of Gujarat）同意让葡萄牙占领孟买"七岛"⑥和附近的军事要塞巴塞因堡，双方为此签订了《巴塞因条约》加以确认。之后，葡萄牙人积极推进当地的天主教组织建设，方济各会和耶稣会在孟买地区活跃起来。仅在孟买地区，就于1534年、1579年、1580年、1632年分别修建了方济各会的圣迈克尔教堂、耶稣会的圣施洗约翰教堂、耶稣会的圣安德鲁斯教堂、方济各会的格洛里亚教堂。

在罗马教廷和葡萄牙王室的双重支持下，果阿逐渐成为天主教在印度乃至亚洲宣教工作的一大中心，耶稣会成为其中最活跃的天主教宣教团体。作为耶稣会创始人之一的方济各·沙勿略（Francis Xavier）被教皇派往印度负责对东方世界的传教工作，因此其成为近代最早来东方进行传教的耶稣会士之一。1541年4月，沙勿略同另两位耶稣会士及新任葡属总督

---

① 该教堂主祭坛的顶部侍奉着达·伽马等从葡萄牙带来的圣母赎虏像。1676年教堂被大洪水摧毁，于当年就地重建。1752年之后，此教堂逐渐成为印度天主教的圣地之一，每年有大量的印度天主教教徒来此进行朝圣活动。
② 英文也拼写作Bharathar、Bharathakula，其族群主要聚居于南印度马纳尔湾沿岸的泰米尔纳德地区，多为渔民，属低种姓，但其族人常自称为刹帝利种姓。See Pius Malekandathil，T. Jamal Mohammed . The Portuguese, Indian Ocean, and European Bridgeheads, 1500-1800: Festschrift in Honour of Prof. K. S. Mathew［M］. Tellicherry: Institute for Research in Social Sciences and Humanities of MESHAR，2001：136.
③ 1537年，当地的此种姓群体宣称全体皆为天主教教徒，天主教成为整个帕拉瓦尔群体的宗教信仰。See Adrian Hastings. A World History of Christianity［M］. Michigan: William B. Eerdmans，2000：165-169.
④ 又译作"胡玛云""胡默元"，莫卧儿帝国第二任皇帝，其父为开国君主巴布尔（Babur），其子为阿克巴大帝（Akbar），其任内征服了古吉拉特地区。
⑤ 为印度次大陆西海岸阿拉伯海沿岸卡提阿瓦半岛附近的古国名。有观点认为，中文南宋古籍《诸蕃志》中的"胡茶辣国"就是此国。
⑥ 孟买"七岛"，由孟买地区的7座岛屿共同组成，分别为：孟买岛、马希姆岛、巴雷尔岛、沃尔利岛、科拉巴岛、小戈拉巴岛及马扎冈岛。

族群的政治：西方殖民与南印度泰米尔民族主义的缘起（1813—1925） >>>

印度总督阿方索·德·索萨（Afonso de Sousa）从里斯本出发，经葡属东非的莫桑比克地区滞留一段时间后，于1542年5月抵达葡属印度的果阿。借鉴之前在帕拉瓦尔族群中的经验，沙勿略于1542年底开始将传教对象着重于泰米尔社会的中下层①，并增加传教士对教义的宣讲。

1557年，果阿成为独立的大主教区，整个东方社会的天主教事务主要皆由果阿大主教区负责。沙勿略曾于1546年向罗马教廷提议在印度建立宗教裁判所，果阿宗教裁判所的方案在1560年时最终被批准。② 在批准建立果阿的宗教裁判所之前，葡萄牙政府已经在当地采取了一些措施，以强化宗教事务管理、传播天主教及打压其他宗教与派别。葡萄牙国王若昂三世（João Ⅲ）曾于1546年3月发布命令，摧毁印度教庙宇，禁止公众庆祝印度教节日，驱逐印度教神职人员及惩罚其教徒。③

宗教裁判表面上是一个宗教事务的管理机构，实际上带有浓厚的世俗社会权力意味，其涉及的宗教生活管理活动时常直接跨越到当地人的日常生活中。果阿宗教裁判所成立过后，提出和执行了一些约束管辖区域内当地居民日常生活行为的规定：禁止印度教教徒担任政府公职；禁止印度教教徒生产基督教的灵修物品或符号；父亲去世的印度教儿童需交给耶稣会士皈依天主教；所有村社委员会中的印度教徒职员都由天主教教徒取代；在天主教教徒占多数的村落，印度教徒被禁止参加村民集会；在法律程序中，印度教徒不可作为证人，只有天主教教徒证人的证言才可以接受；在果阿地区拆除印度教庙宇，并禁止印度教徒修补旧庙宇或建造新庙宇；禁

---

① 沙勿略这种从下层社会着手的传教模式，在南印度取得了不小的成绩。这与其他几位著名耶稣会士如利玛窦（Matteo Ricci）、德·诺比利（De Nobili）和康斯坦索·贝斯基（Constanzo Beschi）等采取上层社会进行传教的模式有较大不同。不过，沙勿略之后去往日本传教时，却长期想方设法直接面见日本天皇寻求支持。
② 果阿宗教裁判所从1560年成立到1820年被最终废除，除在1774年至1778年期间曾遭遇一段短暂性的镇压以外，基本上持续运行了250多年。See Maria Aurora Couto. *Goa: A Daughter's Story* [M]. New Delhi: Penguin Books, 2005: 109-121, 128-131.
③ ANTÓNIO JOSÉ SARAIVA. The Marrano Factory: The Portuguese Inquisition and Its New Christians, 1536-1765 [M]. Leiden: Brill, 2001: 348.

止印度教祭司进入果阿地区主持印度教婚礼。① 果阿宗教裁判所的运行给当地的宗教信仰和生活带来了较大的影响。一部分印度教教士与教徒选择离开果阿地区，迁往他处；另一部分印度教信仰者则与天主教信仰者甚至宗教裁判所发生了规模不一的冲突。

可以看出，葡萄牙人在印度的殖民活动主要集中于南印度地区，以小型聚居点为主，但其殖民活动已涉及军事、经济和宗教等多个领域。不过，由于是近现代历史上第一批来印度进行殖民活动的欧洲国家，且殖民的活动范围较小，在当地社会中并没有爆发十分激烈的大规模抵抗行动。但是，由于天主教的传播、传教士的宣教以及教廷的权力影响，特别是当地天主教机构的权力扩张，让南印度的印度教教徒社会与天主教社会之间的关系逐步走向紧张。

二、荷、法、英以东印度公司为媒介的殖民活动

葡萄牙在亚洲地区的贸易与殖民获得了大量财富，欧洲大陆新崛起的英国与荷兰也开始寻求扩大东方贸易，两国分别于1600年和1602年陆续成立东印度公司负责相关事务。早期西方国家与印度次大陆及东方国家进行的经济活动取得的巨大利润，进一步吸引了欧洲其他海上强国的目光，并竞相成立了本国的东印度公司。1616年，丹麦-挪威国王克里斯蒂安四世（Christian Ⅳ）签署特许状，成立了丹麦东印度公司。② 法国东印度公司则是在黎塞留的主持下，稍晚于1642年成立。在印度次大陆，这些国家依托各自的东印度公司陆续建立了大量贸易点，并将其逐渐扩大演变成各自的殖民区域。

围绕海外殖民地及贸易利益，荷兰与葡萄牙之间在全球多地的矛盾愈益激烈，多次爆发军事冲突乃至战争。在印度次大陆的争夺中，荷兰相较于葡萄牙逐渐处于上风，趁机获取了更多利益，占领了更多土地。这一时期，荷兰东印度公司在印度的沿海地区设立起了大量贸易点。一是西南边

---

① SEE TEOTONIO R. De Souza. The Portuguese in Goa [M]. Lisbon: Grupo Lusofona, 2016: 28-30; Lauren Benton. Law and Colonial Cultures: Legal Regimes in World History, 1400-1900 [M]. Cambridge: Cambridge University Press, 2002: 120-121.

② 丹麦东印度公司之后在印度次大陆的活动主要有两大据点，分别是1620年占据的特兰奎巴和1755年占据的塞兰坡，两处均于1845年转让给了英国东印度公司。

的马拉巴尔海岸，奎隆①、帕利普拉姆②、科钦、圣克鲁斯、坎纳诺尔、贡达布尔、加扬古勒姆及邦纳尼等地；二是东南边的科罗曼德尔海岸③，包括戈尔康达、贝埃穆尼帕特纳姆、普利卡特、帕朗格伊佩泰、纳加帕蒂南④和苏拉特。同时，荷兰人还从葡萄牙人手中抢占了锡兰及圣托马斯堡，在孟加拉湾沿岸地区建立了商业据点，如拉杰沙希、胡格利-钦苏拉、穆尔希达巴德、巴拉索尔、因瓦、阿拉干和沙廉。⑤

　　法国此时也经由法国东印度公司进行贸易活动，并且趁机在印度次大陆占领殖民地。1668年，法国东印度公司的船队抵达苏拉特，在当地建立起第一个法国的贸易代理点。1669年，法国人在默苏利珀德姆⑥建成了第二个法国的贸易代理点。1692年，法国人在当地建立了一座新城市——金德讷格尔⑦。1673年，法国在朋迪榭里⑧开始行使管辖权，第一任法国驻印度总督弗朗索瓦·马丁（François Martin）提出了把朋迪榭里从小渔村改造为港口城市的计划。之后，法国分别于1723年、1725年和1739年陆续获得了雅南、马埃和加里加尔⑨3个地方。在这一过程中，为在印度争夺更多的殖民利益，法国人与荷兰人、英国人各方冲突不断，甚至发生了规模不小的军事交火。

　　同时，英国逐渐利用自身优势在多种政治势力中周旋，渐次在印度次

---

① 1661年，通过战争击溃葡萄牙军队，圣托马斯堡军事设施也被摧毁，荷兰东印度公司正式控制了本来由葡萄牙占领的奎隆地区，使其变成荷属印度的一部分。
② 1661年，军事战胜后，荷兰人占领了帕利普拉姆地区。
③ 也译"乌木海岸"。
④ 又译"讷加帕塔姆"，中文古籍文献中对此地有"那伽钵亶那""土塔""小琐里"等名称。
⑤ KOSHY M O. *The Dutch Power in Kerala*, 1729-1758 [M]. New Delhi：Mittal publications，1989：61.
⑥ 也译为"马苏利帕特南"，位于今印度安得拉邦的克里希纳河三角洲，是印度东海岸线上的重要港口之一。有观点推测认为，中文古籍《岛夷志略》及《郑和航海图》中的"沙里八丹"即指此地。
⑦ 其英文拼写也作Chandannagar，位于今印度的西孟加拉邦，靠近加尔各答，是一座海滨城市。
⑧ 一译"本地治里"，其英文名字来自当地泰米尔语称法的音译。其中，pondi来自泰米尔语词汇Putu，意为"新的"；cherry则来自另一个泰米尔语词汇ceri，意为"村庄"。
⑨ 又译作"卡里卡尔""开利开尔"，位于印度东南部海岸高韦里河三角洲地区。

大陆建立起庞大的殖民地。1600年末，英国女王伊丽莎白一世（Elizabeth Ⅰ）专门为去往印度进行贸易的商人、探险家等一行人签发了皇家特许状，成立东印度公司，专门负责相关对印贸易等事务。任何违反相关规定的行为，将由英国东印度公司代表女王行使管辖并进行惩罚。① 从这一点来看，英国东印度公司自成立之时就带有较为强烈的政治意味，是带有经济和政治双重性质的英国在印派驻机构。1612年，英国国王詹姆斯一世（James Ⅰ）派出以托马斯·罗伊爵士（Sir Thomas Roe）为首的使团面见莫卧儿皇帝贾汗吉尔（Jahangir）②，承诺将向莫卧儿帝国供给欧洲生产的稀有商品，希冀获得莫卧儿皇帝的特许，给予东印度公司在当地的居住权并允许在苏拉特等地方建立工厂。贾汗吉尔考虑后予以批准，并特意嘱托罗伊转送一封至詹姆斯一世的信，信中饱含热情地写道：

> 我已向我统治疆域内的领土和港口发出了命令，以朋友的身份接待所有的英国商人；无论他们选择在什么地方居住，他们都享有不受任何限制的完全自由；无论他们到达什么港口，葡萄牙和任何其他国家都不可骚扰他们的秩序；无论他们住在什么城市，已吩咐我所有的行政长官和军队将领负责好好满足他们的需求；出售、购买和运输商品至贵国，皆可悉听尊便。为了确认我们两国的友爱和情谊，我希望陛下命令贵国商人把适合我宫殿的各种稀罕物件和各色货物装船运送过来；并希望您能常寄信给我，以便我能为您的健康和社会繁荣感到高兴；希望我们两国的友谊能够交流互动和持续永恒。③

从信中不难得出，当时印度本土最大的政权及领袖对英国人的态度并不排斥，并且持较为热情的欢迎与期待，甚至称他们为朋友。信中，贾汗

---

① ROBERT KERR. A General History and Collection of Voyages and Travels, Vol. 8 [M]. Edinburgh: James Ballantyne & Co., 1813: 102.
② 也译"贾汉季"，为印度莫卧儿帝国第四任皇帝，任内国力富强，常被认为是莫卧儿时期最伟大的皇帝之一。此名在波斯语中有"征服世界者"之义，其执政时期大力推广波斯文化。
③ JAMES HARVEY ROBINSON. Readings in European History, Vol. Ⅱ: From the opening of the Protestant Revolt to the Present Day [M]. Boston: Ginn and Co., 1906: 333-335.

吉尔表示不允许葡萄牙人或其他国家"骚扰"这些英国人,可以感受到葡萄牙人与其关系存在着某种程度的"不友好"状态;但又能以命令的口吻要求西方殖民者——葡萄牙,也侧面证明,当时的葡萄牙在莫卧儿帝国看来仍远"不足为惧",双方关系远未到紧张、对立和冲突的状态。此外,还值得注意的是,贾汗吉尔特别强调欢迎英国商人与贸易,特别提出希望英国人把各种商品送到其"宫殿"。可见,贾汗吉尔对英国人持欢迎态度的一大主要原因为期待双方的货物贸易运输,特别是英国方面的商品要输送给莫卧儿帝国。

的确,在当时印度本地人的政权及政治领袖中,对英国人的态度并非全然排斥,甚至不少人持欢迎的心态。例如,就在此后的1639年,南印度毗奢耶那伽罗帝国的国王文卡塔三世(Venkata Ⅲ),也同意英国东印度公司在马德拉斯地区的"马德拉斯帕塔姆"村建立贸易点,以开展相应的贸易活动。次年,英国人又在这里建立军事要塞——圣乔治堡。1652年,马德拉斯被升级为马德拉斯管区,但在1655年又被撤销。1684年,恢复了马德拉斯管区的行政设置,长期在英国东印度公司担任要职的伊利胡·耶鲁(Elihu Yale)[①]被任命为马德拉斯管区总督。

1661年,英国国王查理二世(Charles Ⅱ)与葡萄牙国王若昂四世(João Ⅳ)的女儿凯瑟琳公主(Catherine of Braganza)联姻,于是孟买周边的部分小岛作为公主的嫁妆归英国皇室所有。从1665年到1666年,英国人又陆续收购了孟买周边的其他一些岛屿。1668年,英国皇室将这些岛屿租给了英国东印度公司,孟买人口出现快速上升。

大体上看,早期英国人在南印度当地殖民活动的规模和影响十分有限,且主要集中在经贸领域,军事上的扩张活动还远未开始,因而并没有遭到当地政权和群体的太多反对与抵抗。与此相反,彼时南印度地方政权

[①] 伊利胡·耶鲁出生于英国在北美殖民地中的波士顿地区,后回到英国伦敦上学。在英国东印度公司工作后,耶鲁得到了任用和提拔。在担任马德拉斯管区总督期间,实行高税收制度导致当地印度人数次起义,与马德拉斯当地商人通过秘密生意的形式进行贪污腐败活动,因贪污遭受检举最终导致其于1692年被免去马德拉斯管区总督一职。1718年,耶鲁向北美殖民地康涅狄格的一所教会学校捐赠了一批物资,校方为感谢耶鲁的重要捐赠而改名为"耶鲁学院",后发展为"耶鲁大学"。不过,耶鲁本人捐赠物资的经费来源可能与其在英国东印度公司任职时期的印度奴隶贩卖贸易有关,因而遭受到后世的质疑和批评。

及政治领袖尚未预料到英国人在当地活动的危害性,而对两国之间的合作充满了期待,甚至时常对英国人的早期殖民活动持欢迎态度。

第二节 英国殖民的扩大化与南印度的抵抗回击

随着殖民活动的深入,西方国家在印度的殖民地域范围持续扩大,西方人加大军事上的殖民活动成为这一时期的显著特征。在西方军事殖民活动增加的背景下,南印度社会中开始出现本土政权及精英人士组织的抗击行动。而西方殖民国家也在印度展开着竞争,英国逐渐在这些西方殖民国家中走向前列,成为南印度地区殖民地域最大的国家。英国推动了自身在印度的殖民扩大化进程,军事殖民扩张活动不断,南印度社会中也出现不少组织化的抗英军事行动,其中的一些抗英事迹和抗英人物在民众中流传。

一、英国殖民的扩大化

1687 年,英国东印度公司做出正式决定,将其机构驻地由苏拉特迁至孟买。孟买逐渐成为英国在印度的政治中心,也聚集了大量的人口和经济资源。在此之后,英国于印度的殖民扩张步入了新的时期,其在印度次大陆的军事冲突愈益频繁,而其占领的领土也日益扩大。

从 18 世纪中期开始,英国东印度公司在南印度地区的军事扩张愈益加速,英国殖民者同南印度当地群体之间的矛盾也日渐紧张。英、法之间围绕在南印度的权益冲突日趋激烈,当地土邦王公势力也被卷入。在 1746—1763 年,英、法之间的冲突引发了 3 次"卡纳蒂克"[①]战争,法国最终战败并失去所有在印殖民地。1756 年,欧洲主要大国间的"七年战争"爆发,参战国的海外属地也未能幸免。英、法两国在此战争中围绕海外殖民地利益的冲突最为激烈,战争结束后法国处于不利地位并最终同意将其在印度的大部分权益转交给英国。根据 1763 年的《巴黎条约》,法国在印度

---

① 为一地理词汇,大致指南印度东高止山脉和科罗曼德尔海岸之间的区域,主要位于当时的马德拉斯地区。

仅保留5个非军事定居点，分别为朋迪榭里、马埃、加里加尔、亚南和金德讷格尔。与此同时，英国东印度公司分别通过1757年的普拉西战役和1764年的布克萨尔战役，获得了孟加拉地区、奥里萨地区和比哈尔地区的直接管辖权。①

1773年，英国议会通过《东印度公司规范法案》②，决定设立并派出印度总督，诺斯勋爵（Lord North）希望借此加强和规范英国东印度公司在印度地区的经营管理活动。1784年，英国议会又颁布了《皮特印度法案》③，设置"六人委员会"参与英国在印度殖民地的管理，而孟买管区总督及马德拉斯管区总督都接受位于加尔各答的印度总督之领导。以小威廉·皮特（William Pitt the Younger）为首相的英国政府，依靠《皮特印度法案》进一步削弱印度东印度公司的权力，加强了英国政府所派总督对印度事务的管辖权力。

这一时期，英国以军事进攻方式扩大在印版图的计划意图更加明显。1767—1799年发起了4次迈索尔战争，1775—1818年进行了3次马拉塔战争。④ 从这几次战争的结果来看，英国东印度公司均取得了军事上的胜利，迫使对方投降，进而得以管辖几乎整个印度次大陆。⑤ 英国人之所以取得巨大的军事成功，是因为有两大因素在其中起了关键性作用：其一，英国有较为先进的武器装备、军事指挥及后勤供应；其二，印度内部大小政权林立，并在此基础上形成彼此政治军事掣肘。

简单来看，17世纪末18世纪初，英国开始了其在南印度殖民的扩大化进程；而这一进程在18世纪中期以后，呈现了明显的加速状态。英国在南印度的军事殖民活动也更趋激烈，通过大量的军事进攻，英国在南印度的殖民地出现了快速扩大。

---

① Imperial Gazetteer of India, Volume 2: The Indian Empire, Historical [M]. Oxford: Clarendon Press, 1909: 488-514.
② 一译"管理法"。
③ 也称"1784东印度公司法"。
④ The Authority of His Majesty's Secretary of State for India in Council, Imperial Gazetteer of India, The Indian Empire, Vol.2: Historical [M]. Oxford: The Clarendon Press, 1908: 475-515.
⑤ 当然，英国的领土扩张和经济扩张并未就此停止，仍继续对锡金、尼泊尔、不丹、阿富汗、缅甸等地采取扩张政策。1824—1885年，发动了3次英缅战争；1839—1919年，发起了3次英阿战争；1845—1849年，发起了2次锡金战争；等等。

二、南印度的抗英行动和民族起义

随着部分欧洲国家在印度的殖民地范围扩大,印度社会中的军事和政治反抗更多地显现出来,这类反抗行动在南印度地区尤为突出。其中,第一起大规模的南印度民众对西方殖民者的反抗出现在南印度的特拉凡哥尔①王国。1739—1741年,发生了特拉凡哥尔王国与荷兰的战争。在英国东印度公司的支持下,特拉凡哥尔王国国王马斯达·瓦尔玛(Marthanda Varma)率领的军队在科拉歇尔战役中获得大胜。荷兰人和特拉凡哥尔表示同意实行停火,陆续进行了几年的和谈才签订了一份和约。② 应该说,这是南印度地区近现代历史上较早的一次由本地人主动发起的对西方殖民国家的军事反击行动,并明显体现出组织化、规模化、长期化的特征。

而面对英国人在当地的军事殖民活动,南印度的一些封建土邦王公组织力量进行了激烈的抵抗,甚至有部分英属印度当地军队士兵发动了起义。在抗击英国人殖民的行动中,当地社会内涌现出不少著名的英雄人物,这些抗英事迹后在南印度地区广为流传。

在廷尼弗利③的卡塔兰库拉姆④地区出现了近代泰米尔人中第一位较出名的抗英人物——马维兰·阿拉古姆荼·科内(Maveeran Alagumuthu Kone)。18世纪50年代,科内当时为卡塔兰库拉姆一支印度人军队的将领,持续奉行对英军事抵抗的政策,多次使英军遭受巨大军事损失。1757年,科内率领部队在同英国及当地盟军的战斗中败北,被马卢塔那亚伽姆·皮莱(Maruthanayagam Pillai)⑤等俘虏后于1759年被处决。⑥

---

① 也译作"特拉凡科""特拉凡科尔",南印度地区的一个印度教王国,大致管辖如今的喀拉拉邦大部和泰米尔纳德邦南部区域。
② KOSHY M O. The Dutch Power in Kerala, 1729-1758 [M]. New Delhi: Mittal Publications, 1989: 82-88.
③ 蒂鲁内尔维利市的旧称,今位于泰米尔纳德邦。
④ 今大致位于泰米尔纳德邦蒂鲁内尔维利市杜蒂戈林区的埃塔耶普拉姆镇。
⑤ 也称 Muhammad Yusuf Khan(穆罕默德·优素福·可汗),为出生在南印度的印度教徒,后改信伊斯兰教,在英国东印度公司中先后担任军队的军事指挥官及马杜赖地区的行政长官等职务。
⑥ 1994年4月29日,泰米尔纳德邦议会通过决议,由邦政府于每年7月11日在其诞生地——杜蒂戈林区科维尔帕蒂镇举行仪式庆祝科内的诞辰周年纪念活动,科内被当地人视为近代最早抗击英国争取泰米尔人独立的英雄之一。

族群的政治：西方殖民与南印度泰米尔民族主义的缘起（1813—1925）　>>>

　　当时，南印度的波利加尔土司体系中，在东、西两边各有一大集团。西边方向为马拉瓦（Marawa）波利加尔土司集团，其领导者为普利·瑟瓦尔（Puli Thevar）；东边方向为边其中泰卢固（Telugu）波利加尔土司集团，其领导者为韦拉潘迪亚·卡塔博曼（Veerapandiya Kattabomman）①。1755年，为反抗英国东印度公司在当地殖民统治，在马德拉斯地区爆发了帕拉亚卡拉尔起义。瑟瓦尔领导西边的马拉瓦波利加尔土司集团，对英国的扩张政策威胁到自身统治利益感到强烈不满，不愿屈服于英国人的军队，双方爆发了激烈的军事冲突。瑟瓦尔的军队一度处于上风，甚至攻占了皮莱军队的驻地马杜赖城，后于1767年遇战事不利而逃亡。

　　1772年，锡沃根加土邦②第二代王公穆徒瓦杜噶纳塔·佩里亚·乌达亚·瑟瓦尔（Muthuvaduganatha Peria Oodaya Thevar）因拒绝缴税，陷入与阿尔果德地区"纳瓦布"③之间的战争。作为阿尔果德纳瓦布同盟者的英国人进行了军事介入，穆徒瓦杜噶纳塔国王不久即被对方抓住并予以处决。其妻子维卢·纳齐亚尔女王（Rani Velu Nachiyar）④与女儿维拉琪（Vellachi）逃往其他地方暂时躲避，并寻求他日反攻。在维鲁帕齐⑤，纳齐亚尔女王建立起了女兵军团进行军事训练，积极寻求并获得了迈索尔土邦苏丹海达尔·阿里（Hyder Ali）的军事支持。1780年，纳齐亚尔女王率领军队对英国东印度公司发起军事进攻。战斗中，其女兵军团中的将领库伊利（Kuyili）甚至采用了自杀式袭击的方式，引爆英军的军火库，后得

---

① 其事迹后被泰米尔文学家进行诗歌和剧本的文学创作所传诵。1959年，斥巨资拍摄以其生平事迹创作的同名泰米尔语电影《韦拉潘迪亚·卡塔博曼》在当地上映；1999年10月16日，印度政府发行了纪念韦拉潘迪亚·卡塔博曼逝世200周年的纪念邮票；2006年，泰米尔纳德邦蒂鲁内尔维利市当地政府举办了"卡塔博曼节"以纪念其诞辰245周年。
② 本为马杜赖纳亚克王朝的一部分，后在王朝势力衰落时，由第一任王公萨西瓦纳·佩里亚·乌达亚·瑟瓦尔（Sasivarna Periya Oodayan Thevar）于1730年正式宣布独立。
③ 也拼写作Navaab、Nawaabshah、Nobab等，女性则称作Begum（贝甘姆），为印度莫卧儿帝国时期其下属省级地区的地方行政长官称谓。在莫卧儿帝国衰落后新独立出来的地方统治者仍沿用此称谓。
④ 其本身生于另一王室，为拉姆纳德土邦王公切拉穆徒·维伽亚拉固纳塔·瑟徒帕斯（Chellamuthu vijayaragunatha Sethupathy）的独生女。
⑤ 今泰米尔纳德邦的一个小村庄。

<<< 第一章 西方人的早期殖民活动与南印度人民的反抗

以夺回锡沃根加地区。①

由于拖延税收问题,南印度的卡塔博曼波利加尔土司再次与英国东印度公司关系紧张,并主动发动了对英国东印度公司所辖地区的军事进攻。1799年4月25日,被英国东印度公司派往拉姆纳德地区征缴税收的官员斯蒂芬·兰伯尔德·勒欣顿(Stephen Rumbold Lushington)②向马德拉斯管区税务委员会的信件中提道,这次冲突显示出突然性和延续性,当地居民并没有受到对方的骚扰,说明应该有比一般掠夺者的抢夺更严重的事情发生,而明显急于夺取当地火枪之焦虑则表明对方有比获得少量掠夺更高、更长远的目标。③

之后,英国东印度公司采取更强烈的军事反击行动。迈索尔土邦苏丹海达尔·阿里之子蒂普苏丹(Tipu Sultan)与卡塔博曼结成了军事联盟,共同开展同英国东印度公司军队的军事作战。1799年5月4日,蒂普苏丹在塞林伽巴丹堡与英军的交战中阵亡。之后,卡塔博曼也被英军抓获,并于1799年10月16日在卡雅塔尔被处以绞刑。④

1801年5月,英国军队在英方将领帕特里克·亚历山大·阿格纽(Patrick Alexander Agnew)的率领下,又继续向帕拉马库迪地区发起进攻。帕拉马库迪当地的军民同英国军队展开了殊死搏斗,双方交战十分激烈,这场战事持续到了12月,英国军队受到了当地民众前所未有的沉重打击。这次南印度当地各族军民团结一致抵抗英国军队的行动,亦称"南印度人民起义"。

在这次起义中,南印度泰米尔人、泰卢固人、马拉雅利人、卡纳达

---

① 其被泰米尔人称为 Veera Magni,意为"果敢的女性",纳齐亚尔女王被泰米尔人视为印度次大陆第一个带头对英国发起军事抵抗的女民族英雄,在泰米尔纳德邦等南印度地区被广泛纪念。See S. VANAJAKUMARI, P. VIMALA. Arc-Veera Mangai Velunachiyar in Antiquity India(1772—1780)[J]. Shanlax International Journal of Arts, Science & Humanities, 2016, 3(4):23-30.
② 为英国托利党成员,1792年起到英国东印度公司担任行政官员,1827—1835年担任马德拉斯管区总督。
③ LUSHINGTON S. R. Letter to Board of Revenue, Board Proccedings, April 25, 1799 [A] // Sylvanus Urban. The Gentleman's Magazine, Vol.1: New Series, London: John Bowyer Nicholas &Son, 1834: 645-648.
④ ANAND A. YANG. Bandits and Kings: Moral Authority and Resistance in Early Colonial India [J]. The Journal of Asian Studies, 2007, 66(4):881-896.

人、马拉塔人和穆斯林为了反击共同的敌人英国而团结在一起,并且与此前相冲突的南印度土邦王公进行合作,参与者遍布南印度社会的各个阶层。而在 1801 年 12 月 1 日马德拉斯管区政府内部的军事磋商会上,英国人都曾痛陈这次南印度的"战争"中,欧洲人付出的鲜血比之前征服迈索尔过程中流的还要多。①

最终,英国人凭借着军事上和组织上的优势,在当年底大致控制住了马德拉斯地区的政治局势。与卡塔博曼及纳齐亚尔女王密切联络的南印度著名反英斗士玛鲁徒兄弟(Maruthu brothers),也在反英活动中不幸被捕,不久之后即在蒂鲁普特②被英国人处决。③ 不过,受到这次起义活动的影响与鼓舞,其他南印度地区逐渐出现一些大小不一的抗英力量。冈古纳德地区的波利加尔土司希兰·齐纳马莱(Dheeran Chinnamalai)仍在南印度联络当地的势力,一起对英国东印度在当地占领哥印拜陀发起了猛烈的军事进攻,数度取得战役性的胜利。然而,齐纳马莱还是被英国方面抓获,并于 1805 年 8 月 2 日在桑卡里堡被处以死刑。

1806 年 7 月,英国东印度公司的马德拉斯军团内部爆发了"韦洛尔起义"。事件的起因主要为马德拉斯军团内出台新的规定,不允许军团的印度教士兵在头上装饰宗教信仰的事物,不允许军团的穆斯林士兵蓄须,禁止在军团内使用和佩戴任何与种姓相关的标记与饰品。这个新出台的规定,强烈冒犯和冲击了马德拉斯军团内的印度士兵群体社会习俗与宗教信仰。在矛盾没有好转、不满持续上升的情况下,马德拉斯军团内的印度士兵群体内部开始密谋发动武装起义。印度士兵在凌晨夜深人静的时候,对马德拉斯军团内的英国人发动了袭击,起初取得了一定程度的胜利。然而,英国人很快就从附近的阿尔果德地区调来了较为灵活机动的第 19 轻型

---

① Madras Council, December 1,1801 Military Consultations, Vol, 289 [A] //K. Rajayyan. South Indian Rebellion: the First War of Independence, 1800-1801, Mysore: The Wesley Press, 1971: 294.
② 今位于泰米尔纳德邦的锡沃根加地区。
③ 1959 年,拍摄了以其生平事迹为主题的泰米尔语电影《锡沃根加斯迈》(*Sivagangai Seemai*),电影名意为"锡沃根加的小胡子"。2004 年,政府发布了玛鲁徒兄弟的纪念邮票。

<<< 第一章　西方人的早期殖民活动与南印度人民的反抗

龙骑兵团①，在炮火的攻击下镇压了这次起义，数百名印度士兵为此牺牲。这次战斗情况十分惨烈，当时的一些英国记者和作家曾对此有所记述。

不过，这次起义行动也造成了100余名英国军人的死亡，其中包括一些高级军官，如指挥官中校约翰·凡考特（John Fancourt）和少校查尔斯·阿姆斯特朗（Charles Armstrong）等。② 这次起义行动给了英国人一次较为沉重的军事打击，英国方面立即召回了马德拉斯管区总督威廉·本廷克勋爵（Lord William Bentinck）以及马德拉斯军团的总司令约翰·克拉多克爵士（Sir John Cradock），追究二人对此次重大事件发生的失责。③ 尔后，英国方面在马德拉斯的政府和军团进行了调整，对当地反抗英属印度政府的"反叛力量"严防死守。

从18世纪开始，英国人在南印度的殖民活动中，军事殖民活动迅速增多，而同南印度当地政权及族群的关系逐渐由友好向对抗过渡。在这一背景下，无论是地方政权组织的反英力量，还是基于民族情绪自发组织的反英行动，都是对英国人殖民活动的一大直接回应。与此同时，一些关于南印度地区抗英的英雄事迹，则以传统文学的形式在当地泰米尔社会中口头流传，作品中以传统文学元素加上真实的军事与政治斗争情节将这些人物神圣化，受到了民众的欢迎。不过，这些作品在很长一段时期内均主要由吟游诗人传唱，直到19世纪末20世纪初才开始见到文字印刷的版本。④ 大体上，南印度社会对英军事反抗行动，直接证明了当地民众民族意识的觉醒，而其中部分有组织、大规模的抗英行动甚至已具有民族主义性质。在此基础上，南印度社会中对英国殖民的反抗行动与民族主义意识之间逐渐形成了一种互相促发的关系模式。

---

① 该兵团成立于1781年，至1806年期间一直驻守在英属印度的马德拉斯地区，主要为持火枪的骑兵，多次参与英国人在南印度的重大军事行动。
② ARTHUR F. Cox (comp.). Madras District Manuals, North Arcot, Vol. II [R]. Madras: The Superintendent, Government Press, 1894: 459.
③ J. TALBOYS WHEELER. India Under British Rule: From the Foundation of the East India Company [M]. London: Macmillan & Co., 1886: 101.
④ SUSAN BAYLY. Saints, Goddesses and Kings: Muslims and Christians in South Indian Society, 1700-1900 [M]. Cambridge: Cambridge University Press, 2003: 209-210.

小 结

泰米尔人是达罗毗荼人中的一支,达罗毗荼人与北印度雅利安人之间在古代时期就发生了相当长时间的军事冲突与政治互动。印度雅利安人在吠陀时期的大量经典文献中,对雅利安人与达罗毗荼人的军事冲突即有不少的记录。而在泰米尔人桑伽姆时期的文学典籍中,也存在着对雅利安人同泰米尔人之间的冲突与战争大量的描述。虽然在双方这些文学性浓厚的早期民族史诗中,其所述"历史"内容中的真假仍有待进一步研究与厘清,但是"雅利安入侵"这一"情节"被确确实实地记录与传播在泰米尔人的"文化印记"里,成为达罗毗荼人特别是泰米尔人早期民族自我认同的重要来源。那么,雅利安人在较早时期便充当了达罗毗荼人族群自我认知中的"文化他者"。

到大航海时代,西方殖民者和传教士的到来,给南印度的达罗毗荼人特别是泰米尔人以新的巨大冲击。葡萄牙人率先抵达了印度,在南印度的奎隆等地逐渐建立起商业据点,还修建起帕利普拉姆堡。此外,葡萄牙人还在当地修建了雪地圣母圣殿等天主教堂,并在当地传播天主教。马德拉斯地区后来也成为葡萄牙人进行传教的一大重点地区,先后修建了光明圣母教堂、圣多默圣殿、圣母赎虏圣殿等多个重要的天主教场所。而为了有效地推进传教事业,天主教传教士还注意到在当地社会中种姓较低的帕拉瓦尔种姓群体,有针对性地加大了对这个群体的传教力度。此外,葡萄牙人还在当地修建了一所教会大学——圣保罗学院,并且引入了近代西方的印刷机设备。传教士中一些人在当地研究泰米尔语,并尝试着用泰米尔文印刷教会资料。

此后,荷、法与英等国西方人也陆续来到了南印度。与此前葡萄牙人做的事情大体相同,这些殖民者与传教士也从事占据点、修要塞、做贸易、建学校、搞传教等活动。不过,更多西方人的到来,一方面让原来的这些殖民活动规模进一步扩大,另一方面加剧了西方人之间的竞争、矛盾与冲突。仅英、法之间就在印度爆发了3次卡纳蒂克战争,双方均联合部分印度当地政治与族群力量参与英、法2个国家之间的斗争和对抗,这在客观上加速了南印度当地各族群的政治觉醒。

一言以蔽之,西方人的军事、宗教、教育和文化的殖民活动,共同推动了南印度泰米尔人民族主义意识的孕育。早期,西方人在当地的宗教活动已制造了一些紧张的情绪与关系,但由于规模有限、烈度较小,因而在当地社会中的反响和反应并不是十分突出。尽管从长时段来看,宗教、教育及文化对南印度社会的冲击影响更为巨大和深刻,但在这一时期内,南印度社会中民族意识的觉醒和民族主义的孕育主要还是缘于西方人特别是英国人逐步扩大的军事殖民活动。

第二章

英国殖民者的"社会改造"与南印度的民族主义觉醒

1813年,英国议会通过并颁布了《1813年特许状法案》,一改以往在印度文化领域开展殖民活动的谨慎和否定态度,转而决心大力推广英式教育和基督教的传播活动。那么,以往较为零星且缓慢的教育与传教活动,开始成为英国在印度殖民活动的新重点,其实质为英国人对统治下的印度进行大规模"社会改造",以服务于其殖民统治利益。客观上,英式教育的推广培养了南印度青年精英的政治意识,而大规模的传教活动则对当地传统宗教文化的信奉者产生了巨大冲击,其中的有识之士开始给出了南印度民众的回应。在南印度社会群体对西方殖民统治回应的这一过程中,泰米尔人的民族主义意识逐渐被激发出来。

第一节 英国殖民者的"社会改造"及冲击

《1813年特许状法案》中强调了英国王室在印度殖民地中的最高权力地位,取消了英国东印度公司除茶叶、鸦片及对华贸易事务以外的垄断性权力,还正式允许传教士在印度从事传播福音和推广英语的活动。此外,英国政府愿意支持印度本地文化的复兴以及科学的发展,并且同意每年拨出10万卢比用于本地接受教育的对象群体。[①] 而在此之前,英国政府和英国东印度公司长期拒绝支持在印度的宣教活动,奉行宗教中立政策,禁止宣传《圣经》和进行宗教教育。这是由于英国东印度公司方面担心,基督徒来到印度传播福音之后,印度当地浓厚的宗教传统可能会与基督教社

---

① ARTHUR BERRIEDALE KEITH. A Constitutional History of India, 1600—1935 [M]. London: Methuen, 1936: 126-130.

<<< 第二章 英国殖民者的"社会改造"与南印度的民族主义觉醒

发生信仰方面的冲突,而这将对英国当时在印度地区的商业利益构成严重威胁。①

一、英属印度政府主导的英式教育推广政策与行动

1813年以后,在英国政府的支持下,英国人在印度当地的教育活动获得了快速发展,并且形成了不小的规模。1822年,依据马德拉斯管区总督托马斯·芒罗爵士(Sir Thomas Munro)②的建议,成立了公共教学委员会,创办了用本地话开展教学活动的学校,并且在马德拉斯市区建立了中央培训学校用以讲授欧洲的文化与科学知识。

总督托马斯·芒罗于1826年3月10日签发了一份《本地教育纪要》,其中记载道:"马德拉斯管区的管辖范围内,总人口为1285.0941万,学校和学院的总数达到了12498所,这意味着达到了约每1000人拥有1所学校的比例";"给学校拨付的总经费预算如下:马德拉斯学校图书协会,每月700卢比,伊斯兰教的学校,每月300卢比;印度教的学校,每月300卢比;'特希达尔'③税务学校,每月2700卢比;每月合计4000卢比,每年度合计48000卢比。"④

上述纪要中汇报的数据,从侧面反映出英国殖民当局在改变对本地教育活动的政策后取得的一些教育活动进展,以及给相关教育机构和活动提供持续性财政支持的具体情况。同时,该纪要中还分析道:

> 暂且把总人口约等于1285万人,除去一半的女性人口,剩下

---

① GAURI VISWANATHAN. Masks of Conquest:Literary Study and British Rule in India [M]. New Delhi:Oxford University Press,1989:23-36.
② 1819年,托马斯·芒罗爵士被任命为马德拉斯总督,此前在英国东印度公司担任过军官等职务。其任内做了大量管理体系上的改革,缔造了以东印度公司为主邀级侵占印度农村个体佃农土地的农民租佃制,也被称为"莱特瓦尔制度之父"。1825年,其被乔治四世赐封"从男爵"勋衔。
③ 音译自tehsildar一词,该词在印度、巴基斯坦和孟加拉国用以指代本地的税务官,负责与税收稽查员一起负责基层税收工作。一般认为,该术语起源于莫卧儿时期,可能是单词tehsil和dar的组合词。tehsil为阿拉伯语词汇,意思是"税收征缴";而dar是波斯语词汇,意思是"职位拥有者"。
④ GLEIG G. R. The Life of Major-General Sir Thomas Munro, Bart. and K. C. B., Vol. 1, London:Henry Colburn & Richard Bentley [M]. 1830:407-413.

642.5万人;通常情况下,5~10岁儿童为在校学生的主要年龄段,大概占到男性人口数量的九分之一,约为71.3万人;这大概是应该在校的男学生总数量,但是实际在校学习的男学生总数量为18.411万人左右。在马德拉斯,在家接受教育的人口数量为2.6963万人……也许这个数字并不是十分准确;在那些偏远的地区也许达不到这么高的比例……不同阶层中,接受教育的比例非常不同。①

应该说,英属印度的马德拉斯管区政府此时对本地的教育情况已十分重视,并且在实地调研与统计信息的基础上,力图提高总体就学率、促进男女平等就学和增进各阶层受教育的均衡与公平。

1835年初,印度总督立法会的一次辩论中,立法会议员托马斯·巴宾顿·麦考莱(Thomas Babington Macaulay)② 就英国在印度既有的教育政策表达了不满。麦考莱要求印度总督领导的政府对相关教育政策进行重新修订,认为应该重点推动本地人学习和使用英语,而非让英国人花大力气去学习研究本地的东方语言及文化。麦考莱的观点在议员群体中产生了不小的反响,许多人都认可其看法并赞同需要对英国的相关政策进行调整。

会后,麦考莱整理并制作了当天的会议纪要,以扩大其观点的影响、寻求更多的政治支持。在该会议纪要中,麦考莱进行了系统性的观点阐发,其中表达的三个层面的意思尤为值得注意。

第一,麦考莱认为,与印度本地的语言及文化相比,欧洲的语言及文化具有无与伦比的先天优越性:

在印度和英国,我都与那些精通东方语言的人进行过交谈……我从未发现其中有谁能否认,一个好一点的欧洲图书馆中随便一架子书籍,就能抵得过印度和阿拉伯的全部本土文学。在诗歌等

---

① GLEIG G. R. The Life of Major-General Sir Thomas Munro, Bart. and K. C. B., Vol. 1, London: Henry Colburn & Richard Bentley, 1830: 408-409.
② 也译"托马斯·巴宾顿·麦考利",是英国辉格党政治家和历史学家,1839—1841年担任英国陆军大臣,曾力主英国侵华。其撰写的《英国历史》被认为是辉格党史学的开创性范例,其文学风格颇受赞誉,但其偏见式的历史观点受到广泛谴责。

想象力的作品中,可能也大致存在辉煌的著作;但当我们从想象力的作品转到记录事实和研究一般性原理的作品时,欧洲人的优越性就变得绝对地难以估量。①

第二,麦考莱指出,英属印度政府的财政应由行政当局做主,不应受之前政策乃至法规的束缚,且应资助培养那些使用英语的本地学者:

> 我认为很明显,我们不受1813年《议会法》的束缚。我们不受任何明示或暗示的保证所束缚;我们可以自由选择使用我们的资金;我们应该聘请他们教授最值得一学的知识;英语比梵语或阿拉伯语更值得一听;希望本地人教的是英语,而不希望教的为梵语或阿拉伯语……可以使这个国家的本地人成为完全优秀的英语学者,为此,我们的努力应该得到引导。②

第三,麦考莱建议,英国方面要在当地培养具有英国思维的印度人,通过不断加入英语词汇数量循序渐进地改造印度语言,并利用此种"新语言"作为进行本地知识传播、公开印刷出版的语言媒介:

> 我们必须尽力组建一个阶层,成为我们与我们所管理的大量人口之间的翻译员;让这一类人虽然拥有着印度人的血统和肤色,但是在品位、见解、道德和才智方面则是英国式的。对于这一类人,我们可以把英语变成其方言,用从西方命名法中借来的科学术语来丰富这些方言,并通过适合的方式来使它们成为向大

---

① 该会议纪要原文被收录于1853年公开发行的书册中。See Charles Hay Cameron. An Address to Parliament on the Duties of Great Britain to India, in Respect of the Education of the Natives, and Their Official Employment [M]. London: Longman, Brown, Green, & Longmans, 1853: 68.
② CHARLES HAY CAMERON. An Address to Parliament on the Duties of Great Britain to India, in Respect of the Education of the Natives, and Their Official Employment [M]. London: Longman, Brown, Green, & Longmans, 1853: 78.

众传播知识的工具。①

毫无疑问，这份会议纪要中，麦考莱体现了彻头彻尾的殖民主义思想，对印度当地的语言、文化及民族充满歧视，并且期望通过教育方式在思想上奴役印度的当地民族。

2月2日，这份会议纪要得到了英属印度总督威廉·本廷克勋爵（Lord William Bentinck）②的签发，本廷克勋爵在会议纪要上批示道："我完全赞同这份会议纪要中表达的观点。"③可以看出，麦考莱的这份会议纪要不仅反映了其个人的政治想法，也体现了当时英属印度政府的政治态度。同年，本廷克勋爵领导的总督立法会议就正式颁布了《英语教育法》，对之前《1813年特许状法案》中给予印度文化发展和复兴以支持的政策进行了调整。在《英语教育法》中，对英国在印度教育活动的财政拨款使用方面进行了重新分配，支持在教学场所内使用英语，促进英语成为政府行政管理和高级法院审判时的工作语言；不支持印度教和伊斯兰教的传统文化，不支持使用印度的本地语言发表文字作品。④

这种强制推行英语作为工作语言、对印度本地语言的使用进行歧视和排斥的政策，人为地将不同语言与特定族群固定联系起来，并且在此基础上划分出不同语言之间带有某种对立性质的族群关系。在当地社会中，这一政策进一步激发了印度人的民族主义意识和发展自身语言及文化的政治情愫。

---

① CHARLES HAY CAMERON. An Address to Parliament on the Duties of Great Britain to India, in Respect of the Education of the Natives, and Their Official Employment [M]. London: Longman, Brown, Green, & Longmans, 1853: 78-79.

② 威廉·本廷克曾先后分别担任过马德拉斯管区总督和孟加拉管区总督，于1828年至1835年担任印度总督，任期内大力推动印度社会变革，推行废除寡妇自焚的"挈提"制度、禁止杀害女婴、建立加尔各答医学院及在印度法院和高等院校推广英语等变革措施。

③ CHARLES HAY CAMERON. An Address to Parliament on the Duties of Great Britain to India, in Respect of the Education of the Natives, and Their Official Employment [M]. London: Longman, Brown, Green, & Longmans, 1853: 80.

④ GREAT BRITAIN, Parliament, House of Commons, Reports from Committees, East India, Lord's Third Report, Session: 4 November 1852—20 August 1853, Vol. XXXIII [R]. 1853: 70-73.

<<< 第二章 英国殖民者的"社会改造"与南印度的民族主义觉醒

1836年，奥克兰勋爵乔治·艾登（George Eden, Lord Auckland）① 接替威廉·本廷克勋爵就任印度总督一职，这为解决之前实行的相关政策中显露的问题提供了契机。同年，之前的公共教学委员会被废除，由本地人教育委员会替代。乔治·艾登的教育计划提议是，既推广英国式的学校，又发展东方式的学校，以吸收两种方式的优点和好处。

英国东印度公司在1841年的一次内部行政会议中，对乔治·艾登的相关提议给予了正式回复：

> 目前，我们不愿就欧洲知识交流和传播最有效的方式发表意见。已有的经验还不能确保，可以采用任何的排他性方法。我们希望，对将欧洲知识嫁接到现有课程研究上的尝试给予公平的评判，对那些正在进行此研究的神学院给予体现欧洲监管机构的能力和效率之帮助来加以鼓励。与此同时，我们授权您对将欧洲作品翻译为本地语言的翻译者给予所有适当的鼓励，并根据乔治·艾登总督提出的提议，计划提供一套适当的本地语言类书籍汇编。②

据此，以乔治·艾登总督为首的英国东印度公司，正式对《英语教育法》实施以后的政策进行调整，决定走一条中间化的道路。英国东印度公司也恢复了对梵语作品和阿拉伯语作品出版的资助，但改为向亚洲学会③直接提供资金支持，再由亚洲学会负责进行具体的出版资助活动。

---

① 乔治·艾登为第一代奥克兰伯爵，三次出任英国海军第一大臣，1836年至1842年期间担任印度总督。
② STEPHEN EVANS. Macaulay's Minute Revisited: Colonial Language Policy in Nineteenth-century India [J]. Journal of Multilingual and Multicultural Development, 2002, 23 (4): 260-281.
③ 如今一般称为"孟加拉亚洲学会"，在历史比较语言学奠基人之一的英国东方学家威廉·琼斯爵士倡议下，于1784年1月15日在印度加尔各答的威廉堡成立。学会的宗旨为"研究亚洲地理范围内，自然或人文的一切事物"，收集印度本土的旧手稿也是其主要活动之一，是英国人在印度建立的一个研究亚洲的东方学研究机构。学会于1789年首次出版了学会刊物——《亚洲研究》。从1784年到1828年，学会只有欧洲人当选学会会员；1829年之后，学会逐渐吸纳本地印度人入会。学会在1857—1947年曾改名为"孟加拉皇家亚洲学会"，印度独立之后又恢复了原名。

族群的政治：西方殖民与南印度泰米尔民族主义的缘起（1813—1925） >>>

1839年，马德拉斯民众向马德拉斯总督写信请愿，希望在本地开办一所英国式的大学，该请愿信得到了大量民众的签名。1840年，在马德拉斯管区总督约翰·艾尔菲斯通勋爵（Lord John Elphinstone）[①]的推动下，大学委员会成立。同年，在之前的中央培训学校成立了大学预科学校。1853年，其中的高等教育部分实体被剥离开来，成为一所专门性的高等教育机构。

1854年，英国东印度公司管理委员会主席查尔斯·伍德爵士向总督达尔豪西勋爵（Lord Dalhousie）[②]寄去了一封建议信，希望将欧洲的文化与知识系统地传播到印度当地，以助于当地劳动力技能素质提升，进而为英国的殖民统治输送更多的人才和自然资源。信中提议，小学应采用本地语言讲授，但高中和大学教育阶段应采用英语教学，同时应注意发展职业教育和重视女性受教育权利；在加尔各答、孟买和马德拉斯3个总督管区的首府城市建立相应的大学，拓展大众教育、世俗教育，增加奖助学金制度；为教师提供具有吸引力的工资水平，将教师派往师范院校接受培训；各行政区内应成立专属的教育管理机关，应建立从小学、初中、高中、学院到大学的完整教育体系。[③] 伍德的这封建议信因提出了系统的英式教育理念和计划，对后来英属印度内英式教育体系的设计和实施发挥了纲领性的作用，并引导了后续的系列教育改革，因此被人称为"印度英式教育的大宪章"。

此后，从中央培训学校中剥离出来的高等教育实体，改组为马德拉斯的管区学院，其被视为"整个南印度高等教育与研究的灯塔"。1857年，依据英属印度总督立法议会的法案，参考伦敦大学的经验模式，兴办了本地的马德拉斯大学，之前成立的管区学院成为其下属的一大学院。1858年，举办了马德拉斯大学的第一届入学考试，正式招收培养本地的大学生。斯鲁皮提·乌拉万纳塔尔·塔姆塔纳姆皮莱（Cirupitty Wyravanathar

---

① 曾担任苏格兰议员和英国议会议员，后接受印度首相墨尔本第二子爵威廉·兰姆的任命，于1837年至1842年出任马德拉斯管区总督一职。
② 也译"大贺胥"，在1848—1856年担任印度总督。其任内大力引入被称为"印度近代社会发展三大引擎"的电报、邮政和铁路列车系统，并且对英国在印度的行政管理系统做了效率化的改革。
③ SATTHIANADHAN S. History of Education in the Madras Presidency [M]. Madras: Srinivasa Varadachari & Co., 1894: 41-43.

Thamotharampillai)①就是马德拉斯大学的第一届毕业生之一,而苏比尔·苏布拉玛尼亚·艾耶(Subbier Subramania Iyer)②则于1896年成为马德拉斯大学第一位印度人暨泰米尔人的副校长。

除此之外,1856年英国殖民当局在马德拉斯市的维珀成立了师范学院,专门用于教师培训。1887年,该校迁往马德拉斯市的赛达佩特,并成为马德拉斯大学下属的一个学院。此外,英国殖民当局还十分关注当地弱势群体,特别是女性的受教育情况。1888年2月,英国殖民当局在对马德拉斯管区教育情况进行调研后出台的一份教育报告,系统性地展示了当时印度本土教育中女性的受教育发展状况:

> 在1858—1859财年,助学金款项为1589卢比,用以为39所女童学校的1885名女童提供资助。在1870—1871财年,助学金款项为25682卢比,用以资助138所女童学校的7245名女童。此外,还有2148名女童在289所男女兼收的混合学校、792名在乡村的男童学校接受教育。在1870—1871学年,马德拉斯管区内有超过10000名在校女童:其中,5788名为泰米尔人、1397名为泰卢固人、703名为马拉雅利人、211名为卡纳达人、25名为图鲁瓦人。此学年内,141人参加了女性教师资格考试,有41人通过了考试获得资格认定。③

---

① 著名的古典时期泰米尔诗歌文学研究者,出版了大量相关著作。
② 为印度律师和政治家,与安妮·贝桑特夫人一起发起了自治运动,被普遍称为"南印度的老前辈"。其于1891年被任命为马德拉斯高等法院的法官,1907年退休之前担任马德拉斯高等法院印度首席大法官。作为印度国大党的创始成员之一,他曾率领马德拉斯代表团参加了1885年12月在孟买举行的第一届会议,于1915年在马德拉斯主持了一次公开会议欢迎甘地从南非返回印度。后担任安妮·贝桑特于1916年9月1日在马德拉斯建立的印度自治同盟名誉主席。在安德鲁·贝桑特于1917年6月16日被马德拉斯州长彭特兰勋爵下令逮捕拘留之后,艾耶曾写信给美国总统伍德罗·威尔逊,描述英国在印度的统治,并呼吁美国政府和人民的同情与支持。1885年,他被任命为马德拉斯大学理事,后于1896年被任命为马德拉斯大学副校长。
③ WILLIAM HUNTER. Report of the Indian Education Commission, Appointed by the Resolution of Government of India, dated 3rd February 1882 [R]. Calcutta:The Superintendent Government Printing, 1883:522-524.

此外，马德拉斯管区内已经初步形成从小学、中学到师范院校的一套女性教育体系。以1882年马德拉斯的女性受教育数据来看：在公立学校中，女性的师范院校、中学、小学分别为1所、4所、47所，人数分别为20人、26人、2123人；其他受资助的私立学校中，女性的师范院校、中学、小学分别为3所、42所、460所，人数分别为137人、363人、18242人；男女混合学校中，就读人数为14131人；总的教育经费拨款额为22.6169万卢比，女性在校总人数为3.5042万人，其中女性院校达557所。① 这一时期，马德拉斯的女性教育获得的拨款及教育规模，在整个英属印度内处于前列。

因此，大量南印度社会中的女性得以接受系统的英式教育，这为当地社会带来了新的重要变化。由于讲授的是以英语为基础的英式课程，为不少印度本地学生打下了系统的英式教育基础，并且有可能借此去往英国本土留学。不少印度上层社会的男性直接去往英国的大学里进行深造，大部分印度留学生选择修读文科或法律专业。到1890年时已有约6万印度人被英国本土的大学录取，其中，约1/3的毕业学生成为英属印度政府机构中的工作人员，还有约1/3左右的学生之后成为律师。②

可以说，英国殖民当局在印度范围内逐渐建立了一套系统性的教育网络，涉及小学、中学、师范院校及大学等多方面的办学层次，并且主要以英语作为教学语言来讲授来自西方社会的知识内容体系。当然，英国殖民者本来的主要目的是，借助英式教育在当地社会培养出亲英国的"新群体"，以成为当地社会主要的管理者。不过，这种系统的英式教育行动，在客观上为南印度社会培养出大批具有印度本土民族认同情感的本土政治精英群体。

二、考德威尔的"达罗毗荼学"研究新发现

1813年以后，伦敦会分别在印度的北部和南部扩展了其传教点。

---

① WILLIAM HUNTER. Report of the Indian Education Commission, Appointed by the Resolution of Government of India, dated 3rd February 1882 [R]. Calcutta：The Superintendent Government Printing, 1883：523.
② CAROLINE KEEN. A Judge in Madras：Sir Sidney Wadsworth and the Indian Civil Service, 1913-47 [M]. London：C. Hurst & Co., 2020：8.

<<< 第二章 英国殖民者的"社会改造"与南印度的民族主义觉醒

北印度教区主要分布在 3 个地区，分别是孟加拉地区、古吉拉特地区和阿格拉地区。而在南印度也建立了不少新的宣教点，大致以当地语言划分片区，分布在泰米尔语地区、卡纳达语地区、泰卢固语地区和马拉雅拉姆语地区，这些地方吸引了不少当地土著居民受洗为基督徒。① 1819 年，在纳盖科伊尔又成立了一个新的传教点，这里成为伦敦会在南印度进行神职人员培训的一大中心。②

1838 年 1 月，受伦敦会差遣，传教士罗伯特·考德威尔（Robert Caldwell）乘船抵达马德拉斯，来南印度进行传教工作。在此之前，曾因不赞同父母对苏格兰长老会的信仰归属，考德威尔时常活跃于公理会的教堂中，并正式加入伦敦会。在伦敦会的安排下，考德威尔被安排进入格拉斯哥大学接受神学教育。在格拉斯哥大学课堂上，考德威尔受到圣公会学者丹尼尔·凯特·桑福德（Daniel Keyte Sandford）的影响和启发，他逐渐对比较语言学和神学产生浓厚兴趣并获得学业上的高分。到达马德拉斯后不久，考德威尔又加入了海外福音布道会③。于是，考德威尔又请求辞去之前在伦敦会的职务。1841 年 6 月，在教会内部的行政会议上，其免去职务的请求获得批准。④

在马德拉斯地区开展一段时间的传教工作后，考德威尔逐渐感受到，精通当地的语言将有助于传教工作取得跨越性的进展，可为实现让当地普

---

① GB 102 CWM/LMS/09, India, 1796 – 1970 [Z/OL]. Council for World Mission Archive, School of Oriental and African Studies (SOAS) Archives, University of London.
② 之后，伦敦会在南印度的马德拉斯地区逐渐孵化出不少新的传教点，如 1821 年的奎隆传教点、1827 年的塞勒姆传教点、1829 年的贡伯戈讷姆传教点、1830 年的哥印拜陀传教点、1838 年的特里凡得琅传教点及 1861 年蒂鲁伯杜尔传教点。See GB 102 CWM/LMS/10, South India, 1796–1950 [Z/OL]. Council for World Mission Archive, School of Oriental and African Studies (SOAS) Archives, University of London, https：//archiveshub. jisc. ac. uk/search/archives/938794da – 7729 – 319a – 86bd – a827477c176b?component = 4d8b53d9 – 5078 – 3c70 – b0ad – 9ef89fd27cd6（2022/04/15）.
③ 该组织于 1701 年在英国皇家特许状批准下成立，为英国圣公会下属的海外传教组织。
④ GB 102 MS 380885, Holy Trinity Church; Idaiyangudi, "Mahaan"（Great Man）, Biographical Film Regarding the Life Story of Bishop Caldwell [Z/OL]. 2006, School of Oriental and African Studies (SOAS) Archives, University of London, https：//archiveshub. jisc. ac. uk/search/archives/31045500 – 39df – 3286 – bafa – 8c9f8d3cdb43（2022/03/20）.

通老百姓都受洗为基督徒的工作目标提供相当大的便利。于是，在担任蒂鲁内尔维利教会职务的同时，考德威尔着力思考与传教团工作的相关问题，并陆续发表和出版了一系列涉及宗教对比与当地传教问题的著作。除此之外，考德威尔还利用工作上的便利，对当地的棕榈叶手稿、古代墓穴、钱币、建筑等资料加以实地考察，并在此基础上对南印度的语言、文化及历史进行了一些系统性研究。

其中，1856年出版的《南印度语族或达罗毗荼语的比较语法》作为第一本用比较语言学视角和方法系统研究南印度语言的著作，系统地就南印度达罗毗荼人的语言、文化、宗教及历史进行了多角度的阐释与分析。考德威尔在进行大量而系统性的研究后，发现南印度的达罗毗荼语系实为一个独立的语言系统。尽管讲达罗毗荼语的族群与讲印地语的族群在地理上紧密相连，历史上两大族群之间有着不少的互动与联系，但在语法及词汇等一系列重要的语言指标上都显示，印地语与达罗毗荼语的联系并不大，并且南印度的诸多语言都可归并为一种达罗毗荼语系之下。而印地语实际上与欧亚大陆不少语言联系紧密，同属于印欧语系。这一发现吸引了当时不少欧洲同行学者的关注与兴趣，考德威尔在书中的前言中即有所提及。

在这一研究成果中，考德威尔开篇即阐述了泰米尔语在达罗毗荼语中具有的特殊性和代表性："尽管对每一种达罗毗荼的语法结构与方言都会进行或多或少的调查和说明，但是从它的重要性和作者对它的认知来看，对泰米尔语结构的阐明都将是他特殊且持久的目标。一种作者在从事传教工作中已经使用和研究了17年的语言，并且它毫无疑问是达罗毗荼语族中最古老、最丰富、最严密的语言，在许多方面都是这个语族的代表性语言。"[1] 尔后，考德威尔就达罗毗荼的概念、语言性质及同梵语的关系做了概括性的解释与分析：

> 包含于这部著作中的笼统术语——"达罗毗荼"，被视为南印度绝大多数居民所讲的语言集合。除了奥里萨和印度西部的那些地区以及德干（Dekhan）[2] 高原上，所讲的古吉拉特语和马拉

---

[1] CALDWELL R. A Comparative Grammar of the Dravidian or South-Indian Family of Languages [M]. London: Harrison & Sons, 1856: 1.

[2] 今一般拼写为 Deccan。——作者注

地语。在整个印度半岛，从温迪亚山脉和呐尔不哒河（纳尔默达河——原文注）到科摩林角所布满的族群，从最早的时候似乎是由属于同一种族的不同分支所组成，讲同一种语言的不同方言，这门语言就是"达罗毗荼"在这里所用于指代的。从同一枝干上散布下来的分枝，可以被追踪到拉杰马哈尔山以北，甚至到了俾路支的崇山峻岭中。古吉拉特语，马拉地语（还有它的近亲康坎语——原文注），以及奥里亚语（Uriya）① 或者称奥里萨的语言，主要来源于梵语分解的习语，形成了印度人口在各自范围内的本地语言。除这些语言以及达罗毗荼语以外，还有各种习语并不能被称为土著语或本地语言，其为居住在印度半岛的特定阶层所讲或偶尔使用。梵语，尽管它从来不是任何南方的国家之任何地区的本地语言，但是它在各个地区都能被大多数婆罗门所朗读和或多或少地理解。对这些早期时代的婆罗门殖民者后代们来说，应感激于达罗毗荼语言有更高的生活艺术和最初的文学元素……②

考德威尔一方面介绍了达罗毗荼语言在印度次大陆分布广泛，另一方面特别强调了达罗毗荼语具有的悠久历史。其认为，达罗毗荼语的历史要比梵语更长，而梵语是作为侵略者及其后代使用的语言存在的，其在南印度地区使用的人群非常有限且并非本地语言。

除了语言的比较以外，考德威尔还从古代宗教联系及仪式等方面进行了分析：

关于非雅利安的达罗毗荼人，包括卡斯人（Kus）③ 和托达人（Tudas）④，还有奉行督伊德教（Druidical）仪式的未知族群，基于上述各种宗教习惯方面的细节进行回顾，似乎毫无疑问印度古代的大多数达罗毗荼居民都是原始崇拜或者萨满教徒（Shaman-

---

① 今一般拼写为 Orissa。——作者注
② CALDWELL R. A Comparative Grammar of the Dravidian or South-Indian Family of Languages [M]. London: Harrison & Sons, 1856: 1-2.
③ 今常拼写为 Khas，主要分布于喜马拉雅山脉南麓的北印度地区。——作者注
④ 今常拼写为 Toda，主要分布于南印度的尼尔吉里山区。——作者注

ites），就像亚洲北部的大多数古代斯基泰（Scythian）部落一样，而似乎也有可能存在一些达罗毗荼部落是一股强大印欧族群的潜流，还有督伊德人①的可能。这一结果完全符合从语言比较中得出的，关于达罗毗荼种族的关系与从属之假设，即在基础和起源上它是特殊的斯基台人，有一个非常古老且十分微弱的印欧混合种族成分。②

从中可以知道，考德威尔在竭力分析了达罗毗荼人各支的古代宗教仪式之后解释道，其也有可能与印欧族群存在某种联系，但即使有那种联系也是年代久远且十分微弱的。

考德威尔的这些新发现和新论述，在欧洲与印度受到了不少文化学者和知识精英的关注。由于颇受读者的欢迎，并在出版商及读者的多次邀请下，《南印度语族或达罗毗荼语的比较语法》在完成了一些部分新修订后于1875年进行了第二版的印刷。在该书第二版的前言里，考德威尔坦言，第一版印刷后不久即已售罄，时常有人提议让其刊印第二版。③从中不难知道，考德威尔关于达罗毗荼语言及文化的相关研究具有新颖性，给当时的读者带来了全新的认知，并且相当受读者群体的欢迎。

在此基础上，考德威尔在达罗毗荼语言及族群关系方面的这些新发现、新观点，也为不少南印度民族主义者和传统精英带来了新的身份认知视角，成为形成南印度泰米尔人群体现民族意识和民族认同的一个推动因素。

三、围绕"娑提"习俗改造所致的社会矛盾

在社会风俗改革方面，英国传教士积极推进对女性权利的保护，期望废除寡妇在丈夫葬礼上自焚殉葬的印度教传统社会习俗——"娑提"④ 习

---

① 指凯尔特人。——作者注
② CALDWELL R. A Comparative Grammar of the Dravidian or South-Indian Family of Languages［M］. London：Harrison & Sons, 1856：528.
③ CALDWELL R. A Comparative Grammar of the Dravidian or South-Indian Family of Languages［M］. London：Harrison & Sons, 1856：V-XII.
④ 也作"撒提""萨蒂"。

俗。尽管在这一时期的大多数时候，英国东印度公司对类似的当地传统习俗采取忽视的态度，并不直接表态、参与和干涉，但一些英国传教士十分关心这一与基督教理念相违背的"陋俗"。比如，威廉·沃德（William Ward）就指出，克理在做当地的人口调查时就格外留意此现象，其统计发现，仅加尔各答地区在1803年就发生了438起寡妇实施"娑提"的事件。①

之后，相关的"娑提"事件被越来越多的传教士观察、注意和统计，登记在册的数量快速增加，而社会中特别是殖民者内部对"娑提"的反对声音也愈益增多。1829年，英国总督威廉·本廷克勋爵领导的英属印度政府颁布的《孟加拉娑提法规》，专门对此行为及现象进行了规定，其中表达了清晰且坚定的批判态度。

一方面，法规中开宗明义地对"娑提"行为的严重危害及严峻形势予以了谴责：

> 任何"娑提"行为及焚烧或活埋印度教寡妇活人的做法，都是违背人性的。在任何一个地方，这都丝毫不应该被视为印度教徒履行宗教生活的一种必要责任。正好相反，少部分寡妇实行的一种类似清修或者隐居式生活实践更为引人注目，并且更适宜提倡。然而，这种实践被印度全国上下的绝大多数人所忽视或者无视：一些地区并不存在这种行为。在那些常见的地区，这些行为早已臭名昭著，大量的案例早已犯下累累罪行。广大的印度教徒对此感到震惊，并认为此行为既是邪恶的，是非法的。迄今为止，已采取的所有用以打消或阻止类似行为的措施，都没能获得

---

① WILLIAM WARD. A View of the History, Literature, and Mythology of the Hindoos, Vol. III：Including a Minute Description of Their Manners and Customs, and Translations from Their Principle Works [M]. Cambridge：Cambridge University Press, 1820：308-330.

成功。①

另一方面,在总结分析面临着的"娑提"形势后,法规声明了英属印度政府的坚决态度:

> 总督对这些行为滥用中导致的受害者难以忘怀,并深刻意识到:在这个问题上,如果不把所有类似陋习一并禁止,将难以得到真正有效的解决……特此宣布,任何"娑提"行为及焚烧或活埋印度教寡妇活人做法都是非法行为,将受到刑事法庭的惩处。②

这份法规公开宣告了印度总督管辖的地区内,任何"娑提"行为的实施都是非法的,并将遭受到法律的制裁与惩罚。这背后反映的深层次问题,实际上是英国人的外来文化及习俗对当地文化、习俗及社会的改造与冲击。

然而,实际上,"娑提"行为在印度的不少地区仍然大量存在。在此后,仍有传教士在印度当地遇见"娑提"行为的实施,这些传教士留下的文字中甚至对寡妇如何被火活活烧死的细节也有记录。一位卫斯理公会传教士撰写的《印度的寡妇自焚》一文,对1829年《孟加拉娑提法规》实施后的情况有所记述与讨论,文中写道:

> 所有的这些行为,都以宗教的名义来进行。之前,在英属印度地区,每年有成百上千的妇女因此自焚;如今,凡是在英国人

---

① Government of India, Legislative Department, The Assam Code, Containing the Bengal Regulations, Local Acts of the Governor-General in Council, Regulations Made under the Government of India Act 1870 (33 Vict., C.3), and Acts of the Lieutenant-Governor of Bengal in Council in Force in Assam [Z]. Calcutta: Superintendent of Government Printing, 1897: 81-82.

② Government of India, Legislative Department, The Assam Code, Containing the Bengal Regulations, Local Acts of the Governor-General in Council, Regulations Made under the Government of India Act 1870 (33 Vict., C.3), and Acts of the Lieutenant-Governor of Bengal in Council in Force in Assam [Z]. Calcutta: Superintendent of Government Printing, 1897: 82.

第二章　英国殖民者的"社会改造"与南印度的民族主义觉醒

担任最高统治者的任何区域内，这样的行为都是被禁止的。然而，在很多非英属印度地区，这样的习俗仍然盛行。①

该文虽然透露出传教士对英国人在当地治理的自豪感与认可度，不过也从侧面说明，英国殖民当局采取的上述措施在其管理的地区内确定发挥了一定的作用。但是，在印度的其他地区，"娑提"行为的实施情况仍然大量存在。

同时，在英属印度地区阻止"娑提"行为取得的进展，进一步激发出卫斯理公会传教士传福音的热情。这些卫斯理公会的传教士在当时内部的传教工作刊物内写道：

> 所有这些都证明着，在福音没有传播到的地方存在着撒旦王国的力量。在福音没有传临前的英格兰，也存在类似的残酷行为，虽然可能不及这种程度。已经发生在我们国家的真理，同样可以发生在其他国家。让我们全力带他们享尽因此而得来之益处。每日每一位为我们教团捐赠资金的事奉者，他们带来的资金可以为一个印度的小女孩或者小男孩购买"教义问答"的手册。这样做在上帝看来是令人愉悦的，并且有助于摧毁上文所说的该死恶魔。②

长期以来，伦敦会在印度传教活动的优先对象主要有两个。其一，向印度教妇女进行宣教，通常依靠传教士的妻子或者女传教士与印度女性建立更多的联系。其二，向印度教中非婆罗门群体或者贱民群体传播福音，这部分群体也是受洗为基督徒的主要群体之一。然而，传教士普遍意识到，要改变印度教社会强大的传统宗教信仰，其难度非常大。在此背景

---

① Wesleyan Missionary Society. The Wesleyan Juvenile Offering: A Miscellany of Missionary Information for Young Persons, Vol. 9: For the Year 1852 [Z]. London: The Wesleyan Mission-House, 1852: 85-86.

② Wesleyan Missionary Society. The Wesleyan Juvenile Offering: A Miscellany of Missionary Information for Young Persons, Vol. 9: For the Year 1852 [Z]. London: The Wesleyan Mission-House, 1852: 86.

下，教会同意将更多人力、物力集中在医疗与教育上，这将有助于改变印度教在传统印度社会中的强大影响力。

在英国殖民当局及传教士的教育活动下，马德拉斯地区的女性教育发展迅速。英国人的当地传教活动中，长期将女性教育视为一大重点工作目标与传教途径。马德拉斯管区内，最早由英格兰圣公会在廷尼弗利的教会寄宿学校中，进行了现代意义上的女性教育尝试。但是，当时主要针对本地受洗皈依教徒，为其孩童提供教育。1841年，苏格兰圣公会的传教士，着手实施了为马德拉斯印度教女童提供教育的活动。1845年，第一所由当地人参与管理的女性学校开办，专门吸收当地女性入学并开展相关教学活动。①

当时，相比政府举办的教育机构，专门的女性传教团体在吸收印度女性接受教育方面更具有一定的优势，取得了更大的成效。1840年，大英浸信会的传教士托马斯·史密斯（Thomas Smith）提出建立一个基督教的"泽娜娜"（闺房）② 传教团专门向当地女性有针对性地传教，这为在印度传统社会习俗体系下通过日常生活交往向当地女性开展传教活动带来了一种新方式。中世纪之后，伴随着伊斯兰教文化在印度次大陆的传入，深闺制度③逐渐成为印度本土根深蒂固的社会习俗。在深闺制度下，印度女性群体与外界社会相隔离，特别是禁止她们同其他男性进行接触。因而，印度教的女性常常要在"泽娜娜"内度过一生。而在童婚情况下，印度女童往往嫁给比自己年龄高出数十岁的丈夫，若丈夫先离世则很可能遭遇"娑提"传统的命运。④ "泽娜娜"传教团全部由女性传教士组成，女传教士可以到当地人家中走访印度妇女，进而开展传教活动以便将她们转变为基

---

① William Hunter, Report of the Indian Education Commission, Appointed by the Resolution of Government of India, dated 3rd February 1882 [R]. Calcutta：The Superintendent Government Printing, 1883：522-523.
② 英文转写作 zenana，该词源于波斯语，其本义为"女性的"或"与女性相关的"，后也常用来指代印度教徒或穆斯林家中女性的闺房。
③ 深闺制度在世界上多个国家或地区的历史上都曾出现，印度的深闺制度表现形式有两种，一种为女性的身体和皮肤必须用（头巾、面纱、罩袍等）物品进行遮盖，另一种为女性同异性接触的范围的严格限制。当时，印度上层社会女性的深闺制度执行最为严格，而中下层社会女性及农村偏远地区相对宽松一些。
④ MARY WEITBRACHT. The Women of India and Christian Work in the Zenana [M]. London：James Nisbet &Co. , 1875：93.

<<< 第二章 英国殖民者的"社会改造"与南印度的民族主义觉醒

督教徒。1854年,在传教士约翰·福迪斯(John Fordyce)的监管下,"泽娜娜"传教团正式成立并开展传教活动。其中,女传教士哈娜·凯瑟琳·马伦斯(Hana Catherine Mullens)成为基督教"泽娜娜"传教中的骨干。1856年,马伦斯在巴瓦尼坡建立了1所小学校,接收了23名年龄不一的青少年学生在校就读。① 同年,还成立了加尔各答师范学校,主要用于培训本地的印度妇女加入"泽娜娜"传教团从事闺房传教的活动。

1856年,英国东印度公司通过了《印度教寡妇再婚法》,宣布在其司法管辖地区内印度寡妇具有再婚的权利。② 对英属印度社会来说,这是一次重大的社会改革立法活动,也是此前法律工作的延续。按印度教传统,过去寡妇直接殉夫而离开人世,绝大多数寡妇也因此不久离世,并没有涉及寡妇群体的更多事务需要处理。之前出台的涉"娑提"法规,让印度寡妇得以继续存活于世,并逐渐形成一个新的社会群体,因而又面临着被社会接纳的新问题。《印度教寡妇再婚法》为这一问题的解决提供了一种法律上的支持。

此后,英国殖民当局仍在持续地通过立法③,既为印度女性权利带来了一定程度的改善,更在客观上为印度女性社会意识带来了深刻影响。这一系列关于女性权利法律陆续出台的背后反映的是,这一时期印度社会中有关这一问题存在着激烈的社会群体分歧与矛盾。在这样的背景下,南印度的女性更多地意识到自己的相应权利,也增加了参与政治活动和追求相关权利的可能性与积极性。

1857年,北印度多地爆发了反英大起义,一名著名的印度女性章西女王(Rani of Jhansi)成为此次大起义中的一位重要领导人物,这是印度女

---

① EMMA RAYMOND PITMAN. Indian Zenana Missions [M]. England: John Snow & Co., 1903: 17-23.
② LUCY CARROLL. Law, Custom, and Statutory Social Reform: The Hindu Widows' Remarriage Act of 1856 [A] // Sumit Sarkar, Tanika Sarkar (eds.). *Women and Social Reform in Modern India: A Reader*, Bloomington: Indiana University Press, 2008: 78-80.
③ 在此之后,英属印度政府又陆续颁布了两份保护印度女性的法案,分别为1870年的《杀害女婴防治法》和1891年的《性同意年龄法》。而直到1987年,印度拉贾斯坦邦政府还颁布了一部《娑提(预防)法》,强调"禁止任何自愿或强迫焚烧或掩埋寡妇的行为,禁止任何建造庙宇或采取纪念活动来颂扬、悼念、美化寡妇娑提行为"。从中不难窥见,印度传统中的"娑提"文化观念及行为在印度部分地区影响深远。

性更多且更积极参与政治乃至军事活动的一大例证。

而在反英大起义给英国殖民统治带来巨大冲击的情况下，英国殖民当局重新思考了其在印度的殖民统治，并决心着手改革其殖民方式与机构设置。1858年，英国议会出台《印度政府组织法》①，解散了英国东印度公司，将其在印度的统治转移至英国王室名下，英国内阁中增设印度事务大臣。

由此，英属印度的殖民统治方式进入一个新阶段。英国政府不再是站在幕后让英国东印度公司于台前加以管理，而是决定直接负责对印度的殖民统治。从某种程度上来讲，这既是英国在印度残酷殖民压迫的一个体现，也从侧面反映出印度人民日益凸显的政治觉醒。

关于印度反英大起义的原因，以往研究主要关注于英国对当地的政治及军事压迫方面，而对社会族群方面的影响较为忽视。实际上，传教士在当地进行的活动也是诱发这次反英大起义的原因之一。部分印度士兵认为，英国传教士的到来最终要一步步地迫使当地民众全部受洗成为基督徒，这导致印度士兵群体对英国东印度公司及传教士怀有疑虑和不信任心理。

第二节　南印度的民族主义思潮及政治组织显现

在西方殖民者的殖民活动刺激下，南印度本土的宗教文化体系受到了较大冲击，当地社会的上层人士与精英分子率先觉醒，并逐步采取行动对此予以回应和反击。少数本地宗教界精英代表，开始模仿基督教的传教与运营模式对本地宗教的不足与缺陷进行自我革新，而对西方基督教的缺点及"偏见"进行了辩驳与批判。而随着英印殖民当局在当地政治活动的增多以及英式教育的推广，大量带有民族主义情绪及认同的当地青年不断被输送到当地的社会中，这些受过英式教育的印度青年也积极主动地建立政治组织以争取相应的政治权利。

---

① 也称为"Act for the Better Government of India"，译作《印度政府改进法案》或《改进印度管理法案》。

第二章 英国殖民者的"社会改造"与南印度的民族主义觉醒

一、泰米尔文作品印刷的勃兴及文化复兴的思潮

随着传教士活动的开展,欧洲的印刷设备与技术也传到南印度地区。逐渐地,泰米尔当地的一些文学作品也被重新编排刊印,以满足当地泰米尔社会的需求。1812年,泰米尔古典文学时期代表性著作《提鲁古拉尔》[①] 以传统木雕刻印方式进行了小批量的印刷。但直到1835年,泰米尔语版本的《提鲁古拉尔》才得以用近代西方印刷机进行批量印刷。这个版本的《提鲁古拉尔》在泰米尔人群体中引发了不小的购买与阅读需求,此后数年该书连续被追加印刷。

南印度越来越多的印度教徒改信基督教,对当地的湿婆教神职人员及湿婆教社会体系产生了强烈的冲击,后者中有人着手在宗教思想上予以反击。部分湿婆教神职人员和虔诚的湿婆教徒,最早利用文学形式间接地反对基督教在当地的传播。起初,南印度的湿婆教徒因无法获得印刷机,不得不在当地湿婆教徒群体中利用口头颂唱和手写笔记的方式,传播反基督传教的文字。湿婆教徒在接触和获得印刷机之后,逐渐刊印了不少传统宗教文化的作品,谴责在马德拉斯和贾夫纳地区的基督教传播。如同基督教传教士大量写作文字作品来攻击印度教一样,湿婆教的信仰者对基督教的相关文化与习俗也进行了抨击。其中,祖籍锡兰但主要成长和活动于南印度马德拉斯的社会活动家阿鲁姆卡·纳瓦拉尔(Arumuka Navalar),是最早觉醒并着手反击的泰米尔人之一。

纳瓦拉尔出身于一个泰米尔传统文化氛围浓厚的家庭,其父亲为一名泰米尔诗人。中学时,纳瓦拉尔在一所教会学校学习并掌握了英语。之后,纳瓦拉尔在循道会建立的一所教会大学任教。作为循道会传教士彼得·珀西瓦尔(Peter Percival)的助手,纳瓦拉尔被安排将英文的《英国

---

① 又译《古腊箴言》《古拉尔哉言》,为泰米尔古典文学桑格姆时期或稍晚作品,其中的"古拉尔"为"对句"的意思,是诗歌的一种形式。全书共分为德行篇、政治篇及爱情篇3篇,由1330首诗组成,分133节,每节各10首诗。此书涉及主题内容包含十分广泛,后成为泰米尔人日常生活奉行原则理念的重要来源,被认为是泰米尔文学最重要的代表性文本之一,也被称为"泰米尔语吠陀"和"神书"。此书作者相传为蒂鲁瓦尔卢瓦尔(Thiruvalluvar),其至今已成为泰米尔人和泰米尔文化的一大精神图腾而纪念。See Kamil Zvelebil. Tamil Literature, Handbook of Oriental Studies [M]. Leiden: E. J. Brill, 1975: 154-156.

詹姆士国王钦定版圣经》及其他一些基督教经典翻译成泰米尔文。在与基督教神学知识的紧密接触过程中,纳瓦拉尔曾一度怀疑泰米尔人本土的宗教,而更愿意相信上帝的真实性。但在反复阅读本土宗教的经典作品并对比基督教的神学思想之后,纳瓦拉尔认为湿婆教①才是泰米尔社会应该坚持的正路,应防止被其他宗教思想干扰而误入歧途,并决心捍卫泰米尔人在印度和锡兰特殊的历史宗教文化。

此前,有基督教传教士抨击当地印度教徒的偶像崇拜和庙宇仪式,说这些是"邪恶的"和"毫无价值的"。1841年,纳瓦拉尔在《晨星》杂志上发表了一篇短文,对基督教传教士的这种言论予以了辩驳:

> 作为上帝选民的古以色列人及其子孙后代相信,上帝居住在木头制作而成的方舟之上,他的身上照耀着智天使②给予的慈悲光芒。湿婆教徒相信"上帝"存在于意象之中。他们(古以色列人——原文注)为崇敬上帝而建立圣所,湿婆教徒则建立了庙宇。古以色列人崇拜智天使和铜蛇③,湿婆教徒崇拜金银打造的圣像。古以色列人在他们的圣所奉上面包和酒,湿婆教徒放上水果当作波拉沙达④。古以色列人焚香,湿婆教徒也焚香。古以色

---

① 湿婆教也称"湿婆派""希瓦派",是印度教三大派别之一,也是世界上最古老的宗教信仰之一,其与南印度尤其是泰米尔人具有深厚渊源。公元5世纪至15世纪之间,湿婆教的影响力曾随泰米尔人抵达到印度尼西亚、柬埔寨和越南,留下不少湿婆教寺庙遗址。公元7世纪,巴克提运动爆发之后,南印度的宗教格局逐渐由湿婆教、佛教与耆那教共同发展过渡到以湿婆教为主。公元9世纪至13世纪,南印度的朱罗国地区兴建了大量的湿婆教寺庙。元朝时,湿婆教也曾随南印度的泰米尔人到达过中国泉州,并留下了相关的寺庙雕刻遗迹。See Lawrence Palmer Briggs. The Syncretism of Religions in Southeast Asia, Especially in the Khmer Empire [J]. Journal of the American Oriental Society, 1951, 71 (4): 230-249.
② 英文也可写作 Cherub,中文也音译作"基路伯",一般被视为上帝身旁进行守护的天使。其具有多目、多翼的外形特征,是《圣经》中第一个被提到的天使。——作者注
③ 英文一般写作 Nehushtan,为宗教传说中的宗教符号和宗教意象。《圣经》中记载上帝告诉摩西在杆子上竖立一个铜蛇,看到它的以色列人将免受死于"火蛇"的咬伤,后来以色列人为它烧香并称其为"尼胡丝坦"。——作者注
④ 其字面意思为"一份亲切的礼物",为印度教和锡克教中的宗教供品,由素食制作、有时也会禁用一些特殊的素食食材。通常在向神祇膜拜的普迦仪式后供信徒食用,也可与路过的人共享的宗教供品。——作者注

列人焚烧母牛犊并取其灰烬用以祭祀，湿婆教徒取用母牛犊的粪便。①

纳瓦拉尔还指出，基督教和耶稣本人也"扎根"于古以色列人的圣殿礼仪中，并且基督教中十字架图标的崇拜与湿婆教中林伽②的图腾崇敬是十分类似的。纳瓦拉尔反问道，如果基督徒发现在他们的教堂、仪式和教学上宗教图标有用，那么为什么湿婆教徒不该拥有相同的宗教选择权利？③

此外，湿婆教徒还模仿基督教传教的活动，建立了湿婆教的宗教学校，讲授世俗和宗教的课程。1842年，在一个聚集着约200名印度教徒的湿婆教寺庙，大家共同商议开办一所宗教学校，主要学习《吠陀经》和《阿含经》。这所湿婆教的宗教学校被起名为"湿婆波拉卡萨韦德亚萨拉"，在泰米尔语中意为"湿婆神的荣耀"。湿婆波拉卡萨韦德亚萨拉宗教学校没有采用传统师徒制的古鲁库拉④模式，而是学习基督教会学校分班级进行授课，每班约20人以降低师生比进而扩大招收与培养学生的规模。学校讲授印度教的课程，并且针对不同年级编写了相应的指导教材。后来，湿婆波拉卡萨韦德亚萨拉宗教学校还于1865年在马德拉斯管区内的古登伯勒姆建立了一所分校。湿婆波拉卡萨韦德亚萨拉宗教学校内的课程，首先坚决排斥的是基督教诸教派的教义与信仰，其次对印度教内除湿婆派的其他派别持不尽认可态度。

纳瓦拉尔还牵头组织人手，对泰米尔人的传统文化作品进行了新的整理，并加以刊印发行。1849年，纳瓦拉尔去往马德拉斯购置了一台印刷机，用于印刷相关的泰米尔文学作品及自己撰写、翻译的著作。之后，陆

---

① KENNETH W. JONES. Religious controversy in British India: Dialogues in South Asian Languages [M]. Alabany: State University of New York Press, 1992: 33-34.
② 在梵语里有"标志"的意思，为印度教的湿婆派和性力派崇拜之男性生殖器像，也是神祇湿婆的化身之一，《往世书》中将林伽视为宇宙的起源。
③ KENNETH W. JONES. Religious controversy in British India: Dialogues in South Asian Languages [M]. Alabany: State University of New York Press, 1992: 34-35.
④ 英文也写作gurukulam，为泰米尔人一种传统的宗教教育体系。在种体系里，弟子与上师（古鲁：梵文中"上师"的音译）住在一起，并在其日常生活中给上师提供事务协助，包括进行日常琐碎的家务活等。在西方传教士到来之前，这种教育方式是整个南亚次大陆包括印度教、佛教、耆那教、锡克教等在内最主要和最普遍的教育体系。

续出版印刷了《库达玛妮尼坎徒》①《美之波流》②《佩里亚·普拉纳姆③》《提鲁姆鲁卡鲁帕泰》④《禁止杀戮》《湿婆神庙敬拜指南》《湿婆宗教的本质》等著作。1861年，纳瓦拉尔根据在南印度的庙宇和私人收藏物品中发现的贝叶手稿，出版了新版本的《提鲁库拉尔》。

纳瓦拉尔在研究了许多版本之后，修改、编辑并出版的《提鲁库拉尔》在泰米尔文学史上具有特殊地位与意义。这些传统泰米尔文学经典作品，以前主要依靠口头传诵。一方面，这导致传播速度较慢，且传播范围受限；另一方面，很难有人能大量掌握相关作品，更毋庸谈及仔细品味其中的字句细节。

从西方传教士群体里运输过来的印刷机器以及传播的印刷技术，在南印度社会中的传播和运用毫无疑问对当地社会产生了深刻的影响。纳瓦拉尔就是这样一个突出的代表性人物，其出生于传统印度教浓厚的家庭以及成长在西方教会工作的独特经历，让其较早萌发出对西方文化强烈批判的态度，以及复兴和弘扬南印度当地传统宗教文化的坚定决心。这些当地社会的传统经典作品，通过近代的大规模印刷后，得以在泰米尔社会中再次大范围普及阅读，逐渐在当地社会中产生了一股期望实现泰米尔文化复兴的集体愿景。

二、马德拉斯土著居民协会⑤的成立及活动

19世纪中期，马德拉斯管区内英属印度政府与当地民众的关系日益紧张，而当地民众的政治意识愈益觉醒，特别是少部分受过西式教育的当地精英群体率先完成这一过程，并继而采取行动去影响社会。

---

① 一本关于16世纪时期经文经典的简明词典，被用于湿婆教宗教学校课程的教辅资料。
② 为印度中世纪最大的经院哲学家、吠檀多不二论的著名理论家商羯罗所著，此书对密宗修行方式多有探讨，被视为密宗经典教科书之一。
③ 也称为 *Tiruttontar puranam*，该书为泰米尔历史上63位湿婆教圣徒的史诗，被视为历史上南印度朱罗国泰米尔文学中的最杰出代表。
④ 为桑伽姆时期泰米尔文学经典作品，主要描写毗湿奴的侄子姆鲁卡神，此神被毗湿奴派视为"世界的统治者"。此书也描写到泰米尔地区的文化、历史、地理及宗教等情况，为南印度泰米尔语的语料库，相传作者为纳吉拉纳尔（Nakkiranar）。
⑤ 一译"马德拉斯本地人协会"。

<<< 第二章 英国殖民者的"社会改造"与南印度的民族主义觉醒

在马德拉斯管区内，加祖鲁·拉克什米纳拉苏·柴提（Gazulu Lakshminarasu Chetty）就是这些泰米尔精英分子中的一位突出代表。拉克什米纳拉苏·柴提出身于马德拉斯一个较为富有的靛蓝商人家庭，并且较早就接受了当地的西式教育。在接受西式教育以及与西方人的接触中，拉克什米纳拉苏·柴提逐渐为马德拉斯管区内当地人遭受的英国人不公平统治感到不满，并决心采取实际行动去改变这一不公的处境。

1843 年，马德拉斯的英属印度政府计划将《圣经》引入管区内政府主办的学校课程中，将其作为必修教材的一部分。这在马德拉斯的当地精英群体与传统分子中引发了强烈反对，拉克什米纳拉苏·柴提也选择加入反对的一方。拉克什米纳拉苏·柴提这一行为与理念甚至得到了当时作为马德拉斯法官的约翰·布鲁斯·诺顿（John Bruce Norton）赞同，并成功阻止了政府当局对此计划的实施。

1844 年 10 月，拉克什米纳拉苏·柴提在马德拉斯创办了周刊——《新月》，为印度教徒的权益大力发声。"新月"为湿婆神额头上的一大标记，表明其为时间的主人，这里使用"新月"命名则有指代湿婆教及信徒之意。而拉克什米纳拉苏·柴提举办的《新月》，就是要为湿婆教文化及信徒群体提供一个巩固思想文化的阵地。《新月》经常刊发一些与基督教传教士观点相左的文章，对基督教文化的扩张予以批判，并引发了当地社会舆论的关注。①

当时，马德拉斯政府采取向基督教倾斜的政策，基督教群体与当地湿婆教徒之间的不平等关系与矛盾加剧。

一方面，英属印度政府在招工时优先考虑基督徒。当地人在皈依基督教之后更容易得到政府方面的相关工作，依仗着政府的这项支持，基督教及其信徒在当地有着高人一等的地位。而马德拉斯当地的民众也更愿意将孩子送去传教士与政府开办的西式学校，学习英国人的语言文字而不是当地人自己的语言和文字。对此，不少马德拉斯当地的精英人士感到忧心忡忡以及强烈不满。

另一方面，英属印度政府的法庭上，法庭对基督徒与湿婆教徒采取不

---

① STUART BLACKBURN. Print, Folklore, and Nationalism in Colonial South India [M]. Delhi：Permanent Black，2006：116.

公平对待，偏袒基督徒群体。曾有法官因在萨德尔法庭①上未服从英属印度政府的要求，被开除职务。

一位当时的亲历者在信中描述了马德拉斯政府的这些不公行为：

> 如果政府在试图强迫萨德尔法庭的法官采取有悖于司法公正的行为中并没有遇到任何抵抗，那么下一次很可能就是公开且毫不掩饰地将基督教施加于印度教徒。虽然特代尔侯爵（Marquis of Tweeddale）②否认此类观点，但经验已经充分证明，与政府有关的各方有意愿和方式来执行它。一项任何一位知道自身职责的法官都不能服从的命令，政府采取行动迫使萨德尔法庭的法官放弃抵制，这种抵制是政府顾问们可以预见和推测出来的。毫无疑问，这是一种机制的第一步，这旨在避免此后还有法官会不止一次地告知政府，他准备不惜一切代价维护法院的廉正并阻止法院成为不公正的工具。③

1845年，英国政府正式通过《法律行为地法（草案）》，允许印度教徒在皈依基督教后仍可以继承原有的印度教财产。拉克什米纳拉苏·柴提带头向当地民众宣传这一法律出台背后的阴谋与危害，并组织民众反对这一法律的实施。不过，《法律行为地法》最终还是于1850年正式出台，英属印度政府在马德拉斯管区全面施行这一政策以继续推动当地人受洗为基督徒。

1852年2月26日，拉克什米纳拉苏·柴提又组织建立了马德拉斯土著居民协会，为当地民众的权利与利益而积极活动，这也是近代英国殖民统治下马德拉斯管区内的第一个政治组织。拉克什米纳拉苏·柴提希望以此组织为平台，聚集更多志同道合的青年人才一起参与当地的政治改革进程。

---

① 为英属印度政府于1772年开始设立的一种负责管理当地税收经济事务的法庭。
② 应指第10代特代尔侯爵——威廉·蒙塔古·海伊（William Montagu Hay），其于1845—1862年在英属印度担任文官。——作者注
③ GOVINDA PARAMESVARA Pillai. Representative Men of Southern India [M]. Madras：The Price Current Press，1896：148-149.

<<< 第二章 英国殖民者的"社会改造"与南印度的民族主义觉醒

成立后不久,马德拉斯土著居民协会就向英国议会方面发出了一份请愿书,希望英国政府能够成立一个专门处理印度事务的委员会并任命相应的部长,让其直接向英王负责。信中,就马德拉斯当地民众的政治心声直陈道:

> 您的请愿人之不满,主要是由于过度征税和伴随其征收而来的困扰……总之,您的请愿人将恭敬地建议,无论印度政府是否继续由东印度公司掌管,或者交由其他什么新的制度安排,都可以根据国家福祉的需要随时进行修改和改进;其内部的管理工作能够依照规定时间的间隔进行。如果可行的话,每三年或者最迟每五年在帝国议会进行一次公开问询和讨论,以使这个遥远而辽阔的帝国之人民能有更多的机会,来表达他们寻求应该已经得到修正的不满之处。并且激励当地政府,在母国上级机关持续有效的行为监督下能够勤勉地履行其职能。①

拉克什米纳拉苏·柴提及马德拉斯土著居民协会的政治请求,得到了前印度总督、议员埃伦巴勒伯爵(Earl of Ellenborough)的大力支持。1853年2月25日,埃伦巴勒伯爵就正式向英国上议院提交了这封请愿书。埃伦巴勒伯爵还向曼彻斯特的英国民众公开呼吁,希望他们推动政府正视马德拉斯当地民众的政治要求。在同年的另一次议会演讲中,埃伦巴勒伯爵向议员们再次呼吁应对马德拉斯当地民众的呼声给予重视和理解:

> 他手里刚好有两封信,可以确认他刚才引用的(马德拉斯——原文注)请愿书内容即来自其中。这两封书信由两位受过良好教育的本地绅士所写,他们能够使用同任何一位贵族一样的正确语言来表达自己的想法。第一位先生是拉克什米纳拉苏·柴提,在1853年1月24日于马德拉斯写道:"如果能得到一个委员会来调查这个国家的情况,所有更为刺耳的抱怨都可以得到充分

---

① GOVINDA PARAMESVARA PILLAI. Representative Men of Southern India [M]. Madras: The Price Current Press, 1896: 156.

的证实。我们在发言中尽量避免夸张，但所提到的罪恶是如此之大，除了建立这样一个委员会以外，没有什么能使欧洲人民相信他们的真实性。"①

除此之外，当时还有一些英国政治人物在不同场合对马德拉斯土著居民协会的相关政治声音予以了宣传和支持。

拉克什米纳拉苏·柴提向英国政客群体介绍当地极不合理的税收制度，并展示当地底层民众因不能缴纳相应税收而遭受的酷刑，以争取英国政府方面的政治支持。与此同时，拉克什米纳拉苏·柴提积极参与当地选举，争取进入英属印度政府直接参与政府决策和社会管理。

此外，拉克什米纳拉苏·柴提还在马德拉斯邀请当地民众签名共同向英属印度政府发起请愿行动，调查当地惨无人道的酷刑行为。1854年7月，英国议员亨利·丹比·西摩（Henry Danby Seymour）向议会提出成立一个专门的委员会调查此事。同年9月，英国东印度公司管理委员会主席查尔斯·伍德爵士（Sir Charles Wood）成立了"酷刑委员会"，以调查当地税收征收人员的"酷刑使用问题"。

当时，马德拉斯管区内的社会民众生活十分艰难，英属印度政府军队经过村庄时常常强行向当地的民众索要财物。如果不能向英国军队士兵和英属印度政府下派的征税人员提供相应的财物，马德拉斯当地的民众便要遭受惨无人道的酷刑。南印度这一恶劣的社会现象，也受到了同时期著名的左翼政治思想家、社会评论家卡尔·马克思的关注。

马克思在1857年9月17日于《纽约每日论坛报》上发表的评论文章《印度刑罚的调查》中，就曾引用报告等多种文献对马德拉斯的刑罚问题进展进行仔细观察和有力分析：

> 这里援引的这个报告，只涉及马德拉斯管区，但是达尔豪西勋爵本人，在1855年9月写信给董事们说："他早已不再怀疑，所有英属各省的下级官吏都采用了这种或那种形式的刑罚。"这

---

① GOVINDA PARAMESVARA PILLAI. Representative Men of Southern India [M]. Madras: The Price Current Press, 1896: 157.

<<< 第二章 英国殖民者的"社会改造"与南印度的民族主义觉醒

样,官方就承认了普遍施用刑罚是英属印度财政制度的不可分割的部分,但是这种承认是以替英国政府本身开脱的形式做出的。事实上,马德拉斯委员会得出的结论是:犯有施用刑罚罪的全是印度籍的低级官员,而欧洲籍的政府官员却似乎总是在尽力阻止发生这类事情,不过没有成效。针对这种说法,马德拉斯土著居民协会于1856年1月向议会呈递过一封请愿书……呈递请愿书的人写道:"犯有这种暴行罪的,不是暴行的实际执行人,而是下令要他们执行的官员,即他们的顶头上司,后者向他们的欧洲籍长官对一定数额的税款负责,而欧洲籍长官在这方面又向最高政府当局负责。"①

马克思驳斥了马德拉斯酷刑委员会为西方殖民者开脱责任的说辞,同时肯定了马德拉斯及当地的人民对西方殖民者残酷与暴力行为的批判与抗争精神。从中还可以看出,马德拉斯土著居民协会当时积极地为推进当地社会政治改革进程中发挥的重要作用,为当地底层民众遭遇的不公刑罚而向议会发出政治请愿。在南印度社会的民族主义情绪上升的背景下,马德拉斯土著居民协会的政治组织也持续发展,并于1884年改组为马德拉斯士绅会。②

拉克什米纳拉苏·柴提领导的马德拉斯土著居民协会同英国政府方面采取了合作的态度,同时广泛联系英国政界人士争取同情与支持,持续向英国政府提出政策建议。此外,马德拉斯土著居民协会还不断倾听马德拉斯当地民众的心声,发动当地民众参与请愿活动向英属印度政府施加政治压力。通过马德拉斯土著居民协会的广泛活动,马德拉斯管区的政治生态朝着"自治"和"民主"方向靠近,并且较大程度促进了当地民众参与政治改革进程、维护当地湿婆教徒权益、反对外来基督教扩张及英国人政治压迫的民族主义意识。

与同时期印度其他地区的德干协会、孟买协会一样,马德拉斯土著居民协会也同属民族主义政治组织。马德拉斯土著居民协会的活动具有资产阶级

---

① 中共中央马克思恩格斯列宁斯大林著作编译局编译. 马克思恩格斯全集:第12卷[M]. 北京:人民出版社,2016:291-296.
② 唐文权. 东方的觉醒:近代中印民族运动定位观照[M]. 长沙:湖南出版社,1991:110.

民族主义改良性质,借用西方的政治理念与制度,以当地的民族复兴为中心,进行政治、经济、文化等多方面的思想宣传与政治活动。[①] 应该说,马德拉斯土著居民协会的成立与发展,既是南印度当地民族主义发展的产物,又是推动这一发展进程的政治力量。

小 结

在1813年英国政府颁布特许法案之前的大多数时间段内,英国殖民者的军事入侵与基督教传播活动主要聚集在一些当地的据点,力量较为分散、规模也不大。在相当长一段时期内,英国殖民者与南印度本地族群之间引发的冲突与矛盾并不算激烈,其矛盾主要集中于军事冲突上。在18世纪末19世纪初时,南印度多地爆发了不同程度的起义行动,这是泰米尔人针对西方殖民者特别是英国殖民者较早的军事反抗。其中,1806年的韦洛尔起义与此后1857年爆发的反英大起义具有相似性,而纳齐亚尔女王的抗英事迹也远早于章西女王的抗英行动。

而在1813年的特许法案颁布过后,英属印度政府一改以往对传教等活动的限制与反对态度,大力支持基督教的传播活动,并且积极推广英式教育。在这些大规模的新殖民活动下,南印度社会发生了更深层次的变化与冲突。在当地积极开办学校、创办报刊等活动,在一定程度上为近现代泰米尔人民族意识的觉醒提供了巨大助力,特别是大幅提高了泰米尔民众的识字率,正是在此基础上出现了泰米尔人精英创办自己的报刊,并印刷泰米尔人一些传统文化经典,社会中产生了一种要实现泰米尔文化复兴的政治情愫。

面对基督教的"入侵",一部分南印度的社会精英重新模仿并改革印度当地宗教的传统授课与发展模式,以抵抗基督教的社会文化侵蚀;一部分南印度的社会精英在社会上大声疾呼,对基督教的教义及传播展开批判活动,创办并印刷刊物以登载相关文章;还有一部分南印度的社会精英选择创办政治团体,在英国的政府体制内维护权利、吸引英国政治群体内部可以团结的力量,以声张南印度及泰米尔人的政治权益。客观上,这些殖民者在当地的

---

① 邱永辉,欧东明. 印度世俗化研究[M]. 成都:巴蜀书社,2003:104-107.

活动培养了不少南印度本土的政治"精英",并为泰米尔民族主义意识的孕育创造了条件。

其中,作为南印度本地社会的传统精英和上层人士,宗教界群体中部分代表人物率先觉醒,对西方殖民者的"文化入侵"予以了强烈的声讨和抨击。这些宗教界群体,既是传统社会的既得利益者,也是传统社会的坚定维系者。在此前西方殖民者与当地社会的冲突规模范围较小、烈度较低的时候,这一对立关系并不十分突出;而伴随西方大规模传教之后,这种文化和社会体系的冲突逐渐趋向激烈化,部分宗教界代表开始站出来在公开刊物上对西方基督教的"文化入侵"予以坚定强烈的反击。

此外,在南印度社会中,那些接受西方殖民者特别是英国殖民者的"西式教育"培养下的青年精英也快速觉醒,渐渐向西方殖民者及其政府要求相应的政治权利和政治权力。南印度社会中新崛起的这部分青年代表,接受了"西式教育"的培养,掌握了西方的语言,并在此基础上接触、吸收和认同了西方社会近代以来的种种民主及权利观念。这些较"进步"的政治思想观念,以及英国在当地殖民活动的现实境遇,共同推动着南印度的进步青年积极组建政治组织参与到相关的政治实践中。

第三章

英属印度政府对印度本土民族主义的政治转变

19世纪中后期，俄国在印度周边邻近地区的军事扩张酿成了其与英国的地缘政治关系局势急剧紧张，英国方面重新考虑在内政外交战略布局中印度的地位及对其政策。而印度国内多地各派系的民族主义意识逐步提高，各种民族主义组织日渐增多，让英国政府面临着另一大难题。面对着英属印度内外新的政治局面，英国政府一方面决定进一步宣誓对印度的"统治权"，由英国女王加冕印度女皇以将二者紧密绑定在一起，并增强印度人对英国皇室和政府的认同；另一方面打算"顺水推舟"地对印度本土民族主义力量加以"疏导""引流""招安"入英属印度政府，以使自己的殖民统治更加"名正言顺"，以期最终甚至能让其统治焕发"勃勃生机"。

依据这种新构想，由英国方面主动出手"协助"印度人，在既有的各民族主义组织基础上重新组建一个全国性的政党组织。以图这个政党组织可以统筹兼顾英属印度内各地、各派民族主义力量，便于英国人对印度的民族主义加强"引导"和"管理"，继续维系英国人在印度的殖民统治。

第一节　英俄地缘政治博弈与英国对印政策调整

19世纪中后期，英国与俄国在东北亚地区、西亚地区以及中亚南亚等地区的地缘政治博弈与角逐渐渐趋向白热化。俄国此前于19世纪初即有过向中亚南亚地区采取进攻甚至直抵印度的军事进攻秘密计划，并且付诸过具体的军事实践。随着俄国在亚欧大陆多处的政治军事扩张，英国对此高度警惕并积极采取举措予以制衡。而当俄国军事入侵到印度周边不远的波斯、阿富汗时，英国方面对俄国会"抢夺"印度的担心与日俱增。在英国国内各派力量与声音的争辩下，最终促成英国女王加冕为印度女皇，以进一步宣誓对印度的"统治权"。在对俄国可能会"抢夺"印度的这种担心和恐惧下，英国政府对印度的地位认知及相应政策逐渐出现调整。

一、俄国向中亚、南亚的进一步扩张

自 19 世纪初始，在东北亚地区的朝鲜半岛、西亚的黑海地区以及中亚、南亚等地区，英国与俄国即陆续进行着地缘政治的博弈与斗争。同一时期，英国一方面想遏制俄国的领土扩张和国家崛起势头，不能根本性损害英国的全球性霸权，特别是不允许俄国势力染指印度；另一方面也迫切需要在欧亚大陆多地与俄国建立起从西亚到东北亚的陆地缓冲带，以避免爆发直接性的军事冲突。作为全球性帝国，英国既要维护其帝国威严，也要顾及其现实利益，在各地区维持势力的大致平衡是其一贯的外交风格，局部适当妥协常常为符合其全局利益。

英国于 1801 年派兵入驻马耳他，令拥有"马耳他圣约翰主权军事医院骑士团团长"（Grand Masters of the Knights Hospitaller）① 头衔的沙皇保罗一世（Paul Ⅰ）感到难堪。与此同时，沙皇保罗一世与法国皇帝拿破仑一世逐渐频繁通信联系。拿破仑一世向保罗一世提议俄国应同法国一起将军队用于远征印度，这一建议正合保罗一世的胃口，双方制订了远征印度的秘密计划。1801 年 1 月，保罗一世就迫不及待地直接命令顿河哥萨克人将领率领俄国哥萨克骑兵团军队，征战遥远的印度。②

数年之后，这一秘密计划的内容传到英国，随即引发了英国政府及民众对俄国的政治不信任。正如英国学者塞顿-沃特森（Hugh Seton-Watson）分析认为，"这一荒诞计划毫无军事上的价值，不过至少反映出制订者的心境"。③ 诚然，保罗一世的这一军事侵略计划构想十分宏大，当时远未有过翔实可靠的实施计划与现实基础。欲成功实施此计划，不仅要克服穿越沿途沙

---

① 简称"圣约翰骑士团"，其于 1099 年在位于耶路撒冷的圣约翰洗者教堂旁的医院里正式创立，起初主要救治朝圣者中的病患，后逐渐演变为一个带有军事性质的宗教组织。1530 年，经教皇克雷芒七世和神圣罗马帝国皇帝查理五世的批准，圣约翰骑士团于马耳他岛上建立了"马耳他骑士团国"。1798 年，法国皇帝拿破仑一世派军队成功占领了马耳他岛，并远征埃及。同年，战败的骑士团成员大量逃亡俄国，沙皇保罗一世对他们给予了收留安置，骑士团成员便推举保罗一世为新任骑士团团长。
② 李元明. 沙皇俄国的欧洲政策[J]. 历史研究，1976（6）：128.
③ HUGH SETON - WATSON. The Russian Empire, 1801 - 1917 [M]. Oxford: Clarendon Press, 1967: 67.

族群的政治：西方殖民与南印度泰米尔民族主义的缘起（1813—1925）　>>>

漠及高山地区的困难，还要面对中间横亘着数个封建国家政权的"阻挡"，最后抵达士兵的军事实力能否与英国在当地的军事力量真正匹敌也未可知。不过，这背后隐约闪现出沙皇及俄国对此地区的兴趣与潜在的野心，让当时的英国对俄国的军事扩张可能直接威胁英国的海外利益增加了更多的担心与提防。

保罗一世在信函中传达的信息，涉及了行军路线、行军时间，发去了印度的详细地图，交代了与沿线经过地区族群与国家的外交原则。据此可以肯定地说，保罗一世对印度的远征并非心血来潮、一时兴起，而是有着俄国关心的利益。保罗一世在欧亚大陆腹地进行侵略扩张的想法，随后在历史中被证明的确成为多位俄国沙皇青睐的战略扩张方向。

之后的数十年里，俄国不停地向中亚地区进行侵略活动，英国也向中亚地区积极拓展。1853—1857 年，双方均加入了被称为"第九次俄土战争"的克里米亚战争，其他一些欧洲国家也参与其中。在这场被视为世界近代史上的第一次现代化战争中，各方均损失惨重，其中俄国军队伤亡最大。这场战争也进一步加剧了英国与俄国之间的地区矛盾，双方在欧亚大陆的战略怀疑大为加深。

而英国这一时期在中亚地区的军事扩张，主要目标实为保护印度边境的安全，使英属印度能免受俄国的军事入侵。其中，阿富汗与英属印度的边境区域就客观上成为英国政府重点防守的区域。英国政府也积极与阿富汗政府寻求互动，防止其倒向俄国，扩大英国在阿富汗的政治影响力。在同时期英国国内的新闻媒体上，不难看到相关情绪与考量的公开表达。

1873 年 1 月 25 日，《笨拙》（*Punch*）[①] 画报的一幅主标题为"希瓦汗国啦？"的卡通画中，对此地区形势做了形象的勾勒。在图画中，一个士兵持枪站在防御区，地上有带刺阻拦的军事装置，旁边地面写着"印度边界"几个大字；边界线外面一群熊持着武器坐在战马上，双方呈对峙状。画正下

---

① 也称"《伦敦逗闹》杂志"（*The London Charivari*），为英国历史上发行量最大的时政讽刺卡通画杂志，由记者亨利·梅休（Henry Mayhew）和木刻家埃比尼泽·兰德尔斯（Ebenezer Landells）共同创办。《笨拙》的创刊号于 1841 年 7 月 17 日在伦敦佛里特街 85 号正式刊印，19 世纪 40—50 年代迅速风靡英国社会，成功开创了近代世界史上具有现代意义的"卡通"杂志先河。20 世纪 40 年代后渐渐式微，1992 年曾短暂停刊，1996 年又复刊，在 2002 年宣布永久性停刊。

<<< 第三章　英属印度政府对印度本土民族主义的政治转变

方，备注着以下字样："哨兵格兰维尔①（用以防御俄国）。'来者何人？'"② 这幅画作内容为旁观此时期英国在此地区的战略提供了一个注解，即英国把中亚地区的希瓦汗国既已视为保护英属印度的地缘带，英国方面也派出军队严阵以待，可见英国将俄国在此地的军事扩张视为对英属印度的巨大威胁。

1873年7月5日，英国伦敦的《笨拙》画报的一幅主标题为"波斯赢了！"的画作上，描绘一个波斯人、英国人及印度人的画面，画下文字写道"纳赛尔丁·沙阿（Naser al-Din）③：'对我的访问感到愉快吗，敬爱的夫人？'；'流连忘返！令人陶醉！'；'以先知的名义，你可以放心，我不会准许入侵者通过我的领土进入您的印度后花园！以真主的名义起誓（Bismillah）。'"④ 在1873年这次到英国访问期间，维多利亚女王授予沙阿国王以最高荣誉的嘉德勋章⑤，这从侧面反映了这一时期双方政治关系的紧密程度。而背后的主要原因，正如这幅当时的政治漫画里沙阿国王的话语反映的，波斯国在英国支持下将竭尽所能阻挡俄国的势力扩散，以保卫英属印度免受俄国的军事入侵。

1873年，欧洲地区格局出现新变化，为联合限制法国的地区势力增

---

① 英文写作Granville，为英格兰人的男子名，也是英格兰传统人名格林菲尔德（Greenfield）的一个变体。
② PERSIAN WON [N]. Punch, or The London Charivaril, Juanuary 25, 1873.
③ 为"纳赛尔丁·沙阿·卡札尔"（Naser al-Din Shah Qajar），于1848年9月5日至1896年5月1日为波斯卡扎尔王朝国王。其分别于1873年、1878年两次访问欧洲，成为伊朗近代史上第一位访问欧洲的君主，任内曾尝试推进现代化进程的改革措施，于1896年5月1日死于刺杀。
④ PERSIAN WON [J]. Punch, or The London Charivaril, 1873-07-05.
⑤ 为英国皇家私人授予的最高等级骑士勋章之一，其一般仅授予英国国内外君主级的重要人物，标识性特征为一根印有金字的吊袜带。由英格兰王爱德华三世（Edward Ⅲ）于14世纪40年代开始设立，之后得以延续改进，其授予佩戴者的人数非常稀少，也被认为是世界上历史最悠久的骑士勋章。See George Edward Cokayne (ed.). Complete Peerage of England, Scotland, Ireland, Great Britain and the United Kingdom, Extant, Extinct or Dormant (A to Bo), Vol.I [C]. London: George Bell & Sons, 1887: 276.

长，在德国"铁血宰相"奥托·冯·俾斯麦①的纵横捭阖下，德意志帝国、奥匈帝国与俄国三国君主缔结了"第一次三皇同盟"。1881年，俄国出于对抗英国的考虑再一次与德国一拍即合，三个国家再次缔结了"第二次三皇同盟"，对英国在土耳其地区的势力插手当地事务给予了限制。"第二次三皇同盟"协约期限为3年，1884年到期后三国旋即予以续签。

尽管"三皇同盟"是秘密协定，但《笨拙》画报还是得到了有关"三皇同盟"的一些小道消息，并于1884年9月20日的画报上予以刊出。画作中，一位身着西装革履、小胡子浓密的老年人身躯高大，手里握着三根线分别连接着三位个子矮小如木偶般的人，三人分别着军装、戴皇冠坐在各自的一张小椅子上：其右手握着一根线连接的那位皇帝（从皇冠顶上、衣领口的标识不难看出这是德皇）正在张口说话，左手掌里握着的两根线牵着的两位皇帝正侧目倾听。画作的主标题为"三皇同盟"，下面附着一行小字"或者，瓦奇（Varzin）②的'双簧'"。③ 画作大致表达了两层意思：一是德皇腓特烈三世（Friedrich Ⅲ）"完全"由俾斯麦掌控，成为一个"傀儡"；二是在腓特烈三世的配合下，奥匈皇帝弗兰茨·约瑟夫一世（Franz Joseph Ⅰ）、沙皇亚历山大二世（Alexander Ⅱ）也成为俾斯麦手中的"提线木偶"，任其摆布。

应该说，这也从侧面反映了英国方面此时的两大战略担心：一是德国在欧洲大陆的快速发展，严重破坏了既存的法德均势，威胁到英国在欧洲及本岛潜在安全的核心利益；二是德俄奥军事政治合作将为俄国的地缘扩张提供重大支撑，这将可能威胁到英国从黑海地区到南亚地区的海外核心利益。

从当时的多种资料都可以看到，俄国在欧亚大陆持续进行军事的扩张，离英属印度的地盘呈愈来愈近之势；而英国方面也对俄国的这种军事

---

① 为"奥托·爱德华·利奥波德·冯·俾斯麦"（Otto Eduard Leopold von Bismarck）. 1861年德皇威廉一世登基以后对其堪以重任，先任驻法大使后又于1862年成为德国首相。其任内通过数次战争及外交同盟结束了德意志地区的四分五裂局面，以强硬的政策风格而著称，后被世人称为"铁血宰相"。
② 为地名，位于波美拉尼亚地区的维普沙河（Wieprza）旁边。1867年，普鲁士政府为感谢俾斯麦在普奥战争中的突出贡献，在此地为其购买了庄园。现位于波兰的波美拉尼亚省。
③ The Three Emperors [N]. Punch, or The London Charivaril, 1884-09-20.

行动,以及背后可能潜藏着更大的军事进攻企图,感到甚为担心。在这种背景下,俄国在欧亚大陆的军事扩张态势,对英国政府上下的内政外交活动就产生了极大的影响。

二、英国女王加冕印度女皇

1876年,在英国首相本杰明·迪斯累利(Benjamin Disraeli)① 的运筹帷幄下,英国维多利亚女王最终同意并获议会批准,正式加冕为印度女皇。这背后既有维多利亚女王的政治雄心,也有英属印度的现实利益,其中俄国在此地区的政治军事风险也成为英国政府的一大考量因素。1876年3月9日,英国下议院进行了为女王加冕印度女皇相关法案的二读②流程,议员们就相关问题展开了辩论。

迪斯累利首相可谓滔滔不绝地追溯了世界历史上授予皇帝头衔的情况,希望得到其他议员的支持。

其一,迪斯累利表示,他当时经常收到给女王一个更高头衔的建议,经过反复思考后他支持这种意见:

> 我每天都听到和读到这种建议:给女王陛下一个比她从显赫祖先中所继承的头衔更高的头衔。因此,发布这样一个声明显得完全有必要。在任何面对这样问题的时候,我都会询问这是否有任何先例。③

其二,迪斯累利认为,加冕皇帝具有重要的国际礼仪秩序意义,神圣

---

① 第一代比肯斯菲尔德伯爵(1st Earl of Beaconsfield),英国犹太裔的保守党政治人物。其曾三次出任内阁财政大臣,并于1868年2月27日—12月3日、1874年2月20日—1880年4月23日两次担任英国首相。其主政期间,英国政府奉行侵略扩张的帝国主义政策。
② 为议会"三读"程序的第二步,是威斯敏斯特体系中议会工作的固定程序,其以议会为中心。其中,首读为议案在立法机关第一次交由审议,并宣读其标题;二读为对议案的内容展开辩论并交付专责委员会研究和修正,经通过后第二次宣读其标题;三读则为确认已通过的议案草案再做文字上的讨论修改,通过后最后第三次宣读其标题。因而,二读一般为其中最重要且最反映实际问题情况的一步。
③ Second Reading of Royal Titles Bill [Z]. H. C. Deb., March 9, 1876, Vol. 227, cc. 1719-1720.

族群的政治：西方殖民与南印度泰米尔民族主义的缘起（1813—1925） >>>

罗马帝国和俄国的君主都曾经费尽心思加冕皇帝，并取得了积极的国内外影响：

> 我将以近代史上最引人注目的崛起帝国为例。当神圣罗马帝国存在时，德意志国王在罗马加冕称为恺撒。毫无疑问，无论他的头衔是什么，作为德意志分封的小国王们都承认他至高无上的地位。但在那个时候还有一些大国王——有法国的国王、西班牙的国王和英格兰的国王，他们从来没有承认过神圣罗马帝国元首头衔的至高无上地位……当彼得大帝从反常状态中走出来作为一个强大君主时——他的王室兄弟们几乎都不承认——他改变了他的执政风格和头衔名称，从沙皇升格为皇帝。当时，英格兰都承认这一头衔，也只有英格兰承认。俄罗斯统治者的皇帝身份仍然没有得到国际礼仪秩序所承认；而在彼得大帝之后，他们仍然继续拥有沙皇和女沙皇的头衔。在18世纪中叶，不止一位女性君主在俄罗斯出现。1745年，俄国女沙皇伊丽莎白一世（Elizabeth I）利用其军事机构和行政机构很大程度上干涉了欧洲的事务，很可能是受第一次亚琛会议即将召开的氛围影响……①

其三，迪斯累利强调，国际社会中的君主等级秩序是一个现实的外交难题，直至当时各国政治政治领导人士均囿于各种因素想突破却未能突破：

> 我要说的是，从那时起世界上的整个外交程序都承认了这一结果，在这个问题上是毫无疑问的。维也纳大会曾试图引入君主分类问题，但梅特涅亲王（Prince Mettermich）②、卡斯尔雷勋爵

---

① Second Reading of Royal Titles Bill ［Z］. H. C. Deb., March 9, 1876, Vol. 227, cc. 1721-1724.
② 为"克莱门斯·文策尔·冯·梅特涅"（Klemens Wenzel Nepomuk Lothar Von Metternich），也称"梅特涅亲王"（Prince of Metternich-Winneburg zu Beilstein），19世纪奥地利帝国著名的外交家。其于1809年至1848年担任奥地利帝国外交大臣，1821年至1848年出任奥地利帝国首相。其外交以现实主义为基础，以精心构筑的维也纳体系而闻名，受到美国著名学家兼政治家基辛格等不少人的大力推崇。

(Lord Castlereagh)① 和当时所有精英政治家都承认这一问题的困难……②

其四,迪斯累利相信,英国已经错失对殖民地身份认同构建的最佳时机,但仍可借此有所作为,关键是印度与其他的殖民地不同,印度应该为英国的一部分:

> 没有人比我更崇敬大英殖民帝国;没有人比我更渴望去保持住它。没有人比我更感到遗憾,我们失去了用英国皇室血统铸成殖民地身份认同的有利机会。但现在我们要处理的是另一个问题,一个与殖民地情况完全不同的问题。印度的情况和殖民地的情况没有相似之处……总之,他们是英国人。③

然而,议员格莱斯顿在会上对迪斯累利的"长篇大论"持反对意见,并复述和总结了后者"不合逻辑"的发言内容:

> 现在,如果我算理解了这位尊敬的先生所说,他为其议案通过提出了两个理由——一个是先例,另一个是印度的渴望……他向我们介绍了一项女王陛下颁布了的法案——在此之前,印度政府归于东印度公司名下,为女王陛下代管。现在应该改回归于女

---

① 为"罗伯特·斯图尔特"(Robert Stewart),也是第二代伦敦德里侯爵(2nd Marquess of Londonderry)。其在1797年开始在爱尔兰政府担任多个要职并参与了次年爱尔兰叛乱的镇压行动,后推动通过了《1800联合法案》合并爱尔兰王国以组建"大不列颠和爱尔兰王国"。1804年至1806年,任英国陆军及殖民地大臣;1812年至1822年,担任英国外务大臣,奉行英国的大陆均势政策。1814年至1815年,作为英方代表参加了维也纳会议,会上其牵头缔造了维护欧洲集体安全的欧洲协调机制。See James Wills. Robert, Marquis of Londonderry(Born, A. D. 1769. - Died, A. D. 1822), Lives of Illustrious and Distinguished Irishmen, From the Earliest Times to the Present Period, Arranged in Chronological Order, Vol. Ⅵ [C]. Dublin, Edinburgh & London: A. Fullarton & Co., 1847: 125-131.
② Second Reading of Royal Titles Bill [Z]. H. C. Deb., March 9, 1876, Vol. 227, cc. 1725-1726.
③ Second Reading of Royal Titles Bill [Z]. H. C. Deb., March 9, 1876, Vol. 227, cc. 1727-1728.

王陛下的名义之下,而印度在此之后也应该归于女王陛下名义之下并由女王陛下管辖……该条款的执行部分,小心地限定于由英国东印度公司为女王陛下托管的国家。该条款最后写道——"就本法案的目的而言,印度是指上述已经归属女王陛下的领土,以及上述可能会归属于女王陛下的所有领土"……让女王对印度拥有某种头衔,以表明她拥有莫卧儿大帝的权力……因此,显而易见的是,印度政府——亦即是整个印度——迄今尚未归于女王陛下名义之下;但被归于为女王陛下进行托管的英国东印度公司名下。如果这只算是一个口误的话,那我就是最后一个提这个问题的人吧。①

此外,财政大臣诺思科特爵士(Sir Northcote)② 的态度与立场也甚有代表性,其表明了自身的独特观点。

第一,诺思科特提到,东方国家对女王(国王)和女皇(皇帝)的头衔非常在意,是否加冕女皇意味着能否有效让东方殖民地民众接受并认可英国女王的统治,印度人民是渴望女皇这一头衔的:

> 过去和现在的事实仍然是,印度的许多君主和当地人都渴望女王陛下应该有一个明确头衔,以表明她在印度拥有毫无疑问的统治地位。有人告诉我们,而且是属实的,对欧洲人而言女王和女皇的等级是没有什么区别的;在欧洲,或许除了对女皇头衔的一点成见以外,可能确实使用其中一个或另一个头衔没有什么不同。尽管这样,在东方国家里面这两个头衔确实有很大的区别,是另一种支持女皇头衔的相反"成见"。让议会下议院记住吧,东方人眼中非常细微的差别上都被赋予着巨大的价值!那些在我

---

① Second Reading of Royal Titles Bill [Z]. H. C. Deb., March 9, 1876, Vol. 227, cc. 1733-1747.
② 为"斯塔福·亨利·诺思科特"(Stafford Henry Northcote),也是第一代伊德斯利伯爵(1st Earl of Iddesleigh),为英国保守党政治人物。1843年,成为格莱斯顿的秘书;1854年,与特里维廉一起撰写并提交《关于英国建立常任文官制度的报告》;1867年3月8日至1868年12月1日,担任印度事务大臣一职;1874年至1880年,出任英国财政大臣;1885年至1886年,被任命为英国外交大臣。

<<< 第三章 英属印度政府对印度本土民族主义的政治转变

们看来极其微不足道的差别，在他们看来却是至关重要的。因此，最重要的是，我们必须确保女王陛下在印度不会因任何头衔的享有或语言的使用而表达出她的地位不如其他君主的意味……①

第二，诺思科特指出，俄国沙皇已经升格为皇帝，并在中亚地区获得了大量的认可和崇敬，他们与印度来往密切并对印度人有着重要影响，英国已在这些地方处于劣势，形势十分窘迫：

> 在女王陛下登基后的一两年，帕默斯顿勋爵与当时的波斯使者进行了一次严肃的谈话，抱怨波斯政府给女王陛下的头衔太低了……最后，帕默斯顿勋爵迫使波斯使者承认女王有权获得更高、更重要的头衔。现在，波斯不属于印度，叶尔羌（Yarkand）②也不属于印度，其他中亚地区的许多国家也是如此。但是，所有这些国家的人民都与印度当地人民持续建立着密切联系；而在所有这些国家中，就有一种力量存在可以塑造巨大且理所当然的影响力。这些国家很可能给俄国皇帝一个头衔，对那里的人来说这个头衔比女王的头衔还要高，这样好吗？③

第三，诺思科特分析，女王陛下通过其儿子威尔士亲王访问印度拉近双方关系，并想要增加一个头衔以在此基础上让印度与英国的关系"亲上

---

① Second Reading of Royal Titles Bill [Z]. H. C. Deb., March 9, 1876, Vol. 227, cc. 1746-1748.
② 中国新疆地区的一座古城，为历史上叶尔羌汗国的都城。在中文古籍中，有"莎车""渠沙""紧馆""雅尔宥""叶尔钦"等名称。19世纪，英、俄两国在中亚地区军事扩张与政治博弈中，中国新疆部分地区也被迫沦为其侵略的目标和对象。参见魏良弢. 叶尔羌汗国政治史略 [J]. 西北民族研究，1988（1）：58-69；梁俊艳，张振东. 清代英属印度与阿古柏政权关系述论 [J]. 南亚研究，2004（2）：61-66；石沧金. 评析《英国和喀什噶尔条约》[J]. 新疆地方志，2005（1）：58-61；梁俊艳，张振东. 1873年福赛斯使团出使叶尔羌述论 [J]. 新疆大学学报（社会科学版），2005（3）：85-88。
③ Second Reading of Royal Titles Bill [Z]. H. C. Deb., March 9, 1876, Vol. 227, cc. 1749-1751.

加亲":

> 女王陛下已宣布,为了纪念威尔士亲王对印度的访问,希望获得某个似乎可以把印度和英国更紧密联系起来的头衔;在已经迈出了这第一步之后,有谁会满意她索取一个在印度人眼里看来比俄国皇帝的头衔还要低的头衔呢?①

不难看出,就英国女王是否应该加冕的问题,英国议会的议员内部形成了较为激烈的观点冲突。这也被当时的舆论观察和热议,多家媒体为此刊发了报道和讽刺漫画。当时,伦敦莫里斯纽曼公司(Morris & Newman)发行的政治讽刺漫画上,就刊发了一张名为《〈王家头衔法案〉:献给两张凳子之间的一位野心勃勃、贪婪的老太太》的画作,画面中两派政治力量在两张不同的凳子后互相"争辩"、互相"批驳"。而1876年4月10日《笨拙》画报上刊登的一幅画,则直指英国女王维多利亚加冕印度女皇头衔的这一行为。图中大字配文写着"新瓶装旧酒",而下面则用括号加上小字备注着"阿拉丁②被采纳了"。画面内容上,一位男士即为迪斯雷利首相,满脸期待地拿出一顶新皇冠,正给女王陛下献上;而女王则取下自己的旧王冠置于手中,眼神呈若有所思之状。

当时,为英国女王加冕印度女皇的消息在英国国内的确引发了激烈的讨论,也迎来了不少反对和批评的声音。反对派认为,英国已在印度行使实质统治权很久了,英国女王加冕印度女皇的行为只是在彰显对印度的绝对统治权,而迪斯雷利首相却非要蒙上情谊的外纱以假装善意;女皇这一头衔就是封建君主的意思,背后实质是君主的军事专制,这样的形象可能并不会增强女王在印度人心中的威信,反而可能削弱他们对女王的认同感。

不过,英国议会最终还是通过了对英国女王加冕印度女皇的法案。

---

① Second Reading of Royal Titles Bill [Z]. H. C. Deb., March 9, 1876, Vol. 227, cc. 1751-1752.
② 为阿拉伯民间故事集《天方夜谭》中一个童话故事的主人公,其在故事中获得了一个神灯并借此可以施展魔法变出许多东西,不过其一度十分贪心。该画在此用以讽刺迪斯累利首相怂恿女王加冕印度女皇一事。

1876年，英国议会正式通过了《1876年王家头衔法案》①，决定为英国女王加冕印度女皇头衔，印度改称"印度帝国"。而1877年1月1日，英国女王维多利亚于德里举行了正式的印度女皇加冕仪式。

从这些当时的辩论中，大致可以窥测当时给英国女王加冕为印度女皇的理由，拉近印度人对英国女王政府的认同与臣服，确认英国对这片土地的统治。其中，俄国在印度邻国地区的军事扩张，让英国政府感到对印度的切身威胁。尽管印度民族主义的快速上涨也是另一大长期考虑因素，但是这成为女王加冕印度女皇的一大主要直接诱因。正如有学者分析指出，"保卫印度"以及"帝国贸易通道"是大英帝国在整个19世纪中关于东方的战略与政策的"全部秘密"。②也正是在此基础上，英国政府方面迫切希望"保证对印度的绝对控制"，这成为以迪斯雷利首相为首的英国政府此时对东方外交政策的一大根本性出发点。③

可以说，英国女王维多利亚加冕印度女皇这一政治行为，就是英国政府方面希冀借此进一步宣称和提高英国对印度"控制"与"统治"的政治举措及外交宣誓。其主要是英国方面在对俄国可能在地缘上包围甚至攻击印度殖民地的博弈态势及心理恐惧下做出的一种现实回应。而在此基础上，英国方面也在持续地思考如何更好地"保卫印度"；更强地巩固在印度的"统治地位"？

三、彭狄危机④前后英俄的和平协调

达弗林伯爵以外交手段高明而著称，这一时期其将精力主要用于平衡

---

① 此法案后于1947年7月随英国议会《印度独立法》的正式通过而宣告废止。
② 张本英. 保卫印度：19世纪英国东方外交的全部秘密[J]. 安徽史学，2003（5）：71-72.
③ 王皖强. 狄斯雷利与东方危机时期的英国政治斗争[J]. 史学月刊，2001（2）：98.
④ 也作"潘德事件""潘贾德事件""潘杰德事件""潘吉德事件""潘约德赫事件"等，为英、俄围绕阿富汗北部地区的划界问题及地缘政治的军事外交冲突，持续约两年的时间，危机事件结果为阿富汗收回佐勒菲卡尔（Zulfiquar）地区，而俄国占领彭狄绿洲地区。参阅陈显泗. 中外战争战役大辞典[M]. 长沙：湖南出版社，1992：535；熊武一，周家法. 军事大辞海：下[M]. 北京：长城出版社，2000：2219；王觉非. 欧洲历史大辞典：上[M]. 上海：上海辞书出版社，2007：631；罗伯特·拜伦. 穿行内陆亚洲：伊斯兰建筑与人文之旅[M]. 顾淑馨，译. 南宁：广西师范大学出版社，2003：127.

英属印度政府在当地的内外政策。在面对印度国内日益上升的民族主义思潮时，其希冀对当地民族主义团体通过主动引流的方式，用国大党的制度方式将为印度本土的民族主义势力树立"游戏规则"。在对外政策方面，努力在印度西边的阿富汗阻止俄国势力的进一步扩张，同时积极将英国势力向印度东边的缅甸加以大力拓展。

而英、俄在阿富汗地区的地缘政治博弈，一度引发了一场军事外交危机——彭狄危机。自1882年开始，英国和俄国陆续就在阿富汗的边界问题进行了磋商与交涉。1884年时，英国派出孟加拉土著兵团①的彼得·拉姆斯登爵士（Sir Peter Lumsden）为英方首席代表，俄国则任命帝国领土部②的泽列诺伊将军（Generals Zelenoi）为俄方首席代表，二人共同领导组建阿富汗边界委员会③解决相关争端。

作为孟买参谋团④、阿富汗边界委员会英方成员之一的亚瑟·坎贝尔·耶特中尉（Lieutenant Arthur Campbel Yate），在其不久后于英国刊行的著作《英俄在亚洲的面对面：随阿富汗边界委员会出行》中，公开了其在阿富汗边界委员会处理相关危机的见闻记录及政策思考。耶特中尉对彭狄危机及英国在其中的政策表现公开地进行了回顾与反思，并痛陈英国政府在与俄国在此区域内政治军事博弈的不力。

首先，俄国自19世纪初以来在中亚地区的侵略野心与行为，让中亚国家开始感到岌岌可危，这原本是英国在此地区立足和维护自身地缘战略利益的重要机会："自本世纪初以来，中亚地区的世居民众第一次意识到俄国侵略是迫在眉睫的危险，英国已成为他们竞相寻求帮助的对象大国。在这些族群的期望和恐惧中，英国或许找到了一种有用的武器来阻止俄罗斯

---

① 为英国东印度公司于1757年在当地建立的军事部队，1903年正式编入英属印度军队而取消番号，曾先后参与了英国自普拉西战役至第三次英缅战争的大量印度次大陆及周边地区战争。See Minutes of Evidence Taken Before the Select Committee on the Affairs of the East India Company ［Z］. London：House of Commons Select Committee on the East India Company，1832：333-334.
② 帝国领土部由俄国参政院下属，为沙皇彼得一世于1721年进行俄国政府行政机构改革之后，新设立的政府部门。
③ 也称"英俄委员会"。
④ 为英属印度政府于1861年在孟加拉、马德拉斯和孟买成立的三大独立参谋团部队之一，属英国在当地组建的陆军兵种，后来归并为英属印度陆军。

<<< 第三章 英属印度政府对印度本土民族主义的政治转变

的野心。"①

其次，英国政府及其外交使团在之前历史上曾积极在此地区"辛苦耕耘"，争取获得在此地区的影响力，而后几十年却被英国政府忽视几乎中断：

> 在约翰·马尔科姆爵士（Sir John Malcolm）和哈福德·琼斯爵士（Sir Harford Jones）的时代，为保持英国在沙阿②宫廷之势力范围内至高无上之地位，（英国方面——原文注）付出了艰苦卓绝的努力；但是，后来波斯被俄国熊粗暴对待和强行拥抱。40多年前，雅培和莎士比亚（Abbott and Shakespeare）、斯托达特和科诺利（Stoddart and Conolly）的英国外交使团，对希瓦（Khiva）③和布哈拉（Bokhara）④的访问具有一定的政治意义；然而，自那时起英国和中亚的各汗国之间就几乎没有或根本没有交往联系。⑤

---

① LIEUTENANT A C. Yate. England and Russia Face to Face in Asia：Travels with the Afghan Boundary Commission ［M］. Edinbukgh & London：William Blackwood and Sons，1887：370.

② "沙阿"为波斯语词汇"万王之王"的音译，也简称"沙"，在波斯语中用作皇帝的头衔，后在波斯及周边地区得到了不少君主的使用。——作者注

③ 也见"基发""基华"两种译名，为中亚地区希瓦汗国的都城名，其古城遗址位于现乌兹别克斯坦的花拉子模州。俄国分别于1717年、1839年及1873年对此地发起军事征服的侵略战争，并1873年5月攻陷此地使希瓦汗国沦为俄国的保护国。（作者注）参阅何岁利. 花剌子模古城址群探访记 ［J］. 大众考古，2016（8）：82-87；蓝琪. 论16—17世纪中亚三个汗国与俄国的关系 ［J］. 史学月刊，2008（7）：76-81；蓝琪. 论16至17世纪中亚国家与俄国关系的实质 ［J］. 世界历史，2008（1）：70-78；蓝琪. 论中亚希瓦汗国 ［J］. 史学月刊，2012（12）：86-100。

④ 也见"布拉哈"的译名，中文古籍里有"中安国""捕喝""扭密""戊地国""毕国""安国""布豁""不花剌""卜哈儿""孛哈里""不哈儿""蒲华""不花儿""不合儿"等称呼。为中亚布哈拉汗国的都城名，其古城遗址现位于乌兹别克斯坦的布哈拉州。（作者注）参见高文德. 中国少数民族史大辞典 ［M］. 长春：吉林教育出版社，1995：1854；许序雅. 汉籍所记"捕喝"历史地理考述 ［J］. 西域研究，2015（4）：76-82。

⑤ LIEUTENANT A C. Yate. England and Russia Face to Face in Asia：Travels with the Afghan Boundary Commission ［M］. Edinbukgh & London：William Blackwood and Sons，1887：370-371.

再次，英国政府更重视对印度及其边境地区的地缘控制，而对阿富汗及中亚地区在战略上较为轻视："事实上，英国政府对此既定的政策似乎是这样的——在印度边界之外的一定区域应为英国的势力范围，而除此以外的所有地区可以留给俄国。"①

最后，虽然战略重视程度上无法与印度地区相提并论，但是不代表着在有限资源上不可以积极作为，完全可以与俄国据理力争、及时应对："如此看来，如果这一政策得到了及时而坚定的执行，此政策的正当性就无可厚非了。然而，它未能照此执行。英国政府一直'为时已晚'，在行动上犹豫不决。"②

也许是出于军人的职业敏感而对英国加大力度阻止俄国领土涉及此区域的扩张怀有强烈期待，抑或从军事策略上对英国可以更大力度打压俄国在中亚地区的扩张充满信心，耶特中尉认为英国政府完全可以更及时、有效地应对甚至进行军事打击。十分明显，当时英国政府相对较为"拖延"与"软弱"的表现未让耶特中尉遂愿。作为一名身处战地前线的军人，耶特中尉从技术层面指出了英国方面在中亚地区与俄国的对抗，应该更强硬而且可以获得更大的土地收获。不过，如果从英国的全球战略及其面临的战略形势来看，英国政府在此地区采取了相对的妥协性姿态及行动并不让人感到意外。

1885年3月，俄国又入侵并占领了阿富汗多个地方，违反了英俄之前在阿富汗边界划分的合作默契及现实利益。1885年4月，英国首相威廉·尤尔特·格莱斯顿（William Ewart Gladstone）③对俄国在中亚地区快速推进的入侵行动感到非常气愤，要求下议院提供1100万英镑的拨款作为军费，甚至不惜欲与俄国一战。在紧张的政治军事形势下，英俄战争似乎一

---

① LIEUTENANT A C. Yate. England and Russia Face to Face in Asia: Travels with the Afghan Boundary Commission [M]. Edinbukgh & London: William Blackwood and Sons, 1887: 371.

② LIEUTENANT A C. Yate. England and Russia Face to Face in Asia: Travels with the Afghan Boundary Commission [M]. Edinbukgh & London: William Blackwood and Sons, 1887: 371.

③ 英国自由党政治人物，其分别于1880年4月23日—1885年6月23日、1886年2月1日—1886年7月25日、1892年8月15日—1894年3月5日、1868年12月3日—1874年2月20日四次出任英国首相，还曾四次出任英国财政大臣，因同情和支持工人阶级而被支持者称为"人民的威廉"。

<<< 第三章 英属印度政府对印度本土民族主义的政治转变

触即发。

1885年4月4日,《笨拙》画报即刊登了一幅对此局势描述的画作,画中的内容为:一位欧洲人面孔的女士目光坚定、头戴头盔、腰部两侧各配有斧头和剑,右手持长矛;右手攥着一根绳子,绳子另一头系着一只孟加拉虎,老虎眼神呈担心状,脖子上写着5个拉丁字母"I-N-D-I-A"(印度);左手拉着一头雄狮(代表英国)① 长长的鬃毛,狮子抬着头、眼神投向前方;他们三者站立的地方,地面上用拉丁字母标记着"A-F-G-H-A-N-I-S-T-A-N"(阿富汗)。画作下方标记着几个大号的拉丁字母"Ready"(准备好了),并配上了一个"!"表达着强烈的语气。② 不难看出,画作从侧面反映了当时新闻媒体及社会舆论的观察,英国政府对在阿富汗领土上发生的紧急事态已表现出准备迎接军事战斗的姿态。之后,沙皇亚历山大三世(Alexander Ⅲ)与新上任的英国首相第三代索尔兹伯里侯爵(3rd Marquess of Salisbury)③ 一致同意进行外交谈判。

此后,英国与俄国继续就阿富汗相关边界问题进行了大量政治与军事的斗争,双方互有攻防。在双方的政治、军事及外交协调下,英国与俄国选择妥协以解除这种紧张状态,双方于1887年就英、俄两国在阿富汗西北部地区的边界范围问题签订了《英俄勘分阿富汗西北边界协定》。双方就阿富汗国家内领土的重新划分界定,大致为英、俄之间建立了地缘上的缓冲带,暂时缓和了英国与俄国在这一地区地缘政治上的紧张态势。④ 虽然这样的缓冲带建立只能是冲突局势的"暂停",但确实给了英国殖民者"静下心来"处理英属印度内部问题的宝贵时机和政治精力。

---

① 自1066年诺曼王朝开辟者威廉一世使用狮纹章作为王室徽记后,狮纹逐渐成为英国王室的传统图案。
② Ready [N]. Punch, or The London Charivaril, 1885-04-04.
③ 英国保守党政治人物,也称"罗伯特·盖斯科因—塞西尔"(Robert Arthur Talbot Gascoyne),其分别于1885年6月23日—1886年2月1日、1886年8月3日—1892年8月15日、1895年6月25日—1902年7月12日三次担任英国首相,还曾担任英国印度事务大臣和英国外交大臣的职务。
④ 朱新光. 英俄角逐中亚与1887年阿富汗西北边界协定 [J]. 贵州师范大学学报(社会科学版), 2000 (2): 54.

第二节　英属印度政府参与下的国大党组建

外交关系上,英国与俄国逐渐在阿富汗地区找到平衡位置,双方寻求以和平方式缔造一个缓冲区,并最终签订了法律文本。英国与俄国在印度周边的外交协调让紧张对立的局势降温,让英属印度政府得到一个相对宽松的外部环境。而在此时面对着英属印度内逐渐上升的民族主义力量,英属印度政府决定转变对印度社会内民族主义问题的政治态度、应对策略,进行改革性的政治努力。

一、休姆对英国在印度殖民政策的反思

英国东印度公司官员艾伦·屋大维·休姆(Allan Octavian Hume)最初于1849年赴英属印度政府任行政官员,曾在1857年印度民族大起义时派出武装力量参与孟加拉地区的镇压活动。这次事件中,休姆在埃达沃地区①带兵驻守及指挥战事的时间超过了12个月,后一度退到阿格拉堡躲避。② 之后,休姆力主发展当地人的教育、创办当地人语言的杂志、吸纳当地人进入英属印度的政府机构,以图缓和英国殖民统治当局与当地人之间的矛盾。休姆在印度文官制度内任职时间达30余年,1882年退休后,休姆继续在印度西姆拉③地区居住并积极参与当地社会事务。

此前在印度大起义后,休姆不久就向英属印度政府提交了《关于埃达

---

① 一作"埃塔瓦",为一座位于昌巴尔河汇入亚穆纳河交汇地带的印度城市,其在印度1857年的民族大起义中是一大中心。
② HENRY GEORGE KEENE. Fifty-Seven: Some Account of the Administration of Indian Districts during the Revolt of the Bengal Army [M]. London: W. H. Allen & Co., 1883: 56-62.
③ 位于喜马拉雅山脉的印度城市。从19世纪20年代开始,因有英国人在此修建别墅避暑,而逐渐成为英属印度政府官员的避暑胜地。1905—1939年,由于达兰萨拉遭受地震的巨大破坏,而临时作为英属印度的夏都。

沃"奇拉"① 地区"胡刮邦迪"学校②的报告》,其中提出了几点重要看法。

其一,英属印度内的"公共动乱"让当地社会付出了巨大代价,和平与进步才是当地社会应该追寻的,当地政治局势已初步平缓:

> 在这些旷日持久和无比沉痛的公共动乱③之后,动乱期间大量人命的丧失和财产的破坏吸引了我们的注意力,我们终于能够从叛国与惩罚的痛苦经历转变成和平与进步的记录,这是令人高兴的。

其二,在埃达沃地区及周边建立的学校与教育制度初步显示,一个威权式的政府只有让其统治管辖的民众接受智力和道德的教育开化,其统治才能更稳定和更长久:

> 在过去的一年里,关于这个地区教育状况和我们学校的一些评论,作为相关的记录也许将会大有益处,同时也会引发像我一样的人的兴趣。我相信,一个自由和文明的政府,只要它的权威仍建立在武力之上,就必须找寻它的稳定性和长久性。对人民的道德和智力进行启蒙开化,使其欣然接受它的祝福保佑。

其三,既往英国在印度的统治历史情况表明,英国人始终是外来人员,只有给当地民众进行世俗教育改变他们传统的观点和思想,才能为英国赢得未来的民心:

> 过去一百年的经验已经鲜明地证实,我们在这片土地上是作

---

① 奇拉,英文写作 zillah,为英国在南亚地区统治时的一个行政单位,大致等同于县郡一级。——作者注
② 为休姆在当地执政时期,建立的一种面向当地人的免费小学教育机构,并制定了相应的教育管理规章制度,后在当地大范围推广,也被称为"胡刮邦迪体制"。
③ 实为印度当地带有民族主义性质的反抗行动,此为休姆代表的英国人之污蔑说法。——作者注

为陌生人和寄居者而存在的，只有在例外的情况下，我们才有希望赢得当地人民的心。从今以后，确保只要不是他们钟爱的，无论他们的理由如何，我们都必须说服改变他们的思想。按常理来推断，经验似乎也显示截至目前这个国家尚未能够接受宗教性的培训。与此同时，在我看来这似乎并不是无利可图的。努力通过世俗教育根除迷信败坏的杂草，将这片土地为那颗好种子做好准备，在时机成熟的时候它一定会从天堂上掉下来。①

总体来看，休姆作为一名英国殖民当局的官员，从自身长期在印度从事的殖民活动中有了一种深刻感悟，即仅靠外在的军事和政治手段并不能消除当地人对西方人的怀疑与不认同。基于此，休姆提出只有大力推动当地的世俗教育发展，减少既有的宗教信仰认识基础，才有可能真正拉近与当地人的关系。可以说，休姆的观点实际上只是一种改换了方式的新殖民思路，目的仍然是巩固英国人在当地的殖民统治。

而这一时期，英国国内也面临着重重的社会矛盾，英国政府在处理内政上早已感到心力交瘁。在1868年3月21日《笨拙》画报上发表的画作颇能体现出当时英国政府面临的现实困境。画作中，一位短鬈发老妇人站立着，手中持着放牧的鞭子，眼神呈焦虑状；两手各牵着数根绳子，绳子另一端则各绑在一头小猪崽的后腿上；几头小猪崽各朝一方，均向远离妇人方向跃进；一头小猪崽的背上写着"工人权利"②，一头小猪崽背上标着

---

① North Western Provinces. Selections From the Records of Government, North Western Provinces, Part XXXII [Z]. Calcutta: Baptist Mission Press, 1858: 1-4.
② 这里指当时工人阶级寻求保障工人权利的工人运动问题。作为世界上最早完成工业革命的国家之一，英国于1836年至1848年即爆发了世界三大工人运动之一的宪章运动。弗里德里希·恩格斯（Friedrich Engels）曾于1845年发表了《英格兰工人阶级的状况》的报告书籍，对英格兰工人阶级的悲惨生活及英国资产阶级的残酷剥削进行了深刻剖析。在这一时期，英国政府陆续出台了不少提高工人福利及权益保障的法律，但伴随着国际社会工人运动风起云涌，其国内工人阶级运动压力也巨大。

"天主教教会"①，一头小猪崽背上记着"芬尼亚（Fenian）主义"②，另几头小猪崽背上也写着并不清晰的字迹。画作下方备注着文字，大号的文字标记着"令人头晕的困难——埃琳太太的猪群"。③ 这些种种复杂且严峻的英国本土政治问题，让英国政府感到十分棘手且应接不暇，因而对英属印度当地的问题处理上精力就有些力不从心了。

1877—1878 年，俄国与奥斯曼土耳其之间又爆发了第十次俄土战争，双方战争十分激烈，并很快陷入拉锯战。战争的消息很快传入印度大陆，在赛义德·艾哈迈德·汗（Syed Ahmad Khan）④ 等伊斯兰社会改革思想代表人物的舆论影响下，一股泛伊斯兰主义的政治情绪旋即大为高涨，印度本土的伊斯兰民族主义组织得以大量建立。⑤ 1875 年，由其牵头成立了"伊斯兰英国—东方学院"，推动穆斯林群体接受新式教育。英国政府相信，印度的穆斯林在接受现代教育后会更支持现有政府，因而对相关机构

---

① 这里指牛津运动后天主教会礼仪及势力抬头而引发大量的社会骚乱问题。1534 年，英国国王亨利八世遵行英格兰教会（圣公会）为国教。之后，英国圣公会渐渐成为英国国教，对罗马教廷及天主教会持反对态度。19 世纪 30—40 年代，英国圣公会内一些拥有牛津大学教职的神职人员，主张恢复罗马天主教中如圣衣、圣礼、圣体等一些传统。在 19 世纪 50—90 年代，这些罗马天主教旧有礼仪的追随者在英国社会中导致了持续性的社会骚乱。

② 一种推翻英国统治的爱尔兰民族主义思想和实践。芬尼亚主义的内涵有两点：一是爱尔兰拥有自然的独立权，二是只有通过武装革命才能获得这项权利。其源于 1858 年成立的芬尼亚兄弟会，此组织由约翰·奥麦赫尼建立于北美，曾希望通过占领加拿大而跟英国政府争取爱尔兰独立的谈判。而"芬尼亚"则为爱尔兰民族史诗《芬尼亚传奇》中传奇英雄芬恩·麦克库伊（Fionn mac Cumhaill）率领的勇士团之名。19 世纪 60 年代之后，"芬尼亚主义"这一政治话语逐渐被英国政府普遍使用于任何反抗英国政府的爱尔兰地区势力。芬尼亚主义者在这一时期，曾采取各种极端手段包括恐怖袭击，给英国政府带来了极大政治困扰。

③ DIZZY'S DIFFICULTY, OR MRS. ERIN'S PIGS [N]. Punch, or The London Charivaril, 1868-03-21.

④ 为近代印度次大陆伊斯兰社会改革的重要推动者，被视为伊斯兰现代主义运动的先驱。其于 1838 年开始进入英国东印度公司担任行政职员，并担任当地法官。1857 年，印度民族大起义之后，艾哈迈德·汗撰写了《印度大起义的缘由》一书对英国在印度次大陆的殖民政策给予了尖锐批评，并积极寻求推进伊斯兰社会的改革。See Altaf Husain Hali. Hayat-i-Javed：A Biographical Account of Sir Sayyid [M]. Kanpur：Nami Press, 1901：41-53.

⑤ WILFRED CANTWELL SMITH. Modern Islam In India：A Social Analysis [M]. Lahore：Ripon Printing Press, 1943：14-37.

的建立和发展持合作态度。这一时期，印度次大陆的各种民族主义思想势力都处于上升阶段，同时民族主义思想势力已走向政治组织化，民族主义已成为当时印度次大陆政治生活中的最大主题。

早在1879年，作为在职官员的休姆就公开批评利顿勋爵的印度政策，认为其毫不关心印度当地人民的疾苦与福利，英国统治中不当的政策如土地制度等导致了印度的贫困。休姆此前于19世纪中后期曾决心力推印度的农业改革，并撰写了不少与农业改革相关的报告与文章。① 休姆积极呼吁在印度当地引进种植新作物金鸡纳②，并支持植物学家乔治·金爵士（Sir George King）③ 在当地开展金鸡纳种植方面的研究，以期能够以更低廉的成本价格制造奎宁④，助推当地的农业改革⑤。可见，休姆对英国政府在印度的部分殖民政策进行了反思，并采取了具体的实践措施，去推动英国政府在当地的政策更好地惠及民生和得到印度当地民众的支持。

应该说，休姆作为英属印度政府的政府官员，直接大力批评英国在当地的殖民政策，除了与休姆自身的性格特质与价值追求相关以外，更与英国政府中央及内部有部分类似的观点和政策倾向不无联系。

---

① HUME A O. (Late Secretary to the Government of India in the Department of Revenue Agriculeture and Commerce). Agricultural Reform in India [M]. London: W. H. Allen & Co., 1879: 3-8.

② 为一种原产于南美洲安第斯山脉的常绿灌木或小乔木，其树皮、根皮具有药用价值。据可考的文献资料，至晚在1632年，金鸡纳的树皮提取物就被用于治疗疟疾。17世纪30年代，由耶稣会传教士最早将其引入西班牙。See Benjamin Smith Barton. Professor Cullen's Treatise of the Materia Medica (In Two Volumes), Vol. II [M]. Philadelphia: Edward Parker, 1812: 2-10.

③ 英国植物学家，其因在印度金鸡纳育种、栽培及运输等领域的突出表现而著称。1871年，其担任加尔各答皇家植物园负责人，该园以19世纪30年代从中国引入茶树在印度东北部阿萨姆邦成功种植培育而闻名。1890年，其出任印度植物调查的第一任局长。

④ 为金鸡纳树皮中的提取物，可有效用于疟疾的治疗。1820年，法国化学家皮埃尔·佩尔蒂埃（Pierre Pelletier）和约瑟夫·卡旺图（Joseph Caventou）在金鸡纳植物原料中成功分解出奎宁和金鸡宁两种有效成分，这是人类史上第一次成功提取出奎宁成分。

⑤ CLEMENTS R. Markham. Peruvian Bark: A Popular Account of the Introduction of Chinchona Cultivation into British India [M]. London: William Clowes & Sons Lt., 1880: 427-434.

二、伊尔伯特法案的出台及当地民族矛盾的激化

不久后的1880年，里彭勋爵（Lord Ripon）① 被格莱斯顿首相任命为新任的印度总督，由英国女王维多利亚在温莎城堡签发的这一人事调动消息不久即在1880年5月11日的《伦敦公报》上予以刊载。②

里彭勋爵上任后，对前任印度总督利顿勋爵的大量政策予以了否定和调整，积极推行自由主义政策，并着手提高印度人在英属印度的政治地位。1882年，里彭勋爵废除了此前利顿勋爵于1878年颁布施行的《地方语言新闻法》，这意味着英属印度政府又重新允许印度人用各种地方语言印刷新闻报刊等物品，这是英国政府对印度本土的执政方式及对印度本土民族主义力量态度上的一次重大转变。

1883年2月2日，在里彭勋爵的授意下，其法律顾问伊尔伯特爵士（Sir Ilbert）③ 向帝国立法议会提交了一份议案。议案要求给予印度裔的法官和治安官在地区一级审理刑事案件中审判英国籍罪犯的权力。从议案的法律性质来看，这是一份对英属印度政府现行法律的修正案。但是，它与当时英属印度地区既有的现行法律完全相悖。

之前的《1873年刑事诉讼法》明确规定，只有欧洲裔的法官和治安官才能审判欧洲裔的罪犯或被告。让印度人在法庭上审判英国人即使是已经犯下罪行的英国罪犯，也是被绝对禁止的。在立法议会中，此议案动议随即受到大量英国籍议员的强烈反对，并在当地的英国人社会中引来了广泛的批评。与此同时，社会中流传着白人女性被印度当地人强奸风险性会大为增加的说法，认为当地的印度裔法官肯定会偏袒印度人。④

其中，尤以茶叶和靛蓝种植园的英国园主对这份动议的批评最为强烈，这些英国的种植园资本家担心印度裔法官可能对种植园中印度裔工人

---

① 其于1866年至1868年担任印度事务大臣，1880年至1884年出任印度总督。
② Reports from St. James's Palace [N]. The London Gazette, 1880-05-11.
③ 为"考特尼·佩里格林·伊尔伯特"（Courtenay Peregrine Ilbert），1869年进入英国的国会法律顾问办公室工作，于1882—1886年调任印度总督理事会委员，后于1885年左右在印度组建了西姆拉自然历史学会。See Edward J. Buck. Simla: Past and Present [M]. Calcutta: Spink & Co., 1904: 195-199.
④ REINA LEWIS, SARA MILLS. Feminist Postcolonial Theory: A Reader [M]. Now York &London: Taylor & Francis, 2003: 444.

113

遭受的虐待等不法行为给予追究。①

在印度出生的英裔作家吉卜林②当初同身边的很多英国人一样,对伊尔伯特提出的这一议案进行了强烈的批评和坚决的反对。吉卜林在晚年出版的回忆录《谈谈我自己》中对这件事进行了回顾:

> 一位和善的英国绅士——名叫伊尔伯特,被安排来创立和守护这个法案。我觉得他也有一点不知所措。同大多数欧洲报刊媒体一样,我们的文章一开始就对这一措施持坚决反对态度,并且我还发表了许多评论和信件,这要是现在就要称为"反动"吧。③

这份议案动议在历经多次修改之后,最终于1884年1月25日审议通过,也被称为"伊尔伯特法案"。而此时通过的伊尔伯特法案,与最初的动议相比已做了较大幅度的妥协与调整,规定英国人可以要求有陪审团且其中一半为欧洲人。④ 其中,不难看出,英属印度政府这时已尝试着在法律层面等一些管理事务上妥协让步,以缓和与印度人之间的矛盾。

伊尔伯特法案颁布之后,并没有实现英国政府期待的政治理想,双方的族群政治矛盾反而被激化,甚至常常以暴力流血冲突来结束。吉卜林的相关回忆即提供了一份亲历者的佐证:

---

① Sir Henry John Stedman Cotton(K. C. S. I.). New India or India in Transition [M]. London: Trübner & Co., 1904: 2-6.
② 出生在印度孟买的英裔记者、作家。其于1871年6岁时去往英国生活学习,1882年17岁又返回印度做《民政与军事报》编辑。之后开启了文学创作生涯,创作了大量文学作品,尤以涉及印度题材的作品最为著名。其一度在英美文学界引发巨大轰动,1907年41岁时获诺贝尔文学奖,至今仍保持着最年轻的诺贝尔文学奖获得者纪录。其在作品中透露的帝国主义心态后来受到大量批评,乔治·奥威尔称其为"帝国主义的倡导者"。参阅尹锡南. 吉卜林与印度的心物关联及其创作中的"历史缺席"问题:"殖民与后殖民文学中的印度书写"研究 [J]. 南亚研究季刊,2004(2):70-76.
③ RUDYARD KIPLING. Something of Myself: For My Friends Known and Unknown [M]. London: Macmillan & Co., 1937: 50.
④ NANDA B R. The Making of a Nation: India's Road to Independence [M]. New York: Harper Collins Publishers, 1998: 3-5.

<<< 第三章 英属印度政府对印度本土民族主义的政治转变

在1885①年，一个自由派的政府在英国上台执政，并按自由主义的原则行事。到目前为止，实际上常常以流血事件告终。彼时，本地人的法官应该可以审判白人女性，这是一个原则问题。本地人，这里的是指居于压倒性多数的印度教徒；而印度教徒对女性的看法较为低俗。没人要求采取任何措施，尤其是大家关注的司法机关。尽管街头上人潮涌动，但是，原则就是原则。欧洲社群非常恼火。他们陷入了反抗的极端——也就是说，即使那些政府机构的公务员和他们的妻子也经常不参加当时总督兼副王的召见和社交聚会，这是一种像宗教倾向的迂回和困惑遁世。②

审议期间，围绕英国人与印度人的政治权利和族群关系，伊尔伯特法案在社会中引发了热烈的谈论。然而，由于在社会层面中英国人与印度人之间的利益隔阂，议案的争论反而恶化了英国人与印度人的族群矛盾。在这一过程中，印度的精英群体又一次强烈感受到既有制度内的法律歧视与政治不平等，这些本土的精英更加渴望获得更多与英国人一样的平等权利。

三、休姆对印度本土民族主义的发言与行动

1883年3月1日，休姆在写给加尔各答大学毕业生的一封信中，鼓励学生为改造印度社会积极行动。休姆表示需要数十位优秀的印度青年人才加入其计划，参与印度的政治文明进步事业，并且承担开拓性的工作："只要有五十个正直而坦诚的人可以被找到并加入进来作为创始人，这份事业就可以建立起来，而其进一步的发展也将会相对容易。"③

---

① 根据其上下文内容和逻辑，吉卜林在此指的应该是信奉自由主义理念的自由党政治家——英国首相格莱斯顿，在伊尔伯特法案出台期间为其第二次牵头组阁，本届任期为1880年4月23日—1885年6月23日。因而，其回忆录原文中的这个日期或应为1880年，可能为其记忆不准确。——作者注
② RUDYARD KIPLING. Something of Myself：For My Friends Known and Unknown [M]. London：Macmillan & Co., 1937：49-50.
③ PATTABHI SITARAMAYYA B. The History of the Indian National Congress (1885—1935), the Working Committee of the Congress on the Occasion of the 50th Anniversary [M]. Madras：Law Printing House, 1935：11-12.

其中，休姆大力对印度青年学生进行"思想开导"工作，力求争取他们参与到当地政府管理和社会公共事业中。休姆呼吁，如果想要印度社会及政府管理取得长久性变化，这些印度年轻人必须放弃个人的一己私利而投入公共福利的争取上：首先，青年学生如果继续追求个人的一己私利，那么印度社会和政府管理不可能变好与进步；其次，青年学生作为思想领袖要去勇敢地寻求国家和公众的利益，否则社会公平正义就会变得弱不禁风、羸弱不堪；最后，休姆对这些印度年轻人发出了"警告"，如果现在不参与到这些公共事业来，以后就别再抱怨被英国政府层层管制。

信中，休姆也代表着里彭勋爵的政治意愿，直接对这些英属印度政府大学里培养的青年学子讲道：

> 每个国家都争取自己的政府尽善尽美。如果你们这些受过这个国家最高教育且万里挑一之人，都不能不屑于私人的安逸和自私的目标，都不能为你们自己和你们的国家坚决斗争，以争取更大的自由、更公正的管理及对管理你们自己事务更大的参与；那么，作为你们朋友的我们就是错误的，而我们的敌人则是正确的。里彭勋爵对你们善行的崇高期待，也会成为无果而虚幻的。……那么，至少目前所有进步的希望都已破灭：的确印度既不需要也不值得拥有比她现在更好的政府。如果就是这样的话，那让我们再也不要听到那些争论不休的抱怨了，说什么你们一直被学步绳①羁绊并被当作小孩般对待，因为你们会证明自己就是那样的。②

休姆在这一次向加尔各答学生的信中较为系统地表示，英国殖民当局欢迎并鼓励当地青年人才参与政府管理，并呼吁他们热心印度当地的公共事务。表面上，这是在促进印度当地的社会政治公平发展，实则是期望将

---

① 指小孩子学习走路时用于扶手的绳子，英文语境中常用作指"过于严格的管束"。——作者注

② PATTABHI SITARAMAYYA B. The History of the Indian National Congress（1885-1935），The Working Committee of the Congress on the Occasion of the 50th Anniversary［M］. Madras：Law Printing House，1935：12-13.

<<< 第三章 英属印度政府对印度本土民族主义的政治转变

部分印度当地的民族主义者与精英分子拉上英国人在当地殖民的"同一条船"上，达到利益捆绑的目的。

随着马德拉斯管区、孟买管区及孟加拉管区的民族主义情绪高涨及活动增加，英属印度政府逐渐由强硬对抗转向考虑采用适当的措施，促使印度本土正在勃兴的民族主义思潮与势力实现软着陆。于是，英属印度政府方面决意主动引导印度人成立一个成熟的全国性政党，为印度各地积聚的民族主义能量提供一个安全阀。①

1885年12月28日至31日，经过英属印度副王兼总督达弗林伯爵（Viceroy Lord Dufferin）②的同意，由英国东印度公司退休官员休姆作为召集人，英属印度的主要政治组织代表参加了印度国大党成立的第一次会议。在孟买管区协会、马德拉斯士绅会、浦那全民大会和印度协会四个印度本地人创建的主要民族主义组织基础上，组建了新的全国性政党组织——印度国大党。鉴于其在国大党成立中的重要作用与代表性意义，休姆被人称为"印度国大党之父"。

可见，在1885年前，英属印度内部印度人的民族主义情绪已经明显上升，英国人同当地群体之间的矛盾也呈日趋紧张的态势。与此同时，英国殖民当局总体上采取了对印度人群体适度妥协的姿态推行相关政策，以求缓解彼此之间的紧张，避免危及英国人在印度的殖民统治。支持和推动国大党的组建是内外因共同作用的结果，既有英国人主动选择的内部因素，也有印度民族主义发展趋势的外部因素。

---

① PATTABHI SITARAMAYYA B. The History of the Indian National Congress（1885-1935），The Working Committee of the Congress on the Occasion of the 50th Anniversary［M］. Madras：Law Printing House，1935：10-11.
② 其年轻时先后在伊顿公学、牛津大学接受教育，之后被英国政府派往叙利亚、加拿大、俄国、奥斯曼土耳其、印度、意大利、缅甸担任行政或外交官员，被视为英国最成功的外交家之一。1860年，其被派往中东叙利亚地区调查马龙派基督徒与德鲁兹派穆斯林之间的族群冲突，与法、英、俄、普、土等国代表协商解决办法，最后促使黎巴嫩自治，得以实现阻止法国在黎巴嫩地区建立附属国的外交目标。1864年，达弗林伯爵被任命为英国政府内阁的印度事务大臣；1884—1888年，达弗林伯爵担任印度总督和副王。

117

小　结

　　围绕着地缘政治，英国与俄国两国在19世纪开始之后即于亚欧大陆之上展开了激烈的博弈和争夺。从西亚、中亚、南亚乃至东北亚等地区，都留下了英国与俄国争夺的身影。其中，英国与俄国两国在印度邻近的阿富汗展开的博弈和争夺则尤为激烈。

　　鉴于印度自身的资源禀赋以及重要的地理位置，英国方面渐渐高度重视其在整个大英帝国殖民体系以及在英国对东方世界政策体系中的地位。而及至19世纪中期时，俄国逐渐在波斯和阿富汗进行扩张活动并占领了部分领土，这一进攻态势让英国政府当局如坐针毡。俄国可能对印度发动"进攻"，这犹如一把"达摩克利斯之剑"随时悬在英国政府的"头上"，彼时让英国政府及社会上下均处于高度紧张与恐惧的情绪中。

　　与此同时，英国国内政治问题更是层出不穷，爱尔兰分离主义、工人运动、政治权力斗争等矛盾让英国政府几乎精疲力竭、无暇抽身。而在印度社会中，英国在当地的殖民统治逐渐遭到愈来愈多的反感与排斥，当地民族主义的力量与组织日趋活跃。

　　19世纪后期，格莱斯顿担任英国首相后，英国政府对印度的政策出现较大幅度的调整，决心以向印度民众"适度退让"的方式缓和同当地族群的紧张关系。

　　一方面，英国政府方面在具体的法律事务上予以了退让，提交并通过了《伊尔伯特法案》，准许当地法庭上印度裔的法官或者治安官审判欧洲裔罪犯。然而，这一新政策让印度社会中的英国人既感到十分"气愤"，又感到相当"恐惧"。在当地英国人群体中，这引发了强烈的抨击和巨大的反弹，反而恶化了印度社会中英国人与印度人之间的族群关系和民族矛盾。另一方面，为了"控制"与"引导"印度国内民族主义力量的发展，英国政府方面主动引导印度民族主义者建立了第一个印度全国性的民族主义政党——印度国大党。此前，英属印度殖民当局长期对印度的民族主义持严厉打击的态度，而这一时期当局又重新允许印度人使用各种地方语言来印刷新闻报刊，期望以部分满足印度民族主义者需求的方式扭转严峻而紧张的政治局势,结果却进一步助推了印度社会中反英民族主义情绪和力量的上升。

不难看出,在国内外多重因素与力量的共同作用下,英国政府方面选择了主动为印度拔高政治地位和松绑部分政治权利。不过,在现实的政治发展演变下,印度社会中印度人与英国殖民者的族群对立更为紧张,而当地民族主义的力量也随着全国性政党的建立和活动更趋活跃。

第四章

印度国大党引领下的非婆罗门反抗与泰米尔民族主义萌芽

在前所未有的全国性政党——国大党建立之后,印度社会的政治现实并未完全向英国殖民者预期的方向发展。与此相反,国大党的成立与发展,进一步促进了印度国内各地、各派民族主义力量的崛起。这一时期,国大党成为领导印度全国民族主义发展的"宣传队""播种机""领航器"。国大党在南印度的政治活动,广泛促进了南印度地区各派政治力量的发展。

在同英国殖民者的反抗中,印度本土的民族主义力量开始获得相应的一些政治权利。然而,国大党内部各派民族主义力量之间的差异也逐渐显现出来,各方之间的分歧与矛盾愈加明显。南印度的非婆罗门群体逐渐意识到,自身在这些政治反抗中还面临着印度国内其他族群的"压迫"。于是,非婆罗门群体渐渐积极地组织起来,参与新的政治反抗活动。其中,南印度地区非婆罗门群体的政治意识,便促发了泰米尔民族主义的萌芽。普遍低种姓的泰米尔人及达罗毗荼人群体强烈地要求维护自身的政治权利,正义党于是应运而生,并成为这一时期这支民族主义力量的政党代表。

第一节 国大党活动下南印度的民族主义发展

在英国政府方面的"支持"下,国大党得以在一些既有政治组织的基础上成立,并迅速开展政治活动。由于各群体之间的主张与利益并不完全一致,很快就出现了内部纷争与派系分化。在国大党内的主流群体以外,代表英属印度穆斯林群体的伊斯兰民族主义者,就率先对国大党内穆斯林群体代表性不够的问题展开了批评。而在国大党内部的主流群体中,温和派与激进派的分歧和矛盾也逐渐显露。激进派这一时期发展迅速、影响广

<<< 第四章　印度国大党引领下的非婆罗门反抗与泰米尔民族主义萌芽

泛。不过，南印度以及整个英属印度的民族主义力量都逐渐走向活跃。于是，英国政府通过新法案提出了新的代表制方式，以对印度国内各群体中的议员代表数量进行"平衡"。

一、国大党在马德拉斯管区的政治议题及政治活动

国大党成立之后，印度全国范围内的民族主义力量如雨后春笋般迅速成长，参加第一次国大党会议的代表纷纷去往印度各地推动当地的民族主义发展。这一时期，印度国内的民族主义政治力量逐渐形成了四个中心，分别为马德拉斯、孟买、孟加拉和旁遮普。

早期的国大党是一个松散的政党组织，既没有党的章程，也没有严密的政党组织体系，是在印度各地方既有政党组织基础上协调成立的。只有在每次国大党全国代表大会召开时，来自印度各地的民族主义组织代表才得以集中交流民族运动斗争的具体事务。① 因而，这种一年一次的临时集中开会形式，成为早期国大党政治活动最主要的内容。

1887年12月27日至30日，第三次国大党全国代表大会在马德拉斯管区首府的马德拉斯市召开。大会上聚集了来自印度全国各地的民族主义代表，其中绝大多数代表曾在印度的西式学校接受过西方教育抑或去过英国本土接受西式教育。这从侧面显示出，英国政府及传教士在印度推行的教育，客观上为印度本土的民族主义发展培养了大量的人才。而恰好也是在这次大会上，伊斯兰民族主义力量与印度其他民族主义力量派别间的分歧显现了出来。

时任国大党第三任党主席的巴德鲁丁·查布吉（Badruddin Tyabji）②在会上发表了十分具有代表性的致辞，其大致谈到了"全国性大会""国

---

① 尚劝余，等. 印度独立运动［M］. 北京：北京师范大学出版社，2018：65-66.
② 第一位当选党主席的印度国大党穆斯林代表，其任内大力推动穆斯林加入印度国大党，进而成为加速国大党内部派系分歧与冲突的一大诱因。其于1860年开始曾先后在英国的海伯里学院、伦敦大学学习，1867年返回印度，后成为孟买高等法院的第一批印度裔的辩护律师之一。1882年被任命为孟买立法会委员，1885年与费罗兹沙·梅塔（Pherozeshah Mehta）、卡辛那斯·特林巴克·塔朗（Kashinath Trimbak Telang）一同参与成立了孟买管区协会。

121

大党与穆萨尔曼（Musalmans）①""受过教育②的本地人是否就不忠诚""受过教育的本地人大会""欧洲人与印度人的愿景""大会与社会改革""大会面对的议题""向逝者致敬"等主题。从其演讲具体的内容来看，查布吉的发言实际上反映了当时印度国大党代表群体中面临的几大突出问题。

一是从地域范围来看，国大党代表在印度全国范围内缺乏广泛性的问题。一开始，查布吉"夸赞"了本届国大党会议的代表"来源广泛"：

> 这次会议不是仅仅由一个城市乃至一个省之内的代表组成，而是由整个印度次大陆之内的代表组成；代表的不是任何一个阶级或利益集团，而是代表着构成全印度人几乎数不清的不同社群的所有阶级和所有利益。……1885年在孟买举行的第一次国大党全国代表大会上，我们来自印度各地的代表人数一共不足100人③；1886年在加尔各答举办的第二次国大党全国代表大会上，我们有多达440名代表④；而在本届国大党全国代表大会上，我知道我们有来自这个伟大帝国所有不同地区与不同群体的超过600名代表⑤。先生们，那么我认为我们完全有资格说，这是一次

---

① 一般认为是波斯语中 musulmn 一词的另一转写，指伊斯兰教信徒，曾在中亚和南亚地区广泛使用。如今，源于阿拉伯语 al-Muslim（意为"顺从者"）一词的英文转写 Muslim（译作"穆斯林"）一词，在世界范围内得到更普遍的使用。中文古籍里，该词有"木速蛮""谋速鲁蛮""没速鲁蛮""铺速满""母苏里马恩""回回"等译名。参阅刘迎胜."小经"文字产生的背景：关于"回族汉语"[J]. 西北民族研究，2003（3）：61-70；刘迎胜. 回族语言800年发展史简要回顾：从波斯语到"回族汉语"[J]. 中国文化研究，2003（4）：143-153；聂大昕. 近代辞书中的"回回"译名考[J]. 回族研究，2016（2）：13-19.
② 近代印度的教育活动大多为西方传教士来到以后才得到大力发展，传统的印度教育主要为宗教内的学徒制教学规模及教学内容非常有限，因而当时所讲的"受教育"实际上偏指"受西式教育"。——作者注
③ 实际参会的正式代表具体人数为72人。——作者注
④ 实际参会的正式代表具体人数为436人。——作者注
⑤ 实际参会的正式代表具体人数为607人。此外，还有641名非正式代表列席了会议，主要为在印英国社群、印度土邦及印度各界的社会名流。本届会议的参会总人数达到了1248名。——作者注

<<< 第四章　印度国大党引领下的非婆罗门反抗与泰米尔民族主义萌芽

真正具有全国代表性的大会。①

但是，如果联系其讲话内容的后文，不难发现这些"夸奖"背后的"欲抑先扬"手法及"褒中带贬"意蕴。查布吉对前两届国大党代表的广泛性实际上是颇为不满的，甚至连本届大会的代表性也未能令其全然满意。这种态度在这次讲话快要结束的时候有了近乎直白的表露：

> 先生们，除了你们中间这些能够来到马德拉斯的代表之外，我们还收到了大量的信件和电报。它们来自各种各样的协会和印度其他地区许多具有代表性的人士，这些人士不知何故被禁止出席或列席本届大会。我们收到了来自海得拉巴的电报、来自马德拉斯管区各地的电报。我不得不冒险讲出来：这些电报来自的地方有卡拉奇、加尔各答、德拉敦②、撒布尔、班加罗尔、达卡；和杜尔邦伽的马哈拉贾（Maharaja）③殿下，拉尔·莫汉（Lal Mohun）④、马诺·莫汉·高士（Mano Mohan Ghose）⑤及塔朗

---

① ZAIDI A M. Congress Presidential Addresses, Volume One：1885-1900 [M]. New Delhi：Indian Institute of Applied Political Research, 1985：41-42.
② 也译"德拉顿""台拉登"，位于喜马拉雅山脉南麓地区，为印度北阿坎德邦的首府。英国殖民时期，此地受到殖民者的青睐而逐渐形成闻名印度的避暑胜地，之后英式私立学校和避暑别墅也成为当地特色。——作者注
③ 也译"摩诃罗阇"，词义大致为"伟大国王"，为印度教国家中君主的头衔。与此对应，女性君主或男性君主的妻子，其头衔则为"摩诃拉尼"（Maharani）。——作者注
④ 为"拉尔·摩罕·高士"，英文也拼写作 Lal Mohun Ghose、Lal Mohan Ghosh、Lal Mohan Ghose、Lal Mohun Ghosh，为印度民族主义者。其于 1869 年去往英国取得辩护律师资格，1872 年返回加尔各答担任律师。1879 年，作为印度协会成员访问英国，并向英国政府表示印度人民的不满。1903 年在马德拉斯市举办的国大党全国代表大会上，其当选为国大党主席。——作者注
⑤ 印度的社会活动家、改革家及教育家。其于 1859 年开始先后在克里希纳戈尔政府学院、孟买管区大学学习，于 1861 年同凯舒伯·钱德拉·森（Keshub Chandra Sen）一起在加尔各答创建了《印度镜报》，后于 1862 年与萨特延德拉·泰戈尔（Satyendranath Tagore）一起成为去英国参加印度文官考试的第一批印度人。1866 年返回印度后，成长为加尔各答高等法院的第一批印度裔辩护律师之一。1876 年，以顾问的身份参与了印度协会的创立工作，并参与成立了印度第一所女子文理学院——班加女子文理学院。——作者注

（Telang）① 几位先生；以及许多其他地方和人员的，数量太多以至于我无法一一罗列。至少有60多份电报摆在我面前。②

二是印度穆斯林群体被国大党忽略的问题。查布吉先提及自己曾注意到了第一、第二次国大党会议的召开，却未能莅会的"遗憾经历"，并表示对本届会议取得突破寄予厚望。之后，查布吉的话锋渐转，直接点破印度穆斯林群体没能获准参与国大党活动的"窘境"，并且为穆斯林群体的政治利益大声疾呼。查布吉强调自己既是国大党的代表，也是穆斯林群体的一个代表：

> 先生们，我们作为一个全国代表性的会议，而如此行为却是在贬损我们的声望：一个伟大而重要的群体——穆萨尔曼群体，已连续被上两届国大党的议事工作疏远漠视。先生们，一方面，现在这只是部分事实，只适用于印度的一个特定地区，而且是缘于某些当地的、特殊的和暂时的原因；另一方面，我认为那些没有展现出任何正义的责备都不能被鼓励，以用作反对本次大会。先生们，我必须向你们坦承。在我目前的健康状况下，驱使我承担主持你们商议工作之重大责任的一个巨大动机，对我来说是最真挚的渴望：证明至少就我的权力而言，我不仅是以我个人的身份，还是作为孟买安局曼—伊斯兰组织③的一个成员。④

查布吉呼吁每一个群体的代表都应该首先为自己的群体利益发声，这样全国不同群体的利益就可以都有代表，而不是以其中任意一个去指责甚

---

① 孟买管区协会主要创始人之一。——作者注
② ZAIDI A M. Congress Presidential Addresses, Volume One：1885 - 1900 [M]. New Delhi：Indian Institute of Applied Political Research, 1985：49-50.
③ 为"安局曼-喜玛雅特-伊斯兰"，意为"支持伊斯兰"，为一个促进伊斯兰社会知识与社会福利的组织。其创始人为哈里发·哈米德乌丁（Khalifa Hameed-ud-Din），于1884年9月24日在拉合尔的创立。在旁遮普地区修建了不少学校，为当地的穆斯林男女儿童及弱势群体讲授一些宗教知识和实用技能。
④ ZAIDI A M. Congress Presidential Addresses, Volume One：1885 - 1900 [M]. New Delhi：Indian Institute of Applied Political Research, 1985：43.

至反对其他群体的利益。

三是国大党代表主要为"受过教育的本地人"问题。严格来讲,这一问题下面包含着两个方面。第一,受西式教育的本地人主要是上流社会特别是婆罗门种姓的群体,作为高种姓的社会精英是否真的能够代表全体印度人尤其是大量的低种姓群体?第二,作为受西式教育的本地人,脑袋里被"灌输"了西方式的思维和观点,也受到了英国政府的欢迎和一定程度的支持,真的能对印度人民忠诚吗?在当时的政治舆论氛围下,很明显第一个方面尚未完全被当时的人们意识到,但第二个方面当时就已经十分突出了。

基于此,作为曾赴英国伦敦大学学习的国大党精英,查布吉对质疑受西式教育的本地人代表忠诚度问题给予了强烈的抨击和反对。同时,查布吉从现实的必要性方面,着重论述了受西式教育的本地人在国大党代表中的不可替代性地位。首先,在各项主要指标衡量下,受过西式教育的本地人都被证明能力突出:

> 对任何持这一论断的人,我都要说:"随我一道步入会堂,环顾四周后再告诉我,你在哪里还能看到,有比聚集在这个会堂四周之内更好的上层社会代表?不论是出身和财富,还是才华、教育和地位。"不过,如果其中没有含沙射影的暗示,那么我想说:"我很乐于承认这次大会确实包含印度受过良好教育的本地人。"先生们,作为其中的一名成员,我感到自豪。我不仅被称为"受过教育的人",还被称为这个国家的"本地人"。[①]

其次,受过西式教育的本地人与英国政府关系较好,同时更能利用好现有国家资源以发挥最大的社会效益:

> 我想知道,在女王陛下数以万计的印度臣民中,哪里能找到比这些受过教育的本地人更赤胆忠诚、更甘于奉献的大英帝国朋

---

① ZAIDI A M. Congress Presidential Addresses, Volume One:1885-1900 [M]. New Delhi:Indian Institute of Applied Political Research,1985:46-47.

友。先生们，作为英国政府真挚且诚恳的朋友，处于任意岗位上都绝对会感激政府给予我们的一番好意。我也想知道，谁更有资格领受这番好意走上岗位——那些无知的农民还是受过教育的本地人？例如，谁更能发挥良好的道路、铁路、电报、邮局、学校、学院、大学、医院、法律和法院的优势？在这个国家里，是受过教育的本地人，还是无知的农民们？①

四是对英国政府的"依恋"心态及对俄国可能统治印度的"恐惧"问题。查布吉向大家假设了俄国对印度进行统治的情形，并描述其可能面临的"恐怖"局面：

> 先生们，如果确实俄国和英国之间正发起着为争取在这个国家统治权而进行的争夺——但愿不会如此，谁更有可能在这两个帝国中做出更好的判断？我要再次说，在这些问题上最有资格做出判断的是受过教育的本地人，因为我们明白并最有此能力。例如，在英国统治下，我们享有公开集会权、行动和言论自由以及高等教育；而在俄国统治下，我们很可能只拥有一个傲慢且专制的政府，其引以为荣的事情将主要在于庞大的军事机构、对我们邻国的侵略和显赫的战争功绩。②

查布吉对英国政府及英国的统治表露出了明显的倾向性与认同感，可见英国的政策在部分印度政治精英中发挥了一定的作用，并获得了政治情感上的某种亲近感。

1891年，国大党代表阿南达·查鲁（Ananda Charlu）③ 在那格浦尔举行的第七次国大党全国代表大会上，被来自印度各地的代表选举为新任主

---

① ZAIDI A M. Congress Presidential Addresses, Volume One: 1885-1900 [M]. New Delhi: Indian Institute of Applied Political Research, 1985: 47.
② ZAIDI A M. Congress Presidential Addresses, Volume One: 1885-1900 [M]. New Delhi: Indian Institute of Applied Political Research, 1985: 47-48.
③ 其出身于马德拉斯管区的一个婆罗门家庭，1869年在马德拉斯高等法院的下属机构工作，1884年参与创建了特瑞普利凯恩文学社、马德拉斯士绅会，1885年参加了第一次国大党全国代表大会，1889年参与创建马德拉斯律师协会。

席。查鲁出生于马德拉斯管区并在马德拉斯市长期从事法律工作，这次当选党主席让其成为第一位来自南印度和马德拉斯管区的印度国大党主席。之后不久，又先后于1894年和1897年在马德拉斯举办了两次印度国大党的全国代表大会。这一时期，马德拉斯逐渐成为整个南印度的一大政治中心，民族主义意识与力量都在迅速成长。

1894年12月26日至29日，在第十次国大党全国代表大会上，各位代表针对当时的大量问题展开了激烈讨论。会议主要围绕"棉花消费税""土地问题""印度的贫困""印度事务大臣""财政支出查询""同时考试""司法服务""医疗服务""立法委员会""迈索尔王室的同情投票""陪审团审判""司法和行政职能分离""旁遮普首席法院""军事支出""公共教育""地区治安官的权力拓展""森林管理""地面积水""南非的印度殖民者"等议题展开，并最终以大会决议的方式对以上问题的解决提出了针对性方案和具体措施。① 会后文件显示，参会的千余名国大党代表中有947名代表来自马德拉斯管区，而整个参会的印度国大党代表中婆罗门种姓占到六七成。②

1898年12月29日至30日，在马德拉斯市区举办了第十四次国大党全国代表大会。会后报告内附件的统计资料显示，印度全国各地前来参加本次国大党全国代表大会的正式代表人数为614人。其中，来自马德拉斯管区内的参会代表人数为519人，属于婆罗门的代表人数约占到八成。③ 关于马德拉斯法律的地位与管理机构改革问题，成为会上一大讨论的重要议题。

其中，来自马德拉斯管区的桑德拉穆·艾耶（P. R. Sundaram Iyer）在会上的一段发言颇具代表性。

首先，艾耶认为，要紧的一大政治需求就是废除在马德拉斯、孟买和孟加拉三大管区的部分法令，不能允许当地英属印度政府在非战争状态下

---

① Alfred Webb (President of the Tenth Indian National Congress), Resolutions Passed at the Tenth Indian National Congress Held at Madras on the 26th, 27th, 28th and 29th December, 1894 [Z]. Madras, 1894: 1-8.
② Tenth Indian National Congress, Appendix: List of Delegates Who Attended the Tenth Indian National Congress, Held at Madras December, 1894 [Z]. Madras, 1894: i-lⅴⅲ.
③ Fourteenth Indian National Congress, Appendix, List of Delegates Who Attended the Fourteenth Indian National Congress, Held at Madras December, 1898 [Z]. Madras: G. A. Natesan & Esplanade Co., 1899: i-ⅹⅹⅹⅲ.

族群的政治：西方殖民与南印度泰米尔民族主义的缘起（1813—1925）　>>>

拥有实施戒严的权力：

> 我们要求，立即废除分别在孟买、孟加拉和马德拉斯生效的三项法规。该法规允许政府能够在非战争的情况下实施戒严令，这给行政当局人员偶尔不顾法律的限制和正义的要求提供了正当授权。现在的提议为以下几条："大会恭敬地敦促政府意识到废除孟加拉管区 1818 年的第三号法令、马德拉斯管区 1819 年第二号法令和孟买管区 1827 年第二十五条法令的必要性。其原则和规定基本上违背了最仁慈陛下政府的传统和正义感，也违背了所有文明政府的传统和正义感，而且这些规定正是对臣民自由的长期威胁。"①

其次，艾耶指出，当时的戒严相关法令是英国政府在刚占领当地后颁布施行的，具有一定的历史合理性，但此时早已时过境迁，与当地社会格格不入：

> 现在你们会注意到这些已经通过的法规年份，其中一个是在 1818 年，另一个是在 1819 年，第三个则是在 1827 年。那是在英国完成对印度大部分地区的征服之后不久，英国通过与阿尔果德的纳瓦布签订一项条约征服了马德拉斯管区之内最美丽的地区仅仅 15 年之后；而在蒂普苏丹倒台仅仅 20 年之后，从该政府手中曾又获得了马德拉斯管区的另外相当大一部分；我记得还是在佩什瓦②们停止执政仅仅 9 年之后。我认为我可以公平地说，英国政府当时是一个新政府，已经崩溃的旧政府并没有旋踵即逝。在这段时期里，肯定有很多人生活在两个政府之下，有很多人在这种变化下历尽艰辛。在那个时候，只要这个新政府受到任何严重

---

① Fourteenth Indian National Congress, Report of the Fourteenth Indian National Congress Held at Madras on the 29th, 30th and 31th December, 1898 [Z]. Madras：G. A. Natesan & Esplanade Co., 1899：112.
② 马拉地帝国首相一职的称谓，佩什瓦制度于马拉地帝国国王沙胡在位时期建立起之后，佩什瓦一职掌握的实权日益扩张，国王权力受到极大压缩。——作者注

骚乱的威胁，新政府就认为有必要拥有一种使它能够超越法律的权力。这种情况并不奇怪。①

很明显，这一时期已经有部分南印度的泰米尔民族主义者，通过国大党的组织机制参与印度全国的政治活动；并且，在这一过程中，部分南印度的泰米尔民族主义者同印度国内其他政治力量进行了互动甚至博弈，进而为南印度泰米尔人群体的政治利益而发声和活动。

可以说，召开一年一次的全国性会议，成为国大党成立后早期活动的重要形式。国大党早期的几次会议选择了在南印度的马德拉斯市召开，大量印度全国各地的政治精英聚集在一起召开会议，成了当时马德拉斯政治活动的重要方式。其中，这些政治会议活动也促进了马德拉斯本地精英的政治参与，以及当地民族主义力量的增强。

二、国大党的派系分化与马德拉斯管区的民族主义力量增强

当时，印度教社会活动家辨喜（Swami Vivekananda）也对英国在印度的殖民统治感到不满，更对印度人民遭遇的悲惨境地而痛心。在印度推行教育活动，特别是对妇女的教育，被辨喜视为解决相关问题的一大妙法。② 1896年，在辨喜的倡议和支持下，英文月刊杂志《印度觉醒》于马德拉斯创刊，拉贾姆·艾耶（B. R. Rajam Iyer）③担任了此杂志的第一任编辑。该刊涉及文化、历史、哲学、宗教等多个领域的内容，受到了辨喜的高度重视。

作为辨喜门徒之一的爱尔兰人妮薇迪塔修女（Sister Nivedita）④，因长

---

① Fourteenth Indian National Congress, Report of the Fourteenth Indian National Congress Held at Madras on the 29th, 30th and 31th December, 1898 [Z]. Madras: G. A. Natesan & Esplanade Co., 1899: 112–114.
② ARUNA GOEL GOEL S L. Human Values and Education [M]. New Delhi: Deep & Deep Publications, 2005: 243.
③ 为印度律师和泰米尔语作家，其所著的《卡姆拉木巴萨莉塔喇木》为近代最早的泰米尔语小说之一。
④ 也见"尼维迪塔""妮维迪塔""妮维迪特""尼维迪达""尼维蒂达"等译名，此名为辨喜为其所取，原名为"玛格丽特·伊丽莎白·诺布尔"（Margaret Elizabeth Noble），为爱尔兰社会活动家、辨喜尊者的门徒之一。其对爱尔兰自治运动持大力支持的态度，于1895年开始去到印度追随辨喜修行，1898年开始在加尔各答地区开办女子学校，在1899年加尔各答暴发瘟疫时救助与照顾了大量当地的患者。

期跟随辨喜修行和进行社会活动而对此留下了宝贵的文字资料。在1898年夏天于斯利那加所写的日记中，妮薇迪塔修女记录道：

> 目前，《印度觉醒》将从马德拉斯转移到玛亚瓦提①，那里最近要成立不二论书院，这是我们所有人都在思索考虑的。辨喜尊者一直对这本杂志有一份厚爱，就如他给它取的美丽名字表明的那样。他也一直渴望建立自己的组织。在他看来，该杂志在现代印度教育领域的价值是非常明显的。他也感到，他的修行要领和思维方式需要通过这种手段以及传教工作来加以传播。因此，他日复一日地畅想着这本杂志的未来，同构想各个中心事业的未来一样。②

妮薇迪塔修女于1898年11月在加尔各答地区开办了一所女子学校，为当地的印度女性提供教育，以促进印度社会的变革。课堂上，教师主要讲授涉及缝纫、护理、卫生等事务的一些基本知识。由于当地家庭中大量男性的不理解和不支持，课堂上的印度女学生不少为成年女性或寡妇。与此同时，资金问题也成为办学的一大难题，妮薇迪塔修女还利用写作等机会赚取收入以补贴学校的日常开支。③ 之后，妮薇迪塔修女逐渐与奥罗宾多、泰戈尔等印度民族主义者熟识，其本人也很快对印度民族主义持同情和支持的态度。这一时期，妮薇迪塔积极通过写文章、做演讲等方式，向印度青年公开呼吁应团结起来反抗英国的压迫、争取印度的独立地位。

1901年12月，在南非从事反对英国殖民统治工作的甘地返回印度，参加了于加尔各答举行的第十七次国大党全国代表大会。会议期间，甘地同印度国大党的众多代表进行了交流，尤其是与郭克雷（Gokhale）等有了密切接触。之后，甘地在加尔各答进行了一系列公众演讲，宣讲了其真理与非暴

---

① 地名，位于喜马拉雅山脉。
② Life At Srinagar, June 22 to July 15, 1898 [A] //Swami Vivekananda. The Complete Works of Swami Vivekananda, Vol. 9, Los Angeles: Vedanta Press, 2007: 60-67.
③ SWAMI PRABHANANDA. Nivedita of India [M]. Kolkata: Ramakrishna Mission Institute of Culture, 2002: 2-4.

<<< 第四章 印度国大党引领下的非婆罗门反抗与泰米尔民族主义萌芽

力的学说与实践。1902 年初,甘地专门拜会了辨喜和妮薇迪塔修女。①

不过,此时印度国大党内派系现象初显。当时任英国《泰晤士报》驻印度记者的瓦伦丁·奇罗尔(Valentine Chirol)②,就对彼时印度的民族主义势力发展以及国大党中的政治派系势力情况,有过清晰的记录以及仔细的分析。

首先,瓦伦丁·奇罗尔观察到,国大党成立不久后内部就呈现政治派系分野的势头。拉纳德(Ranade)③ 即为彼时国大党中温和派的一大代表,虽然批评和反对英国人的殖民统治,但是持可与之合作的态度,提拉克与拉纳德起初进行了政治合作,后由于政治分歧而疏远。瓦伦丁·奇罗尔就此记述道:

> 当提拉克在 19 世纪 80 年代初进入公众视野时,德干地区④的婆罗门已大致被划分为两个阵营。其中一个阵营由一小部分知识分子精英组成,起初为已故的法官拉纳德先生领导。……提拉

---

① RAJ NRARYAN PAL. Reporting Gandhi's Visits to Kolkata: Mahatma in Contemporary News (1896-1902) [J]. IOSR Journal Of Humanities And Social Science, 2018, 23 (7): 18-36.
② 英国记者、外交官和历史学家。1872—1876 年在英国外交部工作。1879 年后去往地中海沿岸多个国家游历并担任《黎凡特先驱报》的记者。之后,担任《泰晤士报》的记者和编辑,并于 1899 年升任该报国际部总监。1902 年,其从陆路经俄国、中亚等地去往印度,并于加尔各答与时任印度总督寇松进行了正式会面。其于 1911 年底从泰晤士报社退休,不久后的 1912 年 1 月 1 日就被赐予爵位,以表彰其为英国外交事务做出的突出贡献。他基于亲身调研与观察,撰写了大量的时评文章,出版了针对国际时局及地区历史的专著 20 多部,涉及当时主要的大国和国际大事件。See Henry Robert Addison, Charles Henry Oakes, William John Lawson, Douglas Brooke Wheelton Sladen. Who's who: An Annual Biographical Dictionary, Vol. 57 [C]. London: A. & C. Black, 1905: 296-297.
③ 也译为"罗纳德",印度近代社会改革家、国大党温和派的领导人之一。毕业于孟买大学,曾在该校担任历史学教授,后任浦那地方高等法院法官。与提拉克一起组建了部分社会改革团体,并提出了一系列社会、经济及教育的改革思想,尤以经济方面的言论最为著名,其公开发表了不少相关言论与著作,所著《印度的政治经济学》《马拉特帝国的兴起》等书曾在印度的民族主义者中产生广泛影响。参阅黄心川. 从纳奥罗吉、罗纳德的哲学和社会政治理论看印度资产阶级改良主义的特征:续 [J]. 南亚研究季刊, 1985 (3): 1-6; 杨仁德. 印度近现代经济思想史上的著名人物和甘地的经济思想 [J]. 南亚研究季刊, 1986 (3): 53.
④ 一般指印度德干高原分布的中印度和南印度地区,有时也用于偏指南印度地区。——作者注

克起初曾以教育家的身份与拉纳德进行合作，但与拉纳德理念相左，很快就转入反动的阵营一方。冲突率先在浦那全民大会和教育协会①的控制权问题上爆发。这是两个进步的组织，虽然主要由婆罗门人组成，但包括少量的伊斯兰教徒（Mahomedans）和非婆罗门的印度教徒。②

此后，提拉克派与拉纳德派之间的矛盾和分歧逐渐加深。在涉及印度宗教社会改革的问题上，提拉克态度坚决地反对英国政府对印度宗教社会的"干涉"，而拉纳德则积极支持相应的改革。1890年，英属印度政府通过《同意年龄法案》③并颁布实施，以期减少印度教徒童婚④现象。不过，提拉克本人对此法案持反对态度，其公开表态道："我们不希望来规定我们的社会习俗和生活方式，甚至臆想政府的这一法案将是大有裨益和十分恰当的措施。⑤"与此同时，拉纳德派也在着手与其进行"据理力争"：

> 拉纳德对提拉克党派的暴力感到失望和震惊，不过此时其已经从斗争的第一线退下来。而班达尔卡博士（Dr. Bhandarkar）、法官提朗先生（Mr. Justice Tilang）、努尔卡先生（Mr. A. K. Nulkar）、钱达瓦尔卡先生（Mr. N. G. Chandavarkar）以及其他勇敢的印度教改革者成为一线新主力。郭克雷先生一直愿意与他们合作，共同反对宗教迷信的力量，他让其门徒随时准备好"大干一场"。⑥

---

① 此处应指德干教育协会，段内引文下同。——作者注
② VALENTINE CHIROL. Indian Unrest [M]. London: Macmillan & Co., 1910: 41-42.
③ 该法案于1891年3月19日正式由英属印度政府颁布实施，将印度女孩的性同意年龄由10岁提升为12岁，这是对1882年《印度刑法典》中"强奸案"相关法律条例的一个补充修正。
④ 童婚在印度教徒中是一个较严重的社会陋习，其有顽固的社会、文化、宗教以及经济根源。印度教经典《摩奴法典》《摩诃婆罗多》《梵天往世书》等对童婚皆多有论述，甚至持鼓励态度。从某种程度来说，童婚制度也是印度种姓制度的一个衍生品。
⑤ See Mohammad Shabbir Khan, Tilak and Gokhale : A Comparative Study of Their Socio-politico-economic Programmes of Reconstruction [M]. New Delhi: Ashish Publishing House, 1992: 36.
⑥ VALENTINE CHIROL. Indian Unrest [M]. London: Macmillan & Co., 1910: 42.

<<< 第四章 印度国大党引领下的非婆罗门反抗与泰米尔民族主义萌芽

此时，拉纳德派系与提拉克派系就此问题的矛盾已十分激化。当时，提拉克还就此公开发表了大量持反对意见的观点和评论①，以获得激进派民族主义分子的支持。

除此以外，一方面，提拉克派利用自己主办的报纸平台，积极宣传其政治思想观点，并向对手提出公开的批评；另一方面，提拉克将政治宣传工作对准了在校的青年人，并建立专门性社团提供相应活动培训以培养后续力量。瓦伦丁·奇罗尔就此观察道：

> 提拉克早已投身于新闻事业。自由党政府在英国国内重新执政之后②，于1881年宣布废除了"印度新闻法"③。他是最早重新启用煽动方式的那批人之一，这种方式曾经临时性地被使用过并且取得了非常出色的效果。……提拉克向他们掀起了一场激愤和偏见的风暴。在《狮报》的专栏里，他已经成为其"独资经营者"。他谴责每一个支持这一措施的印度教徒都是印度教事业的叛徒，据此赢得了保守正统派的支持。不过，保守正统派迄今对他的一些文字涉足吠檀多派④经典的训诂领域感到震惊。纳图兄弟（Natu brothers）⑤为当时被公认的印度教正统派领袖。在他们的支持下，提拉克顶着温和派的压力将宣传工作带入了学校和

---

① 林承节先生认为，提拉克发表的相关观点侧重点在于希望将斗争目标先集中在推翻英国统治上，再推行社会改革。提拉克本人并非真正反对印度社会改革及女性权益保护，其甚至为此呼吁将婚姻准许年龄调整为男性20岁、女性16岁。参见林承节.印度民族独立运动的兴起［M］.北京：北京大学出版社，1984：281-285.
② 这里应指自由党的格莱斯顿政府，其于1880年4月23日至1885年6月23日第二次执掌英国内阁，其所述时间与此有少许出入。——作者注
③ 应指1878年3月颁布施行的《地方语言新闻法》，该法案要求公开刊物中英语和其他印度当地语言区别对待，任何印刷品不能妨碍英国在印度的统治。其实质意为限制印度当地民族主义势力的发展，不过遭到了以印度协会为代表的大量印度民族主义力量批评，后于1881年被迫宣布撤销此法案。——作者注
④ 吠檀多为印地语 Vedanta 的音译，其意为"吠陀经的终结"。而吠檀多派相传由跋陀罗衍那建立，其被视为印度势力最大的正统哲学流派，印度近代的不少民族主义者皆对吠檀多派思想有所涉及。——作者注
⑤ 也称"恰普卡尔兄弟"（Chapekar brothers），二人参与了1897年6月22日对一名特派专员的刺杀活动。当时浦那地区的鼠疫横行让印度民众对英属印度政府充满猜忌和不满，其事迹后在当地的民族主义者中被广为传播。——作者注

学院。①

不难看出，瓦伦丁·奇罗尔对提拉克派系持明显的批评态度，但这些文字确实从侧面反映出当时国大党内提拉克派与拉纳德派之间的分歧和矛盾已经愈益凸显。

1905年，俄国革命在俄国境内引发了一系列的革命行动，这是帝国主义时代第一次具有全球效应的资产阶级民主革命事件，对东西方的社会政治形势产生了广泛影响。② 列宁发表在《真理报》的《亚洲的觉醒》一文就对此次革命的亚洲影响有所论及，强调1905年的俄国革命彻底唤醒了亚洲。而俄国革命也为印度的民族主义者带来了不小的精神激励，发挥了积极推动作用。③ 提拉克此时即认为英国在印度的统治就如沙皇的暴政一般，印度人民完全可以向俄国人学习，采用暴力手段实现斗争目标。同时，提拉克呼吁印度人民向爱尔兰、日本当地的人民学习，不懈斗争，以实现最终的政治理想。④

1905年7月，《孟加拉分省法令》正式出台，宣布将孟加拉省大致以穆斯林人口聚居地区和印度教徒聚居地区重新划分为两省以方便管理。实质上，这是以印度总督寇松为代表的英属印度政府实施的"分而治之"政策，目的在于削弱印度民族主义势力。孟加拉分治政策正式实施的消息传出后，立即引发了印度穆斯林群体的极大愤慨。同年，孟加拉刊物《复兴》发文呼吁抵制英国货以进行反抗，孟加拉社会代表举行大会做出抵制英国货的决议。之后，抵制英国货运动迅速演变成全国规模的民族主义反抗运动，史称"司瓦德西运动"⑤。印度各界纷纷参与到这场反对英国殖民统治的运动中来，拟人化的"印度母亲"形象再次被广泛使用和被社会推崇，成为印度民族主义者心中的"精神图腾"。印度著名民族主义文学家泰戈尔此前创作的《向母亲致敬》一歌，在这一时期亦广为传唱，鼓舞了

---

① VALENTINE CHIROL. Indian Unrest [M]. London：Macmillan & Co.，1910：42-43.
② 尚劝余，等. 印度独立运动 [M]. 北京：北京师范大学出版社，2018：82.
③ 参阅彭树智. 1905至1908年印度的独立运动 [J]. 历史教学，1963（2）：15-23；林承节. 1905—1908年民族运动高潮：印度民族运动史的一个光辉转折点 [J]. 南亚研究，1988（4）：21-33。
④ 尚劝余，等. 印度独立运动 [M]. 北京：北京师范大学出版社，2018：83.
⑤ 也译"司瓦德希运动"，其中"司瓦德西"一词在印地语中意为"自产"。

这些民族主义者的活动。在此期间,其侄子阿巴宁德罗纳特·泰戈尔(Abanindranath Tagore)专门创作了一幅著名的《印度母亲》画像,可见当时印度社会精英对相关活动的广泛参与和积极支持。此外,具有毁坏力象征的印度教迦梨女神被一些民族主义者追崇,用以宣传可以进行暴力抗争。1908年,加尔各答一家香烟广告的宣传画中就放入了迦梨女神像,被认为象征着司瓦德西运动中民族斗争和暴力反抗的精神。①

之后,国大党内部就出现了明显的政治派系,大致可分为以提拉克为代表的激进派和以郭克雷为代表的温和派。其中,巴尔·甘加达尔·提拉克(Bal Gangadhar Tilak)、拉拉·拉杰帕特·拉伊(Lala Lajpat Rai)、比平·钱德拉·帕尔(Bipin Chandra Pal)被称为"激进派三巨头"。

而在南印度的马德拉斯管区,奇丹巴拉姆·皮莱(Chidambaram Pillai)②、苏布拉曼桠·西瓦(Subramanya Siva)和苏布拉曼桠·巴拉蒂(Mahakavi Subramanya Bharathi)成为提拉克的代言人。1905年,皮莱加入了印度国大党,更加积极地参与当地民族主义活动。1906年11月12日,为抵制英国的海上运输公司,皮莱注册成立了司瓦德西海运公司。1907年,巴拉蒂编辑出版了英语的《印度》和泰米尔语的《执政》两份刊物。巴拉蒂常在两份刊物上发表一些反映其政治思想的各类文章,其中就有一些涉及俄国革命、法国革命及民族主义的作品。③ 马德拉斯管区内这几本大力宣传民族主义的刊物,在当地社会中被不少人阅读,拥有了一定的社会影响。此外,苏布拉曼尼桠·艾耶(G. Subrahmania Iyer)也成为当时马德拉斯管区司瓦德西运动的一大领导人。就帕拉梅斯瓦兰·艾耶(Parameswaran Iyer)发表的关于司瓦德西的煽动性演讲,英属印度政府派员进行了政治盘问。

面对印度境内的民族主义运动高涨,新任印度事务大臣约翰·莫莱(John Morley)与印度总督明托勋爵(Lord Minto)都在寻求解决办法。莫

---

① BARBARA D. Metcalf, Thomas R Metcalf. A Concise History of Modern India [M]. Cambridge: Cambridge University Press, 2006: 157-158.
② 也被称为"泰米尔舵手",为国大党激进派、泰米尔民族主义者。出生于马德拉斯管区,曾在考德威尔高中学习,后修读法律。之后,受到泰米尔民族主义诗人巴拉蒂的影响,而投身于马德拉斯管区的民族主义运动。
③ ANJANA NEIRA DEV, BAJRANG BIHARI TIWARI, SANAM KHANNA. Indian Literature: An Introduction [M]. Delhi: Pearson Education, 2006: 125-126.

莱是爱尔兰自治的缔造者之一，也是郭克雷的支持者，其希冀通过改革措施吸引住国大党温和派的力量，进而引领和管控印度民族主义的运动方向。而明托则更愿意采取强硬的措施应对，对民族主义者实施抓捕、禁止民众集会、控制媒体、打击游行示威活动成为其主要手段。①

1907年，在苏拉特举办的国大党全国代表大会上，国大党内针对司瓦德西运动及反对英国殖民统治等议题出现了严重的政治分裂。以提拉克为首的激进派被排挤出党，而以郭克雷为首的温和派则掌握全党大权。国大党温和派遂与英属印度政府采取合作态度，而激进派人士则受到英属印度政府的大肆逮捕，于是司瓦德西运动逐渐偃旗息鼓。巴拉蒂主持的民族主义刊物印刷工作，也受到了英属印度政府的关注并被查禁。在锁定了背后的主持者巴拉蒂后，英属印度政府直接发出了针对他的通缉令。为躲避英属印度政府的抓捕，巴拉蒂逃亡至法属印度的朋迪榭里市，并在那里继续从事民族主义刊物的印刷发行活动。1908年，西瓦因成立民族主义组织"达玛帕里芭拉纳会"被捕入狱；同年，提拉克也因"煽动叛乱"被抓走。大量南印度的民族主义者被逮捕，几乎所有的民族主义刊物都被禁，英属印度政府的高压政策让大批人转而秘密活动。于是，一些人转而进行刺杀活动，不少英属印度政府官员被杀。②

1909年，英国政府又修订了《印度参事会法》③，也称《莫莱-明托改革法案》。法案中允许非官方成员代表特殊团体参与立法议会选举，实质上推行了一种"教派代表制"。④ 其中，首次在中央立法议会和省级立法议会两层为穆斯林设立了单独的选区，为穆斯林群体保留部分议会席位。⑤ 诚然，莫莱与明托推行的这一改革部分提高了印度人在议会中享有的权利，也满足了部分印度民族主义者的需求。不过从深层次来看，英属印度政府实际上是借此欲拉拢印度穆斯林中的民族主义领袖及推动伊斯兰民族主义的发展，以达到在穆斯林和印度教徒两大群体中制造内部民族主义矛

---

① BARBARA D. METCALF, THOMAS R. METCALF. A Concise History of Modern India [M]. Cambridge: Cambridge University Press, 2006: 159.
② 尚劝余，等. 印度独立运动 [M]. 北京：北京师范大学出版社，2018：98-99.
③ 此前于1861年已颁布了《印度参事会法》，1892年修订了《印度参事会法》。
④ 李少文. 世界宪法评论：第2卷 [M]. 北京：中国民主法制出版社，2016：76.
⑤ BARBARA D. METCALF, THOMAS R. Metcalf. A Concise History of Modern India [M]. Cambridge: Cambridge University Press, 2006: 160-161.

盾并相互制衡的目的。

总体来看,国大党早期在马德拉斯管区及马德拉斯市的政治活动,促进了当地政治意识的进一步提高,也拉动了当地民族主义力量的发展。不久后,国大党内部不同民族主义力量派系之间的分歧,就呈现出扩大且突出的局面。这些政治派别的差异与分歧,为泰米尔民族主义的成长提供了土壤和空间。于是,马德拉斯管区本土民族主义的部分代表人物开始出现,并且带头以创办刊物等方式宣传和推动当地民族主义思想与力量的发展。

第二节 非婆罗门群体觉醒与民族主义政党组织的组建

在南印度的泰米尔人中,非婆罗门群体居于主体地位,这成为他们日常生活中最为明显的种姓烙印与身份标签。非婆罗门群体与婆罗门群体之间的矛盾实为古代达罗毗荼人与雅利安人的一种历史延伸,这种差异与歧视通过种姓制度加以固定下来。在政治权利意识逐渐上升的背景下,南印度非婆罗门群体的社会困境日益突出,部分非婆罗门精英和政治人物开始思考政治出路。正义党即在此种情况下应运而生,积极开展旨在维护非婆罗门群体政治利益的活动,不久即于马德拉斯管区立法议会选举中胜出并执政。

一、非婆罗门群体的生活困境及与婆罗门群体的矛盾

自英国殖民统治印度之后,印度社会发生了不少的变革。不过,婆罗门群体在教育、文化和政治等方面的社会地位,并未发生实质性的下降。与此相反,婆罗门群体在英属印度的教育界、文化界及政治界都取得了新进展。在19世纪后期,英国政府对印度本土民族主义力量态度转变之时,婆罗门群体的政治影响更是大为提升。

尤其是当西方人将西式教育引入印度后,尽管西方殖民者与传教士并没有十分刻意地奉行不公平教育政策,但婆罗门群体还是凭借着自身在语言和文化上的优势在教育体制中拔得头筹。当时,西方人在印度大力推行西式教育,主要有两大考量:一是想借此加速当地印度人对基督教的皈依,使其与欧洲文化更靠近,从而脱离印度教的传统社会习俗;二是欲通过西式教育的训练,在当地人中形成西方代理人的新群体,从而为英属印度政府输送管理

人才。而在接受西式教育之后,婆罗门群体迅速成长为印度社会与政治变革的新中坚力量。一方面,婆罗门群体在英属印度及英国政府的体制内努力扩大代表数量,寻求推动体制内的政治改革;另一方面,婆罗门群体竞相带头成立相应的社会组织,呼吁与探索社会变革的办法。

英国《泰晤士报》驻外记者瓦伦丁·奇罗尔于20世纪初出版的《印度的动乱》一书,就从英国人的视角对当时的印度社会及政治状况做了相应的记录与思考,其中的不少内容直接涉及印度的婆罗门群体。特别是,瓦伦丁·奇罗尔对婆罗门的精英群体分析道:

> 作为一名学富五车的吉特巴万婆罗门(Chitpavan Brahmin)①,尽管提拉克曾在孟买以优异成绩大学毕业②,但是他仍完整地继承了吉特巴万婆罗门对英国人统治的敌意。由于性格冲动和雄心勃勃,提拉克对一切限制都不甘忍受,而且嫉妒拥有控制权的当

---

① 也见"火净婆罗门""奇特帕万婆罗门""吉特帕宛婆罗门""奇特帕范婆罗门"等译名,也称"康坎之主婆罗门",为主要存在于印度西南沿海康坎地区的一支婆罗门种姓群体。其族群上主要为马拉地人,在马拉塔帝国时期,此群体曾长期担任掌握实权的"佩什瓦"(首相)一职。而马拉地人自中世纪南印度的虔诚派运动兴起之后,就长期拥有反婆罗门的传统。Chitpavan 一词本义为祭火、心净,有从祭火而生并被祭火纯净之意。这一种姓群体,曾长期在当地担任政府要职、社会文化地位高,且善于战事、表现英勇,因而具有很强的群体自豪感。近代,英方殖民者入侵后,此群体在英属印度内因积极支持推行西化改革而著称。其中,印度女性福利的社会家卡尔夫、印度著名法官拉纳德、印度教民族主义的理论构建者萨瓦卡尔、印度教育改革家阿加卡尔、甘地主义重要代表巴韦以及印度近代革命著名领袖提拉克就是近代吉特巴万婆罗门的一些突出代表。——作者注
参见金克木. 略论甘地之死 [J]. 南亚研究, 1983 (4): 38; 四川大学南亚研究所. 赵卫邦文存: 上册 [M]. 成都: 四川大学出版社, 1989: 355; 阿希斯·南迪. 民族主义, 真诚与欺骗: 阿希斯·南迪读本 [M]. 卢隽婷, 彭嫣菡, 译. 上海: 上海人民出版社, 2012: 213-231; 理查德·M. 伊顿. 新编剑桥印度史: 德干社会史 (1300—1761): 八个印度人的生活 [M]. 马骥, 杜娟, 邓云斐, 译. 昆明: 云南人民出版社, 2014: 192-196, 236。
② 此指提拉克于1879年在孟买政府法学院获得法学学士学位,其曾于1877年在浦那的德干学院修读课程后转学。1855年,孟买政府法学院在当时的埃尔芬斯通学院成立,被认为是亚洲地区最早的法学院,由马哈拉施特拉邦政府管理。1860年之后,孟买政府法学院隶属于孟买大学,该校为近代印度培养了大量法律人才和杰出人士。——作者注

<<< 第四章　印度国大党引领下的非婆罗门反抗与泰米尔民族主义萌芽

局人员，比如像拉纳德这样的人……①

瓦伦丁·奇罗尔不经意间的表述，让人留意到了婆罗门群体内部的细微差异和更细化的群体划分。不难看出，作为一名英国人，瓦伦丁·奇罗尔在此书中对提拉克这位印度婆罗门激进派著名人物的看法是十分负面的，甚至带上了较为强烈的情感色彩。在此书于伦敦公开出版后不久，学法律出身的提拉克就以书中涉及对其恶评与诽谤大为不满，并向法院提请了有关诉讼。书中这部分内容涉及的部分史实也显示出，这一时期印度婆罗门群体的内部也并非"铁板一块"，而是有着自己更细的群体划分，这一点容易被人忽视。"吉特巴万婆罗门"的身份划分，就是这种情况的一个客观显露。婆罗门群体内部的确存在不同利益、不同观点、不同路线的分歧与矛盾，而温和派与激进派的冲突则是其中最大的政治分水岭。

从更宏观的全局视野观之，即可发现婆罗门群体几乎"垄断"了近代印度同英国斗争的领袖地位。或者说，婆罗门群体已成为当时最耀眼的印度民族主义思想和活动的代表。从英国人的视角来看，这些婆罗门或多或少地背离了这些殖民者和传教士的预设目标，既未大规模抛弃印度教习俗、改信基督教，又没能安心地成为英国在印度统治的"代理人"。相反，多数婆罗门选择了作为坚定的民族主义信奉者，不少人甚至成为反对英国在印统治的"思想启蒙家""社会活动家""民族主义战士"。

在西方殖民者及传教士"闯入"印度之后，旧有的政治体系被逐渐摧毁，传统的社会体系及习俗礼仪也因受到较大冲击而变得相对松散，印度教社会改革的思潮已在印度全社会蔓延。不少非婆罗门群体特别是低种姓群体及其精英仿佛感受到了这种社会体系调整的希望，相信婆罗门群体有可能很快就不会再在社会中那么"高高在上"。然而，在反对英国统治及印度民族主义的运动中，婆罗门群体再次站在印度社会的"政治舞台中央"。除此之外，在印度教的种姓体系下，非婆罗门种姓在印度社会中占据大多数，而婆罗门只占较少一部分。由于种姓与职业挂钩，随着世代更替，婆罗门群体与非婆罗门群体的社会分化及族群矛盾日益凸显。

近代印度教著名改革家辨喜尊者当时即对这一现象有过敏锐的观察，

---

① VALENTINE CHIROL. Indian Unrest [M]. London: Macmillan & Co., 1910: 41-42.

并就此发表了自己的看法,对婆罗门群体进行了规劝。

其一,辨喜强调,印度社会中众多高种姓群体基于出身而自感尊贵无比,对更低种姓群体持有轻视甚至鄙视的心态,这完全是一种病态的心理幻想:

> 印度国内任何基于种姓出生的妄自尊大都纯属迷思。我们很遗憾地说,由于语言上的差异,在印度的任何地方都没有找到像南方那样的适宜土壤。我们有意避开去探讨南方社会中暴政的具体细节,就如我们已停止深究各种近代婆罗门和其他种姓的起源一样。①

其二,辨喜观察到南印度马德拉斯管区内,婆罗门种姓与非婆罗门种姓之间的群体关系已十分紧张甚至近乎对立,呼吁不应该就此去否定婆罗门及背后的本土社会体系:

> 在马德拉斯管区内,婆罗门和非婆罗门之间情感上极度紧张的局面是显而易见的,这足以引起我们的注意。我们相信,印度的种姓是神祇赐予人类最伟大的社会制度之一。面临着不可避免的缺陷、外来的迫害以及许多不配享有这个名字的婆罗门之极度无知与傲慢,这在许多方面损害了这一印度最荣耀制度的合法果实。尽管如此,我们还是认为,它已经为这片婆罗多②的土地创

---

① SWAMI VIVEKANANDA. The Complete Works of Swami Vivekananda (Mayawati Memorial Edition), Vol. Ⅳ [C]. Calcutta: Advaita Ashrama, 1955: 299.
② 也译"巴茹阿特""婆罗达",为印度人对其国家的自称。婆罗多作为一个文化性的地理概念,大致包含整个印度次大陆以及部分周边地区。印度著名史诗《摩诃婆罗多》中就对婆罗多国王和婆罗多族群有不少描述,这被认为是其一大文化源头。——作者注
See Francis Buchanan. A Journey from Madras Through the Countries of Mysore, Canara, and Malabar, Performed under the Orders of the Most Noble the Marquis Wellesley, Governor General of India [M]. Vol. Ⅱ, London: W. Bulmer&co., 1807: 324-326; J. Talboys Wheeler. The History of India from the Earliest Ages, Vol. I, The Vedic Period and the Mahá Bhárata [M]. London: Trübner& Co., 1867: 46; K. Narayana Iyer. The Permanent History of Bharata Varsha, Vol. I [M]. Trivandrum: Bhaskara Press, 1915: 211.

造了不少奇迹，并注定要引导印度人实现其目标。①

其三，辨喜还认为，婆罗门群体的所作所为应该对得起自己的身份与信仰，既需渡己也需渡人，若沉醉于虚无缥缈的血统骄傲，就会让身边的阴谋家坐收渔利：

> 我们诚挚恳求南方的婆罗门群体不要忘记印度的理想——创造出一个纯粹至然、至善至美的婆罗门宇宙：按《摩诃婆罗多》里所讲，这在起初时即是如此，也会如此这般终结。那么，任何一名自称婆罗门之人，都应该证明他的"自命不凡"。先要展现出这种灵性，后需渡人至相同境界，此二法也。从表面上看，他们中的大多数人似乎都只是在看护一种虚假的血统骄傲。无论本地的还是外国的任何阴谋家，只要能通过华丽的诡辩去迎合这种虚荣心和固有的懒惰，似乎就可以令其中大多数人满意。②

作为一名社会活动家与修行者，辨喜关于婆罗门群体的劝告可能难免有一些"自责"与"怜悯"之心蕴含其中，但其对马德拉斯管区婆罗门群体与非婆罗门群体的表述，则更多是一个亲历者的时代记录。

20世纪初期，印度社会就面临着非婆罗门人口与婆罗门人口占比差异继续扩大，而双方各自掌握的资源差距进一步凸显的困境。两大不同群体之间的强烈对比与矛盾情形，在印度社会遇到饥荒或动乱等特殊时期表现得尤为明显。在当时的南印度地区，这一社会矛盾已成为一大突出与常见的社会现象。

同一时期的马德拉斯管区律师斯里尼瓦瑟·拉加瓦艾扬格（Srinivasa

---

① SWAMI VIVEKANANDA. The Complete Works of Swami Vivekananda（Mayawati Memorial Edition），Vol. Ⅳ［C］. Calcutta：Advaita Ashrama，1955：299.
② SWAMI VIVEKANANDA. The Complete Works of Swami Vivekananda（Mayawati Memorial Edition），Vol. Ⅳ［C］. Calcutta：Advaita Ashrama，1955：299-300.

Raghavaiyangar)① 也对当时南印度非婆罗门群体面临的现实处境感到痛心，其对彼时印度社会种姓的困境深度剖析道：

> 南印度地区遭受了战争、饥荒和数批掠夺者的巨大摧残。农民阶层备受政府官员、被雇来收取政府税费的包税地主和索卡尔②们高额赋税与非法勒索的折磨。没有索卡尔的帮助，阿啃特③就无法生存和满足他们的要求，这使后者处于一种被永久奴役的状态。……农民阶级甚至拥有大量土地财产的人，只要是不担任政府职务的时候，就会在最底层的政府官员面前畏畏缩缩，随时会以最轻微的借口被施加有辱人格的个人虐待和酷刑。碰巧有机会获得财富的人，如果他们属于低种姓，就不敢公开地将财富用于享受或展示，唯恐被更高种姓的人掠夺去。从事农业的不同阶层作为一个整体，除了勉强维持生计的必需以外，少有欲求。没有进取心或雄心壮志去尝试未知的道路，也没有榜样去激励他们努力改善自己的生活条件。在种姓和群体的僵化惯例之上，整个社会被组织了起来，压制了所有的行动自由，限制了个体主动性的范围。……记住，在这种情况下，为蓄意唤起民族感情和宗教

---

① 曾在 19 世纪 80—90 年代长期担任马德拉斯管区政府的检察长，1896 年 7 月 15 日至 1901 年 10 月 2 日担任巴罗达土邦的迪万一职。1890 年，在马德拉斯管区总督康纳马拉勋爵（Lord Connemara）的安排下，拉加瓦艾扬格对英国殖民以来马德拉斯管区的经济史进行了回顾和研究，以期借此反击印度民族主义者中宣称的"经济剥削论"。于 1893 年，将其研究成果公开发表为《英国统治下过去四十年马德拉斯管区的发展备忘录》。
② 原为孟加拉语词汇，为当地的放债人。——作者注
See Neil Charlesworth. The Myth of the Deccan Riots of 1875 [J]. Modern Asian Studies, 1972, 6 (4): 401-421.
③ 英文也拼写 raiyat、rait 或 ravat，原为孟加拉语词汇，为当地的农民，尤其是指柴明达尔制度下的佃农和雇农。参见莱佛士，王云翔. 论爪哇的土地租佃制度 [J]. 南洋问题资料译丛，1962 (1): 2-13; 赵卫邦. 印度莫卧儿帝国境内的柴明达尔 [J]. 四川大学学报（哲学社会科学版），1983 (4): 106-110; 黄思骏. 论印度柴明达尔地权制度 [J]. 历史研究，1983 (5): 176-190; 殷叙彝. 拉斯基的多元主义国家观评述 [J]. 当代世界社会主义问题，2004 (2): 3-27; Cranenburgh D E. Unrepealed Acts of the Governor-General in Council, Volume III: Containing Acts from 1883 to 1893 [M]. Calcutta: Law-Publishing Press, 1894: 220-221。

热情而采取行动的方法是不可采用的,其已取得的进展……近乎不可思议。①

简单来看,斯里尼瓦瑟·拉加瓦艾扬格大致表达了以下几点意思。首先,低种姓的农民群体受到多种人员的压榨与剥削,但在柴明达尔制②下这些农民又离不开这些欺压他们的人,需要这些人给他们放债及租借土地,否则将无法生存,彼此之间形成了一种相对稳定且相互依赖的特殊关系。其次,自然的客观生产条件导致了经济活动的单一,贸易活动的壁垒重重,即使遇到小范围的自然灾荒,绝大多数低种姓群体也面临巨大的生存考验。当官的高种姓群体经常对低种姓的民众施加巧取豪夺、残民害物的行为,低种姓的个人即使偶有机遇致富也时刻担心被高种姓群体找借口抢去,而不能正常公开地享受金钱带来的富贵生活。另外,大多数农民阶层具有十分明显的局限性,没有任何改变自身状况的动力与意愿,在种姓制度的社会樊篱下,个体和群体的社会行动自由也受到了极大束缚。最后,这些问题需要客观、理性、历史地看待,并且已然出现借此问题煽动民族性或宗教性的族群冲突现象。

斯里尼瓦瑟·拉加瓦艾扬格对当时南印度社会的这些分析可谓针砭时弊、鞭辟入里,其观察到的社会现象背后更反映出婆罗门群体对非婆罗门群体的压迫,这种压迫让非婆罗门群体、低种姓群体承受着巨大的苦难,而这些群体之间实际上已呈现出对立的状态。

之后,在1911年的印度人口普查中,英属印度殖民当局组织专业人员对马德拉斯管区的人口状况进行了全面摸排,并在收集的人口数据基础上给出了分析报告。报告中对印度社会既存的种姓制度进行了辩证的分析,并且揭露了英国人尤其是殖民统治官员与印度各种姓中的婆罗门群体接触最多这一事实。即便如此,英国人对婆罗门的认知仍然十分有限,大抵仍停留在大概能识别的水平,而对其他非婆罗门种姓群体则更是知之甚少。

---

① Valentine Chirol. *Indian Unrest* [M], London: Macmillan & Co., 1910: 142.
② 英属印度内存在的一种土地税收制度,19世纪初时在马德拉斯管区内流行。

族群的政治：西方殖民与南印度泰米尔民族主义的缘起（1813—1925） >>>

1911年，印度人口普查的马德拉斯管区专员莫洛尼（Molony）①，在这份报告中写道：

> 所有的种姓划分方法中，摩奴②的"五分法"最为人们所熟知，分别将人群分为婆罗门、刹帝利、吠舍、首陀罗和贱民。婆罗门常同我们联系或一起工作，或多或少可以认出来。但是一个来自北印度的刹帝利，或者来自马德拉斯，尽管最近有大量的人加入这一群体，仍然是一个令人难以捉摸的种姓群体。关于吠舍，形形色色的代表团至今在我的脑海中记忆犹新，我不敢亮明观点；但他们在我们中间受到许多人的怀疑，至少其中有一位天才作家将他的怀疑延伸到整个吠舍种姓。③

由此可见，当时英国殖民者普遍对婆罗门群体更具有亲近感，而对其他非婆罗门种姓群体抱有陌生、疑虑甚至恐惧的心态。同时，报告还论述了种姓观念的顽固性和复杂性。莫洛尼认为，印度的种姓制度源远流长，是经过了大量印度人长期的实践"考验"的一个结果。也许有很多人对它不满，但不应忽略的是，同样也有很多人支持它：

> 至于种姓观念在理论上的可辩驳性或者不可辩驳性，在我们考虑到它今天的生命力之前，有些话需要说一下。一个制度已经

---

① 印度文官，其于1899年通过了印度文官考试，1900年抵达印度马德拉斯管区担任一名治安官。1911年，被聘为印度人口普查中马德拉斯管区的人口普查专员。1914—1919年担任马德拉斯市市长。

② 在印度教神话中，摩奴为日神苏利耶之子，也被视为人类的始祖。相传《摩奴法典》即为摩奴所编，但一般认为其由婆罗门教祭司所作。在《摩奴法典》中对种姓划分有过直接的描述，讲道"当时，为了繁衍人类，他从自己的口、臂、腿、足，创造了婆罗门，刹帝利，吠舍和首陀罗"。——作者注
参见摩奴法典 [M]．迭朗善，译．马香雪，转译．北京：商务印书馆，1996：12；张观法．维护古代印度种姓制度的《摩奴法典》简介 [J]．中国政法大学学报，1984（4）：84-93；刘秀丽．种姓制度与印度法律的流变 [J]．东南亚南亚研究，2016（3）：96-100．

③ J. Chartres Molony. *Census of India*, 1911, *Volume XII*：*Madras*, *Part I*：*Report* [Z]. Madras：The Superintendent Government Press，1912：157.

<<< 第四章 印度国大党引领下的非婆罗门反抗与泰米尔民族主义萌芽

持续了这么久的时间。在这个体系下,无数的人曾生活过,也有数以万计的人正在生活着。其中,肯定会有或多或少的内容,能找到不少的反对者和捍卫者。二者都很可能曾因狂热过度而时有犯错。有言论声称这一制度并不比一个自私自利、毫无价值的神权体制更糟糕,这是对所有历史教训的漠视。这也不亚于是对常识的侮辱,以捍卫其反动的教条:有些人一生下来就因未知的"原罪"而成为不可接触者的继承人,而作为理所应当的回避对象又成为同样未知的美德之集中体现。①

不过,这并不代表英国方面对印度的种姓制度就此"视若无睹"。相反,报告从人类文明的高度对种姓制度问题予以了观察和思考,认为这是一种落后的、错误的、不平等的观点实践:

> 就全人类的平等或不平等而言,这或许可以公开地予以承认。一方面,不同的禀赋和不同的机会不可避免地会制造出非常不同的结果。生活习惯迥异的群体之间,亲密的社会联系和人际交往从来都没有过,也不可能有。除了假装之外,就是彼此的互不赞同。另一方面,缘于一种错误的陈见,即认为:同时期的社会群体显然并不是所有人都处于同一阶层,而不平等的程度就可以被刻板化,并借此永远适用于后代的新出生群体。②

这些话语表明,英国方面并非没有看到印度种姓制度方面的问题,也并非没有对其进行改革的欲望。但是,从这些文字中很难看到,英国方面有关于真正推动种姓制度变革的决心和动力。此外,涉及泰米尔人婆罗门的具体情况上,报告罗列了一些相关数据,并分析指出南印度达罗毗荼人婆罗门群体总体呈上升趋势:

---

① J. Chartres Molony. Census of India, 1911, Volume XII: Madras, Part I: Report [Z]. Madras: The Superintendent Government Press, 1912: 158.
② J. Chartres Molony. Census of India, 1911, Volume XII: Madras, Part I: Report [Z]. Madras: The Superintendent Government Press, 1912: 158-159.

我们发现婆罗门种姓在过去的 10 年里，人口数量增长了 11.1449 万人，增长率为 9.3%。在整体中，部分增长出现了一些有意思的变化。马拉雅拉姆人和卡纳达人的婆罗门种姓几乎保持固定，他们的增长人数分别为 79 人和 43 人。泰米尔人婆罗门种姓已然勃兴，增长率达至 15.4%。紧随其后的是奥里亚人婆罗门，其增长率为 12.3%。泰卢固人婆罗门的增长率为 5.7%。剩下的"其他婆罗门"，增长率则为 6.4%。泰米尔人婆罗门的显著增加，乍一看会表明"卡姆兰"① 已经实现了人们常说的目标，结果是大量的人会成为婆罗门。但这一说法算不得信而有征，其观测到的增长率仅为 12.6%。②

由此可见，泰米尔人的婆罗门群体增长最为迅速，这也客观隐含着非婆罗门群体的族群压力。此外，从报告的整体数据及其他同时期不同人士的表态和记录文字来看，这一时期非婆罗门群体与婆罗门群体之间的矛盾，在南印度地区特别是马德拉斯管区已逐渐趋于恶化和紧张。

二、非婆罗门群体的政治兴起与正义党的组建

自 19 世纪 90 年代始，马德拉斯管区与马哈拉施特拉邦地区的非婆罗门群体即陆续对婆罗门群体所占据的大量资源和社会职位发起反抗。不少非婆罗门群体精英，纷纷着手推动其群体获得参与印度公共事务中管理的机会，并积极寻求在社会资源分配中享有更多的教育及就业机会。而西方传教士对当地语言的研究，特别是英国传教士考德威尔关于达罗毗荼语言具有独立地位的观点，给南印度马德拉斯管区当地人的身份认知带来了颇深的影响。循着这份新的印度族群历史叙事思路，当地的非婆罗门群体逐

---

① 英文转写作 Kammalan 或 Kammalar，为泰米尔人中的一个种姓，其名字大意为"给神明提供眼睛"，此种姓主要从事木材或金属材料的宗教物品加工。主要分布在印度的东南部或斯里兰卡的东北部。——作者注
参见考斯克·巴苏. 政治经济学序论: 经济学的社会与政治基础研究 [M]. 严小明，译. 上海: 复旦大学出版社，2014: 80-81; Vijaya Ramaswamy. Historical Dictionary of the Tamils [M]. Lanham: The Scarecrow Press, 2007: 150, 178-179.

② J. Chartres Molony. Census of India, 1911, Volume XII: Madras, Part I: Report [Z]. Madras: The Superintendent Government Press, 1912: 159.

<<< 第四章 印度国大党引领下的非婆罗门反抗与泰米尔民族主义萌芽

渐普遍认可自己就是"达罗毗荼人"土著，而那些婆罗门则是外来者——"雅利安人"。在现实种姓的困境与压迫下，这一份身份划分与对比让大规模的非婆罗门群体寻求政治反抗，南印度的族群矛盾日益显现。①

1909年，萨米纳坦（P.Saminathan）和苏巴拉扬·奈杜（M.Paramasivam Naidu）两名印度律师共同牵头成立了马德拉斯非婆罗门协会。其吸引了两位具有影响力的民族主义者参加：一位是南印度的议员拉玛拉桠尼噶尔（Ramarayaningar）②，另一位是南印度的记者梅农（Menon）③。该组织不久后即无疾而终，但这成为非婆罗门群体通过政治组织化方式维护群体利益的重要尝试，对非婆罗门群体中的民族主义力量发展起到了示范作用与号召效果。1912年前后，纳特桑·马达利尔博士（C. Natesan Mudaliar）④领导建立了马德拉斯同盟会。参会的会员主要为一些印度文官，马达利尔担任马德拉斯同盟会秘书一职。1912年10月1日，该组织更名为"马德拉斯达罗毗荼协会"。这是近代历史上"达罗毗荼"一词首次被明确使用在一个政治组织实体的名称中。

与此同时，马达利尔还在马德拉斯市的特里布垦海滩边开办了一家旅社，专门招待当地的非婆罗门学生。通过此种途径，马达利尔等逐渐为马德拉斯达罗毗荼协会招揽了大量的非婆罗门支持者。

一战爆发后，欧洲大陆几个殖民大国均陷入战事，印度的民族主义者普遍看到国际局势中孕育着新的希望。印度国内的民族主义活动也变得日渐活跃，而印度人直接参与到一战当中则让印度民族精英的民族信心大为

---

① BARBARA D. Metcalf, Thomas R Metcalf. A Concise History of Modern India [M]. Cambridge: Cambridge University Press, 2006: 140-141.
② 也被称为"帕纳加尔大公"（Raja of Panagal），为正义党领导人之一和马德拉斯管区政府官员。出身于印度马德拉斯管区卡拉哈斯蒂的地主家庭，其在马德拉斯管区学院修读了梵语、达罗毗荼语、法律等课程内容。其于1912—1915年担任印度帝国立法会议员，大力支持印度社会的改革及印度的民族主义力量。其也是正义党的创始人之一，于1925—1928年担任正义党的主席。
③ 南印度的非婆罗门民族主义者。其出生于南印度的马拉巴尔地区，在马德拉斯管区学院接受了高等教育，后进入印度教徒报社工作。1898—1905年，担任《印度教徒报》主编。1905年创办新的《印度爱国者报》，该报后于1924年停刊。
④ 其先后在马德拉斯管区学院和马德拉斯医学院接受过高等教育，为马德拉斯同盟会和正义党的创始人之一，南印度非婆罗门民族主义团体的重要领袖。1923年，成为马德拉斯管区立法议会议员。

147

增强。①

　　1915年，马德拉斯达罗毗荼协会出版了两本宣传泰米尔人政治觉醒的书籍，在马德拉斯管区的非婆罗门和泰米尔人群体中引发了热烈反响。其中，一本为《达罗毗荼宝典》，由桑卡兰·奈尔（C. Sankaran Nair）②所著；另一本名叫《非婆罗门的信件》，该书作者的姓名不详。《非婆罗门信件》由21封非婆罗门的信件组成，对马德拉斯管区内非婆罗门群体面临的政治处境及斗争方向等内容多有涉及，其中不少内容甚至直接成为后来非婆罗门群体主要的政治诉求及行动目标。书中对达罗毗荼人的文化自豪感进行了充分展现，勾勒出达罗毗荼人正处于一种"分崩离析"的境况，并就非婆罗门在南印度社会公共事务中所处的卑微地位进行了描绘。其宣扬一种新的政治理念：不应该去接受英语教育以寻求在英印殖民当局的政府部门获得一个职位，或者继续依附于他们传统的职业而成为商人或者"迪巴什"③，而是应该组织一场社会运动把所有达罗毗荼人联合起来去争取相应的权利。④

　　1916年11月20日，约30名非婆罗门领袖在马德拉斯市的维多利亚公共大厅⑤举行了集会。参会的代表一致决定成立一家联合股份公司，并将其命名为"南印度人民协会有限公司"。公司负责公开发行英语、泰米尔语和泰卢固语的报纸，为广大非婆罗门种姓群体遭遇的处境和心中的不

---

① 徐国琦. 第一次世界大战与亚洲"共有的历史"[J]. 文史哲，2018（4）：7-21.
② 南印度的民族主义者、曾任印度国大党主席。其先后在马德拉斯管区学院获得文学和法学学位，1880年成为马德拉斯管区高等法院律师，后担任马德拉斯管区检察总长。1897年，其当选为印度国大党第十三届党主席，并积极呼吁实现印度的自治。1900年成为马德拉斯管区立法议会议员，1908—1915年被任命为马德拉斯管区高等法院常任法官。为表彰其为英属印度政府政府做出的突出贡献，其于1912年7月被英王授予爵位。
③ 英文转写作Dubash，为从事翻译或向导类事务的当地人，即马德拉斯地区的买办阶层。See Susan Neild-Basu. The Dubashes of Madras [J]. *Modern Asian Studies*，1984，18（1）：1-31.
④ EUGENE F IRSCHICK. Political and Social Conflict in South India: The non-Brahmin Movement and Tamil Separatism, 1916-1929 [M]. Bombay: Oxford University Press, 1969: 45-47.
⑤ 位于马德拉斯市，于1883年开始施工，1888年为纪念英国女王维多利亚登基50周年时而特别命名。至19世纪末20世纪初，其已成为马德拉斯公共政治活动的重要场所。

<<< 第四章 印度国大党引领下的非婆罗门反抗与泰米尔民族主义萌芽

满而发声。

1916年12月20日,南印度自由联盟成立。作为一大新的政治组织,其成立的目的是促进和提高非婆罗门种姓印度教徒的政治利益。其欲实现的首要政治目标是增加在英属印度政府尤其是马德拉斯管区政府中非婆罗门代表的人数,以提高非婆罗门群体的政治话语权。①

作为南印度自由联盟秘书长的柴提(Chetty)②发表了一份宣言文件,南印度自由联盟以宣言的形式公开了其组织的宗旨与目的。该文件后被人们称为"非婆罗门宣言"。宣言中开宗明义地讲道:"如今,是时候尝试确定管区内几个重要的非婆罗门印度教徒组织对所谓'印度自治运动'的政治立场了。同时,也要澄清一些针对现在所处政治情况的事实。"③

此外,南印度自由联盟打算出版一份名为《正义报》的英文日报,以更好地宣传自身的组织思想。经过前期的工作筹备,《正义报》第一期于1917年2月26日公开出版,奈尔担任首任编辑。之后,《正义报》的名称为人所熟悉,逐渐成为南印度自由联盟的喉舌和象征,南印度自由联盟也因此常被称为"正义党"。

1917年8月19日,第一届非婆罗门会议在南印度的哥印拜陀召开,会议由拉玛拉桠尼噶尔(Ramarayaningar)主持。之后数月,又继续在马德拉斯管区内的比卡沃卢、布利文德拉、贝兹瓦达、塞勒姆和蒂鲁内尔维利等地举办多次非婆罗门会议,以讨论非婆罗门群体当时面临的局势和

---

① Ralhan O P. Encyclopaedia of Political Parties [M]. New Delhi: Anmol Publications Pvt. Ltd., 2002: 180.
② 为"皮蒂·塞噶拉垭·柴提"(Pitti Theagaraya Chetty),南印度著名民族主义者、马德拉斯管区近代政治家、正义党重要领导人。早年从马德拉斯管区学院法律专业毕业,1882—1922年在马德拉斯管区的政府担任文官。1912年参加了马德拉斯同盟会,逐渐成为非婆罗门群体社会运动的重要领导人。1916年与奈尔等牵头成立了南印度自由联盟即后来的正义党,并担任第一任正义党主席至1925年去世。1919年1月1日,因其在当地政治社会生活中的突出贡献,被英印马德拉斯管区政府授予"迪万-巴哈杜尔"的头衔。See The Asylum Press. *Almanack and Directory of Madras and Southern India including Burma* [M]. Madras: The Madras Time Printing & Publishing Co. Ltd., 1919: 285.
③ The Non-Brahmin Manifesto (1916) [EB/OL]. (2019-02-09). Periyar Books, https://www.periyarbooks.in/blog/the-non-brahmin-manifesto-english/ (2019/03/30).

149

任务。①

1917年10月8日，正义党确定并发表了其组织目标：第一，缔造和促进南印度除婆罗门以外所有群体的教育、社会、经济、政治、物质以及道德进步；第二，讨论公众议题，并向秉持南印度人民观点和利益的政府，做出正当且及时的陈述，以维护和促进南印度除婆罗门以外所有群体的利益；第三，通过公开讲座、分发文字作品以及其他方式，传播涉及自由的正确舆论观点。1917年10月，一位正义党的工作人员在面对当地新闻媒体时，公开阐述了加入正义党的资格条件：任何一位来自南印度的非婆罗门印度教徒，只要年满21周岁，即有资格申请成为此组织的成员；任何中学或大学的学生，除毕业生以外均不符合申请成为此组织成员的资格条件。②

与此同时，爱尔兰人安妮·贝桑特（Annie Besant）也以马德拉斯为中心，推动当地的民族主义运动。此前，贝桑特夫人于1889年5月加入神智学会③，成为俄国神智学大师布拉瓦茨基夫人（Madame Blavatsky）④的弟子兼助手。不过，贝桑特夫人在英国时就是一名活跃的社会活动家，积极参与社会改革。她早期就对圣公会的宗教地位充满怀疑，并对基督教教会及礼俗对人们思想和生活的禁锢感到反感。她曾在英国当地的报纸上撰稿呼吁结束传统的宗教社会，建立世俗化的社会。不久，贝桑特夫人就受到了多种社会思想的启发与影响。贝桑特与查尔斯·布拉德劳（Charles Bradlaugh）合作，在英国伦敦协助出版了美国节育理念医学家查尔斯·诺尔顿（Charles Knowlton）的代表性著作——《哲学产物》，并因此被政府逮捕。之后，贝桑特夫人与爱尔兰自治运动的代表人物迈克尔·达维特

---

① SANKARANKUTTY NAIR T P. The Non-Brahmin Movement and Dr. T. M. Nair [A] // Proceedings of the Indian History Congress, Vol. 43, 1982: 456-463.
② RAJARAMAN P. The Justice Party: A Historical Perspective, 1916-37 [M]. Madras: Poompozhil Publishers, 1988: 217-218.
③ 也译"通神学会"，为宣扬神秘主义的组织。
④ 一作"勃拉瓦茨基"，为神智学会主要创始人之一。1875年，其与一行人在美国成立神智学会，1879年到印度孟买活动。1882年，其与美国人奥尔考特共同牵头决定，将神智学会的总部由美国纽约移至印度马德拉斯管区的阿迪亚尔。1891年5月8日，其去世，神智学会之后将此日定为"白莲节"。

<<< 第四章 印度国大党引领下的非婆罗门反抗与泰米尔民族主义萌芽

(Michael Davitt)①取得联系,其爱尔兰民族主义思想使贝桑特受到巨大触动。她还认识了爱尔兰社会主义者爱德华·艾威林(Edward Aveling)②,了解到当时正流行的社会主义思想。1893年11月,贝桑特来到印度参与神智学会的活动,并在印度社会进行了一些宗教教育的活动。在1907年正式出任神智学会会长之后,贝桑特逐渐在印度政坛活跃起来,多次对印度的民族主义思想和活动者表示同情与支持。

1913年10月,贝桑特夫人在马德拉斯的一次公开集会中,对英国在印度的殖民统治表达了不满。贝桑特夫人向英国内阁的印度事务部公开呼吁,应该将考虑如何实现印度自由的工作提上其部门的日程。1914年1月,贝桑特夫人创办周报《公益报》,以更多地宣传其政治思想。1914年6月,贝桑特夫人又收购了《马德拉斯标准报》,并将其改版为《新印度报》。这两份报纸逐渐成为贝桑特夫人宣传政治理念、推动社会政治变革的重要舞台。同年,贝桑特夫人又加入印度国大党,并有意以效仿爱尔兰自治运动的方式来推动印度获得自治地位。

1916年9月,贝桑特夫人在马德拉斯成立自治同盟的政治组织。该自治同盟组织有约200个支部,至1917年时其成员数量已达7000人。而在此前的同年4月,提拉克也率先在南印度的贝尔高姆成立了其领导的自治同盟组织,至1917年4月时此组织吸纳的成员数量已达1.4万人。二人不约而同地选择了效仿爱尔兰民族主义者进行的自治运动方式,分别开展了各自领导的自治同盟组织建设。这两个自治同盟的发展,很快在印度形成

---

① 著名的爱尔兰民族主义者、爱尔兰自治运动领导人之一,也被称为"爱尔兰土改之父"。其于1865年加入了争取爱尔兰从英国独立的芬尼亚社,1868年成为芬尼亚社的书记。1870年,其由于运输枪炮武器被捕并判刑。1879年,与帕内尔共同创建了爱尔兰土地同盟,并将土地改革运动与民族自治运动结合起来。1890年成为反帕内尔派领导人之一,渐与爱尔兰自治运动分子疏远,同工人运动的联系密切起来。
② 英国的生物学家和社会主义活动家。在英国的工人运动中,与同为国际工人运动活跃代表的马克思三女儿艾琳娜相恋并结婚,二人在第二国际和英国工人运动中都扮演了重要的角色。艾威林与摩尔一同完成了《资本论》第一卷的英文翻译工作,与艾琳娜一起对美国的工人运动进行了考察。其在考察基础上撰写的《美国的工人阶级运动》一书中认为,"美国工人大众对社会主义的认知仍停留在'他们更好'的概念层面。他们也被资本主义的报纸、经济学家和传教士所严重误导"。不过,艾威林也因私人道德作风等问题被广泛批评。See Edward Aveling, Eleanor Marx Aveling. The Working-Class Movement in America [M]. London: Swan Sonnenschein & Co., 1891: 21-22.

了声势浩大的政治力量。①

当时印度的民族主义者,有不少人加入了自治同盟组织。青年时期的尼赫鲁②就分别加入了这两个自治同盟组织。其中,尼赫鲁对贝桑特夫人领导的自治同盟及发起的印度自治运动尤为重视,成为该组织内的一名活跃分子。贝桑特夫人的政治理念和政治活动对尼赫鲁的政治观念产生了不小的影响。③ 另一位民族主义者的著名代表真纳④当时也加入了贝桑特夫人领导的自治同盟组织。

来自这些当地民族主义组织和民族主义者的巨大压力,让英国殖民当局对其中的带头人物尤为不满。对作为激进派领袖的提拉克,英国殖民当局更是高度关注与小心提防。就在提拉克建立自治同盟组织几个月后,英国殖民当局对提拉克进行了控告,真纳担任了其主要辩护律师。提拉克最终于1916年11月被无罪释放。在1916年12月勒克瑙举办的国大党会议上,国大党的激进派和温和派重新合流,提拉克重回国大党内领导核心层。于是,以提拉克和贝桑特夫人为首的两大自治同盟组织开展了联席会议,并在此基础上逐渐形成较大的政治合力。1917年6月,英国殖民当局赫然将贝桑特夫人等人士予以逮捕,这一事件引发了大量印度国大党人的公开反对和强烈不满。甘地等带头加入了自治同盟,并组织民众进行抗议。⑤ 不久,英国殖民当局迫于当地印度民众压力而准予贝桑特保释出狱。1917年8月,贝桑特被任命为印度国大党主席,这也使她成为印度国大党历史上的第一位女主席。这一时期,印度不同民族主义团体及领导人大力反抗,民族主义政治组织持续发展,民族主义的声势也持续加强。

面对这股强劲的民族主义势头,英国政府又酝酿了新的应对方案并实

---

① 尚劝余,等.印度独立运动[M].北京:北京师范大学出版社,2018:168-169.
② 即贾瓦哈拉尔·尼赫鲁,后为印度国大党的重要领导人和印度开国总理。
③ FRANK MORAES. Jawaharlal Nehru:A Biography[M]. Mumbai:Jaico Publishing House,2007:55.
④ 后成为印度的伊斯兰民族主义领袖,巴基斯坦开国总理,也被称为"巴基斯坦国父"。
⑤ 尚劝余,等.印度独立运动[M].北京:北京师范大学出版社,2018:168-173.

<<< 第四章 印度国大党引领下的非婆罗门反抗与泰米尔民族主义萌芽

施了政策调整。1917年8月20日，印度事务大臣蒙塔古（Montagu）① 在议会发布了一份政策宣言，其中指出："英王陛下政府之政策与印度政府完全一致，即增加印度人在行政部门各个机构的联系以及自治制度的渐进发展，以便逐步实现在印度建立一个'责任政府'②，其仍作为大英帝国不可分割的一部分。大家已决定，应尽快在这个方向上采取实质性的措施。"③ 由于蒙塔古与印度副王兼总督切姆斯福德勋爵（Chelmsford）④ 两人的主要参与，此宣言常称为"蒙塔古-切姆斯福德宣言"，也称"蒙塔古宣言"。这是英国政府第一次正式宣称将于印度建立负责任的政府，并且纳入了政府的政策议程，从某种程度上来讲是决定渐进地实现印度的自治。⑤

虽然"蒙塔古-切姆斯福德宣言"给予了弱势的穆斯林群体不少重视，但对同样处于劣势地位的非婆罗门群体却缺乏关切。不过，英国政府在政策宣言中明显让步的政治姿态，让南印度的非婆罗门群体尤其是政治精英嗅到了重大历史机遇的气息。时任正义党主席的皮蒂·瑟亚加拉亚·柴提（Pitti Theagaraya Chetty）旋即向蒙塔古发去了电报，强调非婆罗门面临的不公平处境，希望英国政府能依照此前《莫莱-明托改革法案》中所给予穆斯林的待遇方式，同样保护非婆罗门的政治利益。就是说，以独立竞选和预留席位相结合的方式，提高非婆罗门群体在省级立法议会中的代表比例。与此同时，南印度的非婆罗门群体政治代表决心为此展开通力合作。不久，佩里亚尔、维伦塔查拉·卡亚纳桑得拉穆（Viruttachala Kalyana-

---

① 也译"孟塔古""蒙太古"，英国自由党政治人物。1910—1914年担任印度事务次官，1917年被任命为印度事务大臣，1922年因与时任英国首相劳合·乔治政策理念不同而辞职。
② 也称"负责任的政府"，为源于英国议会民主的责任政府制。在英国国内，其体现为政府向议会负责；而对英国殖民地来说，其表现形式为对大英帝国政府负责。这让英国总督向民选政府部分让权，成为英国殖民地成为自治领地位之间普遍经历的一种过渡形式。
③ House of Common Debates [Z]. August 20, 1917, Vol. 97, cc. 1695-1697.
④ 也译"契姆斯福""蔡姆斯福德"，1904年至1905年担任英国伦敦县议员，1905年成为澳大利亚昆士兰州总督，1909年被任命为澳大利亚新南威尔士州总督，1916—1921年担任印度总督。
⑤ 尚劝余，等. 印度独立运动 [M]. 北京：北京师范大学出版社，2018：177.

sundaram)①、瓦拉达拉朱·奈杜（P. Varadarajulu Naidu）②和凯萨瓦·皮莱（Kesava Pillai）③共同创建了马德拉斯管区协会，以协调统一议员在议会中保护非婆罗门群体利益的立场和行动。④

之后，蒙塔古决定亲自动身前往印度做具体的政策调研，并接触相关的政治团体代表，为相关改革的最终出炉做准备。在去往印度之前，蒙塔古在英国议会中又向各位议员同僚就相关改革政策进行了通报："我要补充的是，这项政策的进展只能通过分阶段逐步实现。英国政府和印度政府对印度人民的福利和进步负有责任，二者必须作为每一次进步之时机和措施的裁判，二者也必须以同那些会赐予新服务机会的人进行合作为指导。从他们的责任感中可以找到信心的程度，将为公众对提案进行讨论提供充分的机会，然后那些提案会在适当时候提交议会。"⑤

1917年12月14日，蒙塔古带领随行人员抵达马德拉斯，除会见当地的政治代表及社会名流外，还听取了当地民众对相关政治改革的意见。蒙塔古向当地的印度民众及政治团体代表允诺，将会逐步实现建立有限自治政府的目标，并为弱势群体的利益提供保护。

1918年7月2日，英国议会正式公布了《蒙塔古-切姆斯福德宪政改革报告》⑥，同意给予印度一定的自治权。不过，报告中并未对非婆罗门等群体在立法议会中的席位等问题予以认可。应该说，以蒙塔古为首的英国政府主要考虑到印度教徒与穆斯林的代表问题，而未将更次一级的其他群

---

① 为"蒂鲁瓦鲁尔·维伦塔查拉·卡亚纳桑得拉穆"（Thiruvarur Viruttachala Kalyanasundaram），出身于南印度的非婆罗门家庭，泰米尔民族主义者。
② 印度新闻记者、社会活动家。其早年即加入了印度国大党，并参加了印度地方自治运动。1925年创办了《泰米尔纳德周报》，1931年创建了《印度快报》。
③ 为"帕图·凯萨瓦·皮莱"（Pattu Kesava Pillai），南印度的民族主义者。出身于马德拉斯管区的非婆罗门家庭，1883年成为当时民族主义刊物《印度教徒报》驻马德拉斯管区戈奥特伊的记者，后加入印度国大党，历任马德拉斯管区立法议会议员、副议长。
④ EUGENE F. IRSCHICK, Political and Social Conflict in South India: The non-Brahmin Movement and Tamil Separatism, 1916-1929 [M]. Bombay: Oxford University Press, 1969: 55-88.
⑤ House of Common Debates [Z]. August 6, 1918, Vol. 109, cc. 1145-1146.
⑥ 也译"蒙塔古-契姆斯福宪政改革报告""蒙塔古-蔡姆斯福德报告书""蒙太古-蔡姆斯福德改革方案"等，为1919年英国政府颁布《印度政府组织法》的主要依据内容。

体的公平性问题纳入实质性的考虑。在8月6日的英国议会辩论中,蒙塔古继续就相关的改革理念和政策实施向议员进行了阐释与回答。其中,特别是就在印度建立责任政府这一目标上,蒙塔古进行了较为全面的论证,也对当时英国内阁中的一些代表性观点予以了回应。

从某种程度上来讲,这次改革可以算是印度当地的民族主义发展与英印殖民当局系列政策改革之间交替互动的一个结果。其中,英印殖民当局推行的西式教育起到了不小的作用,正如蒙塔古在英国议会内回答其他议员质询时所讲:

> 这已经作为议会文件出版,并被称为"印度宪政改革报告"……如果读过这篇文报告就会发现,我们声称在这份文件中要证明:我们在整个文件中所建议的改革原则不是现在产生的,而是在印度100多年统治后合乎逻辑的必然结果。我们试图表明,我们是如何稳步地向部分印度人灌输一些观念,如对自由、自治、西方教育以及与我们相似的地方政府之热爱。①

蒙塔古注意到,印度人对利用体制内的程序追求自治有了深刻理解和具体行动,一系列的冲突让印度人对获得此权利的心情变得更为急切:

> 立法议会案例的整个发展,已经从昔日一两个印度人寻求法律帮助,到与莫莱勋爵和明托勋爵二人名字将永远相联系起来的改革。这些事态的发展不可避免并且无可挽回地导致了如今呈现的局面。我们教育和培养的印度人来对我们说:"你们教会了我们自治的价值,使我们走上了取得自治的道路。"我并不是说,这一要求没有因战争而加快。而是……他们对这一发展产生了更强烈的冲动,并向印度政府发出了不可抗拒的呼吁,要求采取进一步措施以推动自治的发展。②

---

① House of Common Debates [Z]. August 6, 1918, Vol. 109, cc. 1143-1144.
② House of Common Debates [Z]. August 6, 1918, Vol. 109, c. 1144.

蒙塔古强调，上一任印度总督哈丁勋爵（Lord Hardinge）任内就对此做了大量工作，自己只是完成了相应的扫尾工作。尽管这里面不乏蒙塔古的开脱之词与辩解之意，但背后还是反映出相关政策的形成并非其个人的一时兴起，而是在不少早前工作的推动下选择实施的。

从实际操作来看，蒙塔古认为责任政府的组建需要先在印度的立法议会中进行，而不应该从印度的行政部门开始。此外，还要优先对印度立法议会的席位数量进行扩充，以使其更具有政治代表性；并将议会划分为上、下两院，增加非官方的议员。蒙塔古对此表示：

> 我们已主张，印度政府并不是一个合适的场域用来做向责任政府过渡的第一步尝试。就目前而言，在我们看见责任制度如何在印度成长起来之前，可取的做法是维持印度政府对且仅对议会负责。因此，我们建议维持印度政府的权力，并通过印度的立法机关体现其意志。我敢不揣冒昧地说，你们没办法让印度政府一切保持原样。……既然你们已建议扩大其议会，既然你们建议政府在愿意的时候能够强制执行自身的意愿。在我看来，你们不可避免地要考虑将议会分为两院，这已经包含在我们的报告建议中。我们主张，应该有100个席位的立法会，其中选举产生席位的占大多数；上院中，官方的和非官方的各一半，通过各种联席会议开展正常工作。①

在实施范围上，蒙塔古赞同责任政府建设最佳的层级是在省邦一级，在这一级别开展，最有助于区别对待差异情况和及时调整政策不足：

> 我现在从印度政府的议题转到各省邦上来，这是改革中最难说清楚的部分。我们建议，建设责任政府的第一步应该在各省邦层面迈出。这将使我们能够根据各省邦的情况和它们对责任政府的准备充分程度以区别对待。在我看来，当你在处理一个省邦事务时，你只有三种选择。第一种，你可以继续作为一个行政政

---

① House of Common Debates [Z]. August 6, 1918, Vol. 109, cc. 1150-1152.

<<< 第四章　印度国大党引领下的非婆罗门反抗与泰米尔民族主义萌芽

府,对选民完全不用负责。不过,这不是建设责任政府或逐步实现责任政府的一步。第二种,你可以在各省邦实施完全的责任政府。但是我认为,目前你找不到任何一个省邦已经为实施责任政府做好了完全准备的例子。第三种,也只剩下最后一种选择,那就是在某些问题上采取负责政府制,而在另一些问题上则给予保留……①

1919年12月,英国政府正式颁布《印度政府组织法》,此法案确定印度立法议会实行上下院的"两院制"。同时,还规定在各省邦实行一种新的"二元政治":在政府部门中的"保留部分"领域,仍由省督负责;而在政府部门的"移交部分"领域,则由指派的省督与民选的部长共同负责管理。② 同时,此法案也允许马德拉斯管区的非婆罗门享有独立的代表权。③ 马德拉斯管区也依据此法案,对政府管理部门的机构进行了相应的重组准备,施行"二元政治"体制。

除总督领导的"国务会议"行政委员会的7个议席以外,马德拉斯管区立法议会共有127个议员席位。而在这127个席位中,有98个席位由马德拉斯管区内的61个选区中选举产生。选区由三种类型组成。一是公民选区,如非穆斯林的城市选区、非穆斯林的农村选区、非婆罗门的城市选区、穆斯林的城市选区、穆斯林的农村选区、印度的基督徒选区、欧洲人选区和英印混血选区。二是特别选区,如地主选区、大学选区、农场主选区和商会选区等。三是属地选区。非穆斯林农村选区中的25个席位和非穆斯林城市选区中的3个席位,为非婆罗门群体专门保留。有29个提名产生的议员席位,其中,由政府官员当选的席位至多为19个席位,5个席位为

---

① House of Common Debates [Z]. August 6, 1918, Vol. 109, cc. 1152-1153.
② 涉及政府控制力方面的警察、司法、财税等部门被列为"保留部分",而与民生相关的管理领域如教育、卫生、农业等被划为"移交部分"。
③ 李少文. 世界宪法评论:第2卷 [M]. 北京:中国民主法制出版社,2016:76.

不可接触者群体①保留，1个席位为"落后阶级"保留。② 1920年11月，马德拉斯管区依据《印度政府组织法》进行了第一次立法议会的民主选举。同年，全印度自治同盟与国大党进行了合并，甘地当选为国大党主席。由于对英国政府一系列非正义政策和高压统治③的强烈不满，甘地正在积极发起非暴力不合作运动④，其领导的国大党对马德拉斯管区这次选举进行了集体抵制。于是，正义党在没有遭遇明显阻力的情况下，从98个马德拉斯管区立法议会全部席位中获得了63个席位而遥遥领先。而在提名产生的议员中，正义党又获得了另外18个马德拉斯管区立法议会席位。因而，在整个马德拉斯管区立法议会的127个席位中，正义党获得了81个席位，以压倒性的优势脱颖而出。⑤

时任马德拉斯管区省督的威灵东勋爵（Lord Willingdon）⑥旋即邀请正义党主席柴提牵头组建新任政府。柴提出于个人原因对此进行了婉拒，其认为政党领导人不应该同时在政府中担任要职。⑦不过，柴提在正义党内物色和确定了新的合适人选。不久，苏巴拉亚卢·雷蒂亚尔（A. Subbarayalu Reddiar）⑧作为正义党代表，出任马德拉斯管区政府首席部长。

这一时期内，正义党作为一个具有强烈达罗毗荼意识和非婆罗门群体标签的新兴政党，在以马德拉斯管区为中心的南印度快速建立起来。正义

---

① 具体为以下种姓：Paraiyar、Pallar、Valluvar、Mala、Madiga、Sakkiliar、Thottiyar、Cheruman、Holeya。
② KRISHNASWAMY S. (Indian Council of Historical Research). The Role of Madras Legislature in the Freedom Struggle, 1861-1947 [M]. New Delhi: Peoples Publishing House, 1989: 72-83.
③ 1919年3月颁布的《罗拉特法》、1919年4月的阿姆利则惨案等都成为重要的助推性事件。
④ 也称"第一次非暴力不合作运动"。
⑤ RALHAN O P. Encyclopaedia of Political Parties [M]. New Delhi: Anmol Publications Pvt. Ltd., 2002: 180-182.
⑥ 为英国自由党政治人物。其长期在英国海外殖民地任职，尤其是在印度担任要职。1913—1918年为孟买总督，1919—1924年担任马德拉斯总督，1926—1931年出任加拿大总督，1931年至1936年成为印度副王兼总督。
⑦ RALHAN O P. Encyclopaedia of Political Parties [M]. New Delhi: Anmol Publications Pvt. Ltd., 2002: 146.
⑧ 曾在马德拉斯管区学院跟随柴提学习法律，后到英国留学在法律领域继续深造。回到印度后，先加入了印度国大党，后加入了印度正义党。1920年12月17日至1921年7月11日担任马德拉斯管区政府首席部长，后由于身体健康原因递交辞呈。

党以提高非婆罗门群体的政治利益和政治权利为主要政治目标,与贝桑特等领导的自治同盟、甘地领导的非暴力不合作运动之间都产生了重要互动,其中既有合作也有分歧甚至冲突。在多方民族主义力量和团体的互动下,正义党抓住了英国方面蒙塔古-切姆斯福德改革的政治机遇,通过议会选举胜出成为执政党,直接在马德拉斯管区政府执政。

小 结

国大党成立后其势力在印度全国各地迅速得到了拓展,马德拉斯管区也快速被其政治影响力覆盖。不过,伴随着国大党的政治思想传播与政治活动开展,马德拉斯管区内其他各种政治派系力量也快速增强。在马德拉斯管区的国大党内,涌现出奇丹巴拉姆·皮莱、西瓦、巴拉蒂和艾耶等一些影响力突出的成员。这些人成立了司瓦德西海运公司、编辑出版了英语的《印度》和泰米尔语的《执政》等刊物,在这些刊物上经常发表涉及国际革命与印度国内民族主义的作品。

与此同时,在大量民族主义分子与民族主义组织的影响下,泰米尔人中的民族主义分子与思想渐渐呼之欲出。特别是,伴随英国人部分地让渡权力和利益给印度人时,泰米尔人群体逐渐发现,这些有限的政治资源以及政府岗位普遍被婆罗门群体占据,而南印度泰米尔人中普遍的低种姓状况则面临着新的政治不公。泰米尔民族主义者意识到,只有组建自己的政治组织才能真正保护泰米尔人的政治权益,扭转这种不利的政治局面。

于是,20世纪初,马德拉斯非婆罗门协会、马德拉斯同盟会、马德拉斯达罗毗荼协会等政治组织先后成立或组建。其中,马德拉斯达罗毗荼协会于1915年印发的《达罗毗荼宝典》和《非婆罗门的信件》很快在当时泰米尔人社会特别是青年人中引发了强烈的政治反响。

而1916年南印度自由联盟的成立,则深刻改变了泰米尔人的政治发展进程。该联盟发布了一份《非婆罗门宣言》,呼吁当地民众一同致力于为提高非婆罗门的政治发言权而奋斗。次年,南印度自由联盟还创办发行了一份报纸——《正义报》,其因此常被称为"正义党"。随后,正义党积极制订组织计划与目标,并在南印度多地召开非婆罗门会议,持续扩大政治影响力。1919年,英国政府颁布《印度政府组织法》,决定在英属印度内实行"二元政治"。在次年的马德拉斯管区立法议会选举中,正义党旋即以压倒性优势胜出,正义党主席被邀请参与并实现了在马德拉斯管区的执政。而在甘地领导的非暴力合作运动时期,泰米尔民族主义也和其他民族主义派别团体一同与国大党之间展开了合作,不过各方之间的分歧与矛盾逐渐显现和扩大。

这一时期,国大党作为印度国内各派民族主义力量的"孵化器"和"领航器",既引领了各派民族主义力量的反英行动,也培育发展了各派民族主义力量。在国大党的机制以外,正义党也成为泰米尔民族主义中一支新的领头力量,并迅速于马德拉斯管区取得了执政地位。总体来看,泰米尔民族主义这时逐渐从此前主要反抗"英国人"的殖民统治,逐渐过渡到主要反抗"婆罗门-雅利安人"对"非婆罗门-泰米尔人"的民族压迫上。

第五章

南印度马德拉斯管区泰米尔人的民族主义政治渐显

不合作运动时期,印度国内各派民族主义力量普遍与甘地领导的国大党结成了紧密的联盟关系,各派民族主义力量都在为着印度民众的政治权利而努力。然而,在第一次不合作运动中,其他主要的几派民族主义力量与甘地领导的民族主义力量之间出现了较大的分歧,这让此松散的政治联盟"摇摇欲坠"。正义党就此与国大党之间出现较大的分歧,并再次在马德拉斯管区成为执政党,其较为浓厚的泰米尔民族主义色彩开始融入地区政治特色。

随着印度本地民族民主政治的活跃,不同族群和阶层为维护自身群体利益的政治积极性大为提升,南印度地区内的社会政治运动也是风起云涌。其中,南印度特别是马德拉斯管区内的"不可接触者"①、达罗毗荼人、泰米尔人的群体斗争尤为突出,泰米尔民族主义的一大领袖人物、国大党人佩里亚尔也逐渐走到了南印度政治舞台的中央。1924 年,南印度地区发生了"庙宇道路使用权"抗议行动,佩里亚尔积极地参与其中。因在此次抗议行动中受到了当地政界与民众的关注,并在当地民众中获得广泛影响力和巨大声望,佩里亚尔于 1925 年又自行发动与带头组织了泰米尔民族主义第一次高潮的自尊运动。

第一节 不合作运动时期印度各派民族主义力量的合作与分化

甘地于 20 世纪初从南非返回英属印度之后,逐渐成为国大党的领导人,并带领国大党人发起了不合作运动反抗英国人的殖民统治。国大党作

---

① 也称"达利特""哈里真""表列种姓""被压迫阶层",为印度种姓制度中的最底层群体,即贱民。

为印度本土的民族主义"领航器",得到了全国各地各派民族主义力量的普遍支持,国大党内的伊斯兰民族主义力量、锡克教民族主义力量和泰米尔民族主义力量等领导人均普遍与甘地保持着合作关系。不过,甘地率先宣布停止第一次不合作运动过后,这一合作阵营出现了分歧与矛盾。这一时期,国大党在马德拉斯管区的力量也有新增长,而正义党由于内部出现派系分裂而力量有所减弱,但马德拉斯管区的民族主义情绪普遍更为高涨。

一、甘地与印度其他主要民族主义力量派系的合作

1919年4月,在锡克教圣城——阿姆利则发生了英属印度政府驻军屠杀印度抗议民众的惨案,进一步刺激了锡克教民族主义的发展。[1] 1919年12月,锡克教民族主义组织——锡克教徒中央联盟成立,并在其刊物《阿卡利报》发文表示期望恢复对卡尔萨大学与谒师所[2]的管理。[3] 1920年,在阿姆利则的锡克教徒大会上,宣布发起反英的锡克教徒民族运动——阿卡利运动,并在此基础上形成了其非暴力政党组织——阿卡利党。[4] 阿卡利运动中,锡克教民族主义者寻求占领锡克教的庙宇及相关的管理权利。[5] 阿卡利运动很快得到了甘地领导的国大党支持,并与不合作运动形成了相互的政治配合。[6]

1919年11月,在国大党内伊斯兰民族主义代表穆罕默德·阿里(Mohammad Ali)和肖卡特·阿里(Shaukat Ali)兄弟等人的发起下,第一次全印哈里发会议在德里召开。甘地应邀与会并宣传了其不合作思想,这一思想理念得到了与会伊斯兰民族主义代表的认可与支持。大会发表了《哈

---

[1] 韦健锋. 论锡克人卡尔萨组织的形成及其发展演变 [J]. 世界宗教文化, 2013 (3): 96-100.
[2] 为锡克教宗教庙宇的一种称呼,常伴有相关宗教仪式和宗教生活的活动区域。
[3] GREWAL J S. The Sikhs of the Punjab [M]. Cambridge: Cambridge University Press, 1998: 157-166.
[4] 吕月英,刘中民. 教派主义与当代印度政治 [J]. 河北师范大学学报(哲学社会科学版), 2003 (6): 68-72.
[5] 韩廷杰. 印度锡克教的产生和发展 [J]. 四川大学学报(哲学社会科学版), 1981 (1): 100-104.
[6] 邱永辉. 锡克人的过去 [J]. 南亚研究季刊, 1985 (1): 63-69.

<<< 第五章 南印度马德拉斯管区泰米尔人的民族主义政治渐显

里发宣言》，呼吁英国人保护哈里发制度，号召印度的穆斯林群体遵循不合作路线方针与英国开展斗争。之后，穆斯林群体的不合作斗争陆续发起，渐成声势浩大的"哈里发运动"①。

此外，佩里亚尔这一时期参与组建了非婆罗门的群体组织，同时又加入了国大党，与国大党不少成员保持着重要往来。借助国大党的政治资源与组织体系，佩里亚尔积极地为维护泰米尔人等群体的政治利益行动。之前，佩里亚尔于1917年参与创立了松散型的非婆罗门政治组织——马德拉斯管区协会，公开宣告要维护非婆罗门群体的政治利益。不久后，佩里亚尔成为马德拉斯管区协会的副主席，参与了协会的相关政治活动讨论。1918年，佩里亚尔成为马德拉斯管区埃罗德市政当局主席，并被英属印度政府授予荣誉治安法官②职务。1919年，在几位国大党老党员瓦拉德哈拉祖卢·奈杜（P. Varadharajulu Naidu）和拉贾戈帕拉查理（C. Rajagopalachari）③等人的说服和介绍下，佩里亚尔下决心正式加入了印度国大党。

1920年8月1日，第一次不合作运动拉开帷幕，甘地退回英国政府颁发的勋章，号召印度教徒和国大党进行不合作运动以抵制英国在印度的殖民统治。同年9月和12月，分别在加尔各答与那格浦尔召开了国大党会议，大会讨论并支持甘地的不合作运动计划。随后，不合作运动在全印度范围内迅速铺展开来，渐成"星星之火，可以燎原"之势。运动涉及的内容也持续扩大，抵制的对象从教育、法律、英货、头衔到税收等多个领域，在民众热情高涨与双方对峙形势紧张下暴力活动时有发生。

---

① 也译"基拉法运动""基拉法特运动"，一战结束后对奥斯曼帝国的领土划分及哈里发地位的威胁引发印度穆斯林群体的强烈反应，不少人号召建立一个由英国殖民统治下各国穆斯林群体共同组成的"哈里发国家"，这一思潮迅速演变成声势浩大的社会运动。其中，"哈里发"为伊斯兰政权中元首的一种称谓，源于阿拉伯语中"继承"一词的音译，被用于指穆罕默德的继承人。

② 英属印度政府司法官员职务的一种，一般由当地的士绅担任，具有政治荣誉性质而不领职务薪资。19世纪中期，源于英国的治安法官制度逐渐被引入英属印度，其中，治安法官分为两类：荣誉治安法官和领薪治安法官。参阅张彩凤，叶永尧. 英国治安法官制度的现代化演进及其形态考察［J］. 法制现代化研究，2008：90-130；杨松涛. 十八世纪英国治安法官司法实践［J］. 历史研究，2013（4）：153-169；初庆东. 近代早期英国治安法官的济贫实践［J］. 世界历史，2017（3）：43-56。

③ 英文也拼写作 Rajagopalachariar。

族群的政治：西方殖民与南印度泰米尔民族主义的缘起（1813—1925）　>>>

佩里亚尔也随即积极参与其中，并为此辞掉了其在英属印度政府担任的一切公职以示抵抗。在此期间，甘地为抵制英国商品发起了手纺土布运动，佩里亚尔也积极响应，脱下西装改穿印度手纺土布制成的衣服。此外，甘地还倡导禁酒行动，认为这些酒精是外国人控制印度人的一大工具。① 佩里亚尔也积极参与到禁酒观点的宣传以及在酒馆外面部署纠察队等工作中。《印度教徒报》曾对这一时期的佩里亚尔及其他志愿者的热情勤奋工作有过动情的报道：

> 连一家咖啡馆或槟榔店都还没有开门营业，也没有小轿车或公共汽车在路上跑。而大规模的人群已经出动，少说也有12000人。佩里亚尔和他聪明能干的志愿者们，就这样夜以继日地工作……②

从当时印度社会主流报纸上的这篇报道中，可以看出佩里亚尔在第一次不合作运动里的积极参与，并得到了公开的认可与报道。这一时期，印度国内多地不同的民族主义团体普遍较为活跃，不少团体代表与甘地本人及国大党积极寻求联系，甘地及国大党也与这些不同派别的政治力量保持着互动联络，形成了一定程度上的政治合作与运动配合局面。其中，伊斯兰民族主义、锡克教民族主义等团体影响较大，而泰米尔民族主义团体的影响在这次运动中则稍小一些。

二、甘地与印度其他主要民族主义力量派系的关系恶化

在甘地领导下，多方参与和共同配合的第一次不合作运动发展迅速。正因为运动发展十分迅速，大量群众被吸引着参与了进来。在没有完全了解这场运动意义和理念的情况下，一些群情激愤的抗议民众不自觉地采用了暴力方式，类似的暴力事件虽为零星发生却呈愈演愈烈之势。1922 年 2

---

① JACK S. BLOCKER, DAVID M FAHEY, LAN R. TYRRELL. Alcohol and Temperance in Modern History: An International Encyclopedia [M]. Santa Barbara: ABC-CLIO, 2003: 309–311.
② SARASWATHI S. Towards Self-Respect: Periyar E. V. R. on A New World [M]. Madras: Institute of South Indian Studies, 1994: 33.

月 4 日，抗议民众中爆发了乔里乔拉事件，联合省的英属印度政府人员开枪射击抗议民众，民众被激怒后又袭击了英属印度政府的警察局造成不少警察死亡。[①] 2 月 12 日，国大党发布《巴多利决议》，宣布因"乔里乔拉事件"中的暴力袭击行为而停止继续进行不合作运动。第一次不合作运动中止后不久，哈里发运动也宣告结束，并导致哈里发委员会与国大党合作的破裂。

不过，英属印度政府并没有因不合作运动停止就善罢甘休。在这次运动中迅速集结的群众规模及高涨的反英情绪，让英属印度政府心有余悸、惴惴不安。3 月 10 日，英属印度政府以煽动叛乱为由将甘地逮捕，对其进行法律惩处。3 月 18 日，甘地在艾哈迈达巴德接受法庭审判，法官宣布以煽动叛乱罪判处甘地 6 年有期徒刑。而在第一次不合作运动戛然而止并未能取得成功的背景下，国大党内的不同意见和派别分歧问题更加凸显出来。其实，国大党内一直都有民族主义者对甘地的非暴力不合作思想持反对意见，为此，著名的伊斯兰民族主义者真纳此前已于 1920 年即退出了国大党。

在 1922 年，佩里亚尔当选为马德拉斯管区国大党主席，负责国大党在马德拉斯管区日常事务的领导工作。在马德拉斯管区蒂鲁布尔市举行的国大党省级会议中，佩里亚尔提议允许达罗毗荼各族群中的非婆罗门种姓群体获得进入神庙祭祀敬拜的权利，但其他的国大党婆罗门成员选择了拒绝通过该议案。在马德拉斯市蒂鲁内尔维利地区，当地的宗教教育由艾耶（V. V. S. Iyer）领导，国大党也积极资助和支持着"古鲁库拉"宗教教育活动。佩里亚尔决定让国大党停止继续付款资助艾耶领导的宗教教育机构，但未能成功阻止国大党的资助活动。与此同时，佩里亚尔与甘地也就此进行了交流与协商，不过甘地认为这属于艾耶及其领导机构的自由权利。[②] 于是，就印度教神庙中学习的婆罗门和非婆罗门学生分别用餐这一

---

① 程子航."欧文声明"看一战后英国对印度政策调整[J].印度洋经济体研究，2015 (6): 71-86.
② GOPALAKRISHNAN M D. Periyar: Father of the Tamil Race [M]. Madras: Emerald Publishers, 1991: 13-19.

问题，佩里亚尔与甘地及国大党主流成员产生了较为明显的政治分歧。①

而决定停止不合作运动后，甘地明显对其他派系、群体的民族主义运动有了不同的态度，其与其他派别的政治分歧也快速拉大。其中，尤为突出的矛盾体现在甘地与锡克教民族主义的阿卡利党人之间，甘地对后者的相关抗议活动及政治行动持反对态度，希望后者能暂停相关活动。甘地的相关政治态度变化及二者之间的矛盾在甘地当时一些公开发表的文字中有过直接的描述。

1924年2月5日，甘地因身体疾病需要治疗得以提前获释出狱。不过，甘地明显改变了既往对阿卡利运动的政治支持态度，并向当时处在监狱中的阿卡利党领导人发去了信件加以告知。② 在2月25日"致阿卡利党人的公开信"中，甘地进一步表明和阐释了其对阿卡利党人的政治态度：

> 在回复电报时，除了表示同情以外，我不想再说什么或做什么……没有充分的事实摆在面前，我很难说一大批人在贾伊图为了神庙献身而游行，究竟是合理还是不合理。而我会请阿卡利锡克教徒在没有与锡克教徒以外群体的领导人更多的商议之前，不要再派遣贾塔团体过来了……我清楚地知道，非暴力并不是你们的最终信条。因此，你们更有义不容辞的责任来防范任何暴力的词语或思想上在运动中蔓延。政治领域里25年多的非暴力实践清晰地表明，在我们的每一个行动中，我们都必须注意词语与思想与我们正参与的运动之间的关联……我认为，很有必要重申一下我入狱之前关于非暴力口口声声说过的话。由于我注意到在对过去几年发生事情的简要回顾中，我们这些声称参与非暴力不合作运动的人，这两年的思想和言论并没有完全地遵守信条……我丝毫不怀疑，如果我们在这整个五年的时间里实践了非暴力的意义，我们就不仅已经实现了我们的共同目标，而如今印度教徒和穆萨尔曼之间也不会有分歧和争吵……如果你们发现自己都没有

---

① DAVID ARNOLD. The Congress in Tamilnad: Nationalist Politics in South India, 1919-1937 [M]. New Delhi: Manohar Book Service, 1977: 85.

② 庄万友. 锡克教宗教民族主义运动的兴起 [J]. 南亚研究季刊, 1995 (1): 62-68.

信守自己制定的标准,就暂时停止进一步的示威活动。在开始新的示威之前,履行净化程序是有必要的。①

大体上,甘地要表达的含义可归纳为如下几点。其一,甘地对旁遮普地区阿卡利党人遭遇英属印度政府的镇压导致的悲惨局面表示同情。其二,甘地希望不要再派更多锡克教徒的贾塔团体过来,需要尽快先与其他非锡克教群体的政治领导人进行磋商。其三,甘地指出,言辞与想法都同运动发展息息相关,在这些不信奉非暴力理念的群体中,应该小心预防群体内任何暴力词语和想法的扩散。其四,甘地认为,那些声称信奉非暴力理念的人中,不少人没能真正相信和时刻实践非暴力思想。其五,甘地指出,正是这些未能真相信或者真实践非暴力理念的所谓"非暴力追随者",造成了印度教徒与穆斯林群体的政治纷争,在不能认真践行非暴力理念之前应该暂停示威活动。

从信的字里行间不难看出,甘地就这些其他民族主义派别力量是否真诚信奉和实践非暴力思想充满怀疑,对其抗议行动引发了流血事件较为不满,并建议这些团体最好先暂停抗议示威行动。这一公开态度,既引发了阿卡利党人的不满,也引起了其他民族主义派别和社会舆论的质疑。

2月28日,面对社会舆论对其态度和行为的部分质疑,甘地又就"致阿卡利党人的公开信"一事发布了公开的文字声明,解释道:

> 我刚读到《孟买纪事报》2月28日新闻专栏的一段话,提及旁遮普地区的贾伊图惨案,这显示出我给阿卡利锡克教徒的公开信是基于了向我提供的错误信息。并且,"在这方面,人们怀疑最大的即是拉拉·拉杰帕特·拉伊(Lala Lajpat Rai)"。我想说的是,为了对拉伊公平起见,在见拉拉吉(Lalaji)②之前我已经尽己所能读遍了关于这场惨案的一切材料。当收到邀请我去旁遮普的电报时,我脑海中已经拿定了主意。拉拉吉还没看到那封电报之时,我就已下定决心做出我最终做的那些陈述。来自旁遮普

---

① The Collected Works of Mahatma Gandhi, Vol. 27 [M]. New Delhi: Publications Division, Government of India, 1999: 22-24.
② "吉"为印地语中对人敬称的后缀,约相当于中文里的"君"。——作者注

邦齐拉地区的电报中,请我参与进来以阻止阿卡利贾塔武装团体。然而,我并不认识那里的任何人,为此感到十分焦虑。于是为了让我提出的建议能尽早送达到阿卡利锡克教徒中,我采纳了公开信的方式。①

简单来看,在这一时期内,其他民族主义派系与甘地领导的国大党之间的分歧逐渐显现,一个统一的反英民族主义联盟之内的裂痕正呈逐渐加深之势。而这也激发着印度国内除国大党以外的各派民族主义力量去采取自己独立的方式,以争取各自的政治利益和政治目标。

三、马德拉斯管区政府内政党力量的新变化

1923年1月1日,以奇塔兰詹·达斯(Chittaranjan Das)与莫提拉尔·尼赫鲁(Motilal Nehru)为首的部分国大党领导人,脱离出来形成新的司瓦拉吉派民族主义政党——司瓦拉吉党(Swaraj Party)宣告成立。② 而在马德拉斯管区,以萨蒂亚穆蒂(S. Satyamurti)③ 和斯里尼瓦瑟·艾扬格(S. Srinivasa Iyengar)④ 为首的司瓦拉吉党组织也单独组建了起来。

司瓦拉吉党反对甘地领导的不合作运动,拒绝议会抵制行动,倡导通过议会进行斗争,鼓励参与立法议会的选举。

1923年9月11日,马德拉斯管区第一届立法议会的议员任期届满,政府面临新的议会换届选举任务。10月31日至11月10日,马德拉斯管

---

① The Collected Works of Mahatma Gandhi, Vol. 27 [M]. New Delhi: Publications Division, Government of India, 1999: 26-27.
② 也译"自治党""自主党",参见唐文权. 甘地两次不合作运动在当年中国的反响[J]. 南亚研究, 1988 (4): 34-39; 王希. 巴基斯坦国父真纳政治思想初探[J]. 南亚研究, 2011 (4): 28-37。
③ 马德拉斯管区的国大党领袖之一。早年先后就读于大君学院、马德拉斯基督教学院、马德拉斯法学院,1919年作为国大党代表参与对英政治谈判交涉,1937年领导马德拉斯管区国大党在省级立法议会中取得胜利,1936—1939年担任马德拉斯管区国大党主席。此外,其被视为南印度另一位的国大党领袖库马拉斯瓦米·卡玛拉吉(Kumaraswami Kamaraj)的政治导师。
④ 印度国大党政治人物。早年在马德拉斯管区学院修读法律专业,1898年开始在马德拉斯高等法院担任律师,1912—1916年当选为马德拉斯管区立法议会议员,1923年在国大党内参与领导组建了司瓦拉吉党。萨特亚姆拉迪称艾扬格为自己的"政治导师"。

<<< 第五章 南印度马德拉斯管区泰米尔人的民族主义政治渐显

区政府正式组织并实施了第二届立法议会的选举活动，选举活动分选区在马德拉斯管区境内有序展开。除总督领导的"国务会议"行政委员会议席以外，马德拉斯管区共有127个立法议会席位。在这127个立法议会席位中，马德拉斯管区内的61个选区中将通过选举产生98个议会席位，29个立法议会席位通过提名方式产生。马德拉斯管区内的选区分为三种类型，公民选区、特别选区及属地选区，属地选举中28个议会席位专门为非婆罗门群体保留，5个议会席位为不可接触者群体保留，1个议会席位为"落后阶级"保留。①

从马德拉斯管区立法议会的选举结果来看，参与投票的总人数超过了第一届马德拉斯管区立法的选举活动，城市地区的投票率明显高于农村地区。选举产生的98个席位中，正义党获得44个席位、司瓦拉吉党获得11个席位、无党派人士获得6个席位；由提名产生的29个席位中，非官员代表获得17个席位、官员代表获得11个席位。而从族群上来看，非婆罗门代表占了69个席位，婆罗门代表占了14个席位，穆斯林代表占了14个席位。②

大致上，非婆罗门群体获得了胜利，正义党继续当选为马德拉斯管区立法议会第一大党。本届马德拉斯管区立法议会选举中，正义党并未能取得简单多数③的票数优势，因而没有任何政党可以直接单独组建新政府。其中，一个因素是由于司瓦拉吉党的出现吸引走了一部分选票，而令正义党损失掉一部分议会席位；另一个因素是正义党内部出现了不团结局面，正义党内没有形成强有力的凝聚力及展开强劲的竞选活动。

与第一届马德拉斯管区立法议会选举中获得64个席位相比，正义党在本届省级立法议会选举中仅获得了44个席位，意味着绝对数量减少了20个席位。而司瓦拉吉党则异军突起，第一次参加马德拉斯管区立法议会即

---

① KRISHNASWAMY S. (Indian Council of Historical Research). The Role of Madras Legislature in the Freedom Struggle, 1861-1947 [M]. New Delhi: People's Publishing House, 1989: 126-131.
② Saroja Sundararajan, March to Freedom in Madras Presidency, 1916-1947 [M]. Madras: Lalitha Publications, 1989: 334-339.
③ 简单多数要求有超过与会代表中的半数即可，与绝对多数是一组相对概念，二者是表决活动中常用的两种方式。绝对多数则要求有超过所有有资格代表中的半数方可，因而一般意义上简单多数相对绝对多数来说要求更低。——作者注

获得11个席位，成为马德拉斯管区政坛的一大新生政治力量。最终，正义党帕纳甘提·拉玛拉桠尼噶尔（Panaganti Ramarayaningar）再次担任马德拉斯管区政府首席部长，司瓦拉吉党斯里尼瓦瑟·艾扬格（S. Srinivasa Iyengar）作为立法议会反对党领袖。

不久，正义党内部出现了明显的政治分歧。部分党员认为，拉玛拉桠尼噶尔的工作作风过于专权，执政政策十分僵化，对正义党和非婆罗门的民族主义事业将带来极大危害。

其中，雷迪（C. R. Reddy）[①] 带领一部分党员脱离了正义党，这些原正义党人很快组建了新的政治团体——联合民族主义党，并与司瓦拉吉党之间结成了党派联盟。1923年11月27日，在联合民族主义党和司瓦拉吉党的联合下，以雷迪为首的代表向马德拉斯管区立法议会发起了针对拉玛拉桠尼噶尔政府的不信任案。最终，投票结果为65票反对、44票赞成，不信任案并未能通过。[②] 不过，二者间的投票数相差并不悬殊，双方阵营间的政见分歧和政治博弈更加凸显出来。此外，拉詹（M. C. Rajah）也于1923年离开了正义党。

司瓦拉吉党与国大党两派之间的分歧与冲突持续扩大，引发了双方阵营部分代表性人物的担心和反思。双方均不希望，印度的民族主义阵营因出现政治大分裂而影响印度自治目标的实现。

1924年11月6日，司瓦拉吉党与国大党达成妥协，签订了《甘地-达斯-尼赫鲁协定》。协定中，国大党内部为司瓦拉吉党成员留出一定的职位，准许司瓦拉吉党作为国大党的一部分参与立法议会的选举活动。1925年之后，在多重因素的共同作用下，司瓦拉吉党在印度全国范围内日渐式微。[③]

总体来说，这一时期印度教、伊斯兰教和锡克教等不同派别的民族主义团体，在以非暴力不合作方式反抗英国殖民统治方面达成了一定程度的

---

① 南印度的教育家和政治家、泰卢固语作家。1897年进入马德拉斯基督教学院，1901年毕业后赴剑桥大学继续深造。1907年开始，先后在巴罗达学院、迈索尔玛哈拉贾学院任教及担任行政职务。1921年，正式步入印度政坛，并加入了正义党。

② RALHAN O P. Encyclopaedia of Political Parties [M]. New Delhi: Anmol Publications Pvt. Ltd., 2002: 186.

③ 尚劝余，等. 印度独立运动 [M]. 北京：北京师范大学出版社，2018: 214-221.

共识并采取了相互合作的态度。① 而具体到各邦内部，各派民族主义政治力量之间展开了较为紧张的竞争关系。在这一时期的马德拉斯管区内，正义党与国大党之间也进行着激烈的政治比拼，正义党仍然继续保持着执政地位和领先优势，但是正义党的领先幅度却呈缩小之势。

第二节 "庙宇道路使用权"与南印度"不可接触者"的政治抗争

南印度地区的政党活动促使当地社会中底层群体的政治意识加速觉醒，"不可接触者"群体期望能够提高自身的社会地位，减少其他种姓群体特别是婆罗门群体的压迫。一些南印度地区的国大党精英更是积极参与组织相关活动，以维护"不可接触者"群体的政治权利和改善其社会处境。而当时"不可接触者"并没有使用印度教庙宇中相关道路的权利就成为当地社会中的一大冲突点，采用甘地非暴力不合作思想进行抗议行动率先在南印度的瓦伊科姆爆发，并很快在南印度多地传播开来。

一、"庙宇道路使用权"问题与"不可接触者"抗议行动的酝酿

普拉卡拉姆通道为围绕印度教庙宇的环形甬道，一般与圣所②外围相邻的此甬道为封闭式，而寺庙外围的环绕甬道则为封闭式或露天式。通过普拉卡拉姆通道绕行进行印度教的"旋绕礼拜"③，这是印度教古老的重要传统，在南印度湿婆教派中受到信徒的重视。然而，印度教徒中的"不可接触者"群体却被印度教祭司禁止使用普拉卡拉姆通道，这种宗教需求方面遭受的歧视和迫害导致了"不可接触者"群体的强烈不满。

---

① 尚劝余．论甘地宗教和谐思想的实践［J］．史林，2009（3）：169-174.
② 一译"戈尔波戈里赫"，也称"胎室"，有"子宫之室"的含义，其中供奉的神像为印度教中宇宙的化身，南印度神庙中常为林伽。参阅黄心川．南亚大辞典［M］．成都：四川人民出版社，1998：230；池明宙．天宫中的"胎室"：印度教神庙空间序列之解读［J］．世界宗教文化，2018（6）：58-64.
③ 一般为顺时针旋转行礼，因而也称"右旋礼"，后此礼也被引入佛教。参见刘艳燕，吴军．莫高窟礼佛仪式的左旋与右旋［J］．敦煌研究，2015（6）：47-53.

在这些"不可接触者"群体中,主要包括提亚人、普拉亚人、纳达尔人和艾扎瓦人四个群体。其中,艾扎瓦人的群体规模最大,占到当时地区总人口的1/6左右。虽然这些种姓的群体在社会等级中处于弱势地位,但是他们在经济方面获得了大量的资源与收获。这些低种姓群体中有人渐渐与国大党成员加强联系,希望有相关参与印度政坛的人士给予响应与支持。

几位国大党成员积极进行协商,决心共同组织发起一场争取印度教"不可接触者"群体获得进入寺庙相关通道权利的群众抗议,并一致同意采用国大党领袖甘地信奉的非暴力不合作方式加以实施。其中,《祖国报》的编辑凯萨瓦·梅农(K. P. Kesava Menon)和《爱国者报》的编辑马德哈万(T. K. Madhavan)① 等成为对此问题热心踊跃的国大党代表。此外,代表们决定与甘地本人取得联系,以寻求相关的运动指导与政治支持。

1924年3月12日,凯萨瓦·梅农代表大家向甘地发去了书信一封,介绍了南印度社会中的一些政治新情况。

一方面,凯萨瓦·梅农向甘地痛陈和抱怨了"不可接触者"群体面临的生活和政治难题:

> 在上一次会议上,喀拉拉的省级国大党委员会制订了今年关于"不可接触"问题的明确工作方案。如您所知,喀拉拉的情况是不正常的。这里不仅有"不可接触"问题,还有"不可接近"问题。② 我们现在正采取措施,以期公共道路也向"不可接近者"③ 开放。喀拉拉有那么多的道路现在被穆斯林、基督徒和高种姓的印度教徒使用着,但不允许如提亚社群、普拉亚社群和艾扎瓦社群的"不可接近者"使用。两周前我去瓦伊科姆的时候,

---

① 也译"马达范"。
② 在这里,"不可接触"问题指的是印度的"不可接触者"不可与其他种姓的人直接接触,是人与人之间的接触问题;而"不可接近"问题则指的是印度的"不可接触者"不可接近与使用某些印度其他种姓使用的场所,是人与物的接触问题。而不可接触者不能使用相关的印度教庙宇道路进行宗教活动的问题,即属于"不可接近"问题。——作者注
③ 实际上也指"不可接触者"群体,但这里强调他们不可靠近使用某些场所及物品的属性,称为"不可接近者"。——作者注

<<< 第五章 南印度马德拉斯管区泰米尔人的民族主义政治渐显

在这个特拉凡哥尔北部的要地,我向其他四大种姓的印度教徒请求准许普拉亚社群和艾扎瓦社群的人士使用庙宇周围的公共道路。我稍微提一下,这条道路是由公共资金供养的,并且现在被基督徒、穆斯林和四大种姓①的印度教徒自由使用。②

另一方面,凯萨瓦·梅农向甘地表达了当地"不可接触者"群体的政治抗议行动计划:

> 尽管我们到达的第一天早上就安排了一个由普拉亚社群人士组成的游行队伍,打算直接经过这条道路,我们还是不得不将其推迟。应几个当地朋友的请求,他们希望有更多的时间来教育引导这个问题上的公共舆论。您可能还记得马德哈万先生,一位提亚社群的主要领导者。他曾在大约三年前采访过您,当时您还在廷尼弗利。他现在已经加入了国大党,现在正同我们一起全心地为废除不可接触制而努力。我们已经定好了,30日这一天,队伍沿着这条道路行进。无须向您保证,我们的行动将以最有秩序的方式执行。与此同时,我们也正在尝试以公共演讲、散发传单和个人访谈等方式进行,吸引更多社会主流人士支持我们。您的任何回信将会给我们注入新的勇气。③

可以看出,不可接触问题与不可接近问题都困扰着南印度的"不可接触者"群体,而部分国大党成员的参与让这些"不可接触者"的政治诉求开始走向以抗议行动进行表达。这封信中,他们既向甘地诉说"不可接触者"的困难处境,又向甘地宣布政治抗议的具体计划,还向甘地表达采用非暴力不合作形式抗议的决心。信里虽然并没有明确向甘地表达任何请

---

① 此指除"不可接触者"以外的四大种姓,分别为婆罗门、刹帝利、吠舍和首陀罗。——作者注
② 此信不久之后即于1924年3月25日的《印度教徒报》上予以了刊发,获得了印度社会的广泛关注。See The Collected Works of Mahatma Gandhi, Vol. 27 [C]. New Delhi: Publications Division, Government of India, 1999: 461.
③ The Collected Works of Mahatma Gandhi, Vol. 27 [C]. New Delhi: Publications Division, Government of India, 1999: 461.

求,但不难知道,他们想获得国内重要政治领袖对其处境的同情、行动的理解。

在一个星期后的3月19日,甘地向凯萨瓦·梅农回复了一封持同情与支持态度的书信。信中一开始甘地就对南印度"不可接触者"群体面临的困难境遇表示了深切同情,并告知他们该地区的省级国大党委员会已着手准备和组织针对此问题的非暴力不合作抗议行动:

> 我知道,在你所在的地区,"被压迫阶层"的状况是全印度最糟糕的。正如你所说,他们不仅仅是不可接触的,他们甚至不能经过某些道路。他们的情况确实令人悲叹。我们至今没有实现"司瓦拉吉"(自治——作者注),我对此丝毫不感到诧异。为了维护我们这些同胞对公共道路的使用权,省级委员会正在组织游行队伍,呼吁他们应该通过那些被禁止的道路。这也是非暴力不合作的一种。①

而后,甘地还对他们准备举行的"庙宇道路使用权"抗议行动提出了指导意见:

> 在这个阶段,我没必要吸引人们对这个情况的关注。即使我们中有任何人想反对他们进行的话,也不应该出现武力的展示。你们就应该逆来顺受,接受所有的殴打,如果这些的确有的话。每个参与游行的人都应该对这些条件了然于心,并准备好去履行它们,那将只是一个有限的数字。不应该有反抗的行为,如果你们发现游行的人不太可能遵守相应条件的话,就应该毫不犹豫地推迟游行。我担心我们对反对改革者的游说工作还没有做足。那么,更要谨慎。②

---

① The Collected Works of Mahatma Gandhi, Vol. 27 [C]. New Delhi: Publications Division, Government of India, 1999: 82-83.
② The Collected Works of Mahatma Gandhi, Vol. 27 [C]. New Delhi: Publications Division, Government of India, 1999: 83.

由此可见，彼时南印度"不可接触者"群体对"庙宇道路使用权"普遍不满的政治情绪业已强烈。面对南印度当地日趋紧张的这一政治难题，一些当地的国大党成员对此问题十分关心，并且积极参与其中。与此同时，当地的省级国大党委员会也着手准备相关的抗议行动。此外，代表着国大党中央的重要领袖甘地也对此做出了政治表态。那么，当地"庙宇道路使用权"抗议行动的爆发，可谓是"万事俱备，只欠东风"。

二、瓦伊科姆地区"庙宇道路使用权"抗议行动的爆发

在喀拉拉地区国大党委员会的支持下，非暴力不合作行动逐渐启动实施。不久后的 3 月 30 日，南印度的瓦伊科姆地区率先爆发了关于印度教庙宇中非婆罗门群体权利的非暴力不合作行动，以争取"不可接触者"群体拥有使用有关普拉卡拉姆通道进入印度教庙宇内的权利。

4 月 1 日前后，凯萨瓦·梅农向甘地发去另一封电报，上面写道：

> 瓦伊科姆的非暴力不合作行动已于昨日开始，三名志愿者和平地步入了禁止区域并且遭受逮捕。他们庄严的举止，给公众留下了极为深刻的印象。警察的行为也是值得表扬的。今天又有另一批次的三人被逮捕。每天密集而有序的人群见证着非暴力不合作行动的进行。第一批次的人已被判处有期徒刑 6 个月。①

甘地立即回复了一封电报，向梅农及其非暴力不合作行动表示慰问与支持："我谨向非暴力不合作行动致以祝贺。希望人流能一直持续下去，直到取得成功。我们必须用完美的爱去征服对手。"②

然后，甘地又迅速给凯萨瓦·梅农写了一封书信，向凯萨瓦·梅农等吐露了自己对此次行动更多的一些具体想法，并转达了婆罗门群体政治代表的看法：

---

① The Collected Works of Mahatma Gandhi, Vol. 27 [C]. New Delhi: Publications Division, Government of India, 1999: 146.
② The Collected Works of Mahatma Gandhi, Vol. 27 [C]. New Delhi: Publications Division, Government of India, 1999: 146.

希夫拉姆·艾耶（Shivram Iyer）和宛切斯瓦拉·艾耶（Vancheswara Iyer）两位先生已经将你们非暴力不合作行动的情况捎到我这里了。他们告诉我，争议中的道路是属于他们领导的庙宇之私有财产，由婆罗门受托人享有排他性占有权。这些先生声称，他们完全有权管理调控谁可以进入。然后我就问他们，既然这些道路是属于私人财产，婆罗门拥有排他性占有权，那么是否有过任何一个非婆罗门使用它们呢？他们承认有过。那么，我告诉他们，只要有任何一个非婆罗门被允许使用过这些道路，这些所谓的"不可接触者"和"不可接近者"就一定拥有同其他婆罗门相同的权利。他们表示同意，但又说这需要一段时间，他们才能使受托人和其他对庙宇和道路感兴趣的婆罗门转变观念。①

其上述内容表达的意思可以归纳为：第一，甘地表示需先转述婆罗门群体政治代表艾耶兄弟的意见，艾耶兄弟认为那些道路属于印度教庙宇，而印度教庙宇属于婆罗门的受托人管理，因而婆罗门受托人有权决定谁可以使用相关道路进入庙宇；第二，甘地又表态，其已对婆罗门群体的这套说辞给予了反驳，并且最终得到了艾耶兄弟的赞同，不过艾耶兄弟又强调这些观念的调整需要时间。可以看出，甘地对艾耶兄弟的政治态度总体持批评态度，但又抱有部分理解的心态，于是将艾耶兄弟及婆罗门群体的意见专门转告给梅农。

同时，甘地进一步认为，梅农应该认真考虑艾耶兄弟所说的情况，尽量与他们相向而行、给予配合，建议将具体纷争交由中间人协调仲裁、公开宣布中止非暴力不合作行动：

我也知道马拉维亚吉（Malaviyaji）② 两个月后就要到南方了。

---

① The Collected Works of Mahatma Gandhi, Vol. 27 ［C］. New Delhi: Publications Division, Government of India, 1999: 145.
② 也译"马丹·莫汉·玛尔威亚"，为国大党政治人物、印度教民族主义者、梵学家及教育家。早年先后在缪尔中央学院、加尔各答大学学习，两次当选为国大党主席，参与创立了《领袖报》、贝拿勒斯印度教大学、印度童军协会与印度教大会。——作者注

<<< 第五章　南印度马德拉斯管区泰米尔人的民族主义政治渐显

如果庙宇的受托人同意，身为"不可接触者"和"不可接近者"代表的你，在与他们之间的任何争议事件中，就将所有这些争议提交给马拉维亚吉做单独的仲裁……我倒是要建议你，先暂停非暴力不合作行动，并公开宣布暂停的原因是将其交由仲裁处理。当然，这个建议是建立在相信艾耶兄弟陈述的主要事实为正确的基础上。他们告诉我，他们同我们一样迫切地希望彻底实施这项改革。如果他们在事业上是真诚的，并且在与我们原则相一致的情况下，我们就应该回应他们、包容他们。①

这封信中吐露出的态度，与甘地收到凯萨瓦·梅农告知南印度瓦伊科姆地区抗议行动已展开消息时的第一封电报中的表态，已有较大的不同。此外，第二封信的内容也于4月3日在《印度教徒报》上予以公开刊发，这可以表明，此信中的态度才是甘地对此事件更加正式的政治态度。从甘地信中所写内容来看，可以肯定的是，甘地受到了婆罗门精英群体的游说，并且向婆罗门群体的观点和利益进行了一定程度的认可与妥协。因而，甘地公开呼吁凯萨瓦·梅农等将组织的抗议行动暂停，建议其把相关争议交由第三方仲裁。

4月7日，在凯萨瓦·梅农等人的带领和组织下，一群主要由艾扎瓦种姓组成的低种姓抗议群体涌上了瓦伊科姆街头游行示威。其中，抗议活动主要在当地著名的湿婆教庙宇——摩诃提婆②神庙附近展开。英属印度政府对此既恐惧又愤怒，派出了警察大肆逮捕游行群众，包括凯萨瓦·梅农、马德哈万、西瓦塔努·皮莱（M. Sivathanu Pillai）、克拉潘·奈尔（K. Kelappan Nair）等在内的19名代表被捕入狱。在特里凡得琅的监狱中，这些被捕的群众领袖清醒地意识到：如果行动中止，在缺乏领导的情况下，这场运动很快就会偃旗息鼓并且再难重整旗鼓。于是，决定向"隔壁"马德拉斯管区的国大党人紧急联系以寻求支援。

4月8日，南印度喀拉拉地区另一位政治代表南布迪里巴德（Nam-

---

① The Collected Works of Mahatma Gandhi, Vol. 27 [C]. New Delhi: Publications Division, Government of India, 1999: 145.
② 为湿婆的另一称号，有"大神"之意，也译"大天"。

boodiripad)① 向甘地发来一封电报,介绍了非暴力不合作行动的进展状况。南布迪里巴德的电报中写道:

> 艾耶兄弟所说的事实有误。今日非暴力不合作行动已恢复。凯萨瓦·梅农、马德哈万参与了非暴力不合作行动并被逮捕。每天都有其他批次的人员在继续。②

不日,甘地在回复南布迪里巴德的电报中写道:"向梅农、马德哈万就被逮捕一事表示祝贺。希望能够坚持战斗到最后。"③甘地为何要表示祝贺呢?这是缘于抗议行动采用的是非暴力不合作方式,更多的抗议者被英属印度政府抓捕投入监狱,恰好是抗议行动必经的阶段,也被视为抗争的一大成果,因而,甘地在电报中对有抗议者被抓捕一事表示祝贺。这从侧面表明,当时非暴力不合作抗议行动规模正逐渐扩大,朝着抗议行动者领导人物的预期方向在行进。

抗议行动开展后不久,喀拉拉地区的国大党委员会向邻近的马德拉斯国大党委员会寻求支持。时任马德拉斯国大党委员会主席的佩里亚尔代表组织前往领导相关活动,并将主席一职临时交给了查克拉瓦尔蒂·拉贾戈帕拉查理(Chakravarti Rajagopalachari)担任。4月14日,佩里亚尔与妻子埃罗德·文卡塔帕·拉玛萨米·纳加姆玛伊(Erode Venkatappa Ramasamy Nagammai)④一同来到了当地,参与到瓦伊科姆当地"不可接触者"群体为获得"庙宇道路使用权"的非暴力不合作行动中。⑤ 这一抗议行动在全国范围产生了影响,其中在南印度地区尤为显著与活跃。

---

① 著名的印度共产主义领袖、印度共产党领导人。早年毕业于圣托马斯学院,参与印度的民族独立运动;并在国大党内部创建了社会党。其政治活动轨迹主要在南印度地区,著有多部政论作品。
② The Collected Works of Mahatma Gandhi, Vol. 27 [C]. New Delhi: Publications Division, Government of India, 1999: 201.
③ The Collected Works of Mahatma Gandhi, Vol. 27 [C]. New Delhi: Publications Division, Government of India, 1999: 201.
④ 南印度著名的社会改革家、女权活动家,长期致力于提高与改善南印度妇女权益的事业,于1933年5月11日逝世。
⑤ MARY C. GREY. A Cry for Dignity Religion, Violence and the Struggle of Dalit Women in India [M]. New York: Taylor & Francis Group, 2014: 122.

<<< 第五章 南印度马德拉斯管区泰米尔人的民族主义政治渐显

而在 4 月 20 日，甘地在《新生活报》上发表了一篇政治评论性文章，公开展现了其对当时印度政局的看法，并直接就根除"不可接触者"这一做法进行了阐述。首先，甘地对印度社会中设置"不可接触者"这一做法进行了强烈抨击，并强调这一做法是与印度教的教义和圣典相违背的。其次，甘地剖析了那些支持"不可接触者"不洁理由的不成立性，还特别分析了印度独立与根除"不可接触者"做法的一致性。

其中，甘地提出了自己心中根除"不可接触者"的做法，应该是达到让"不可接触者"与其他印度教群体一样自由活动的状态。在此篇文章的行文内，甘地就社会中存在的"不可接触者"这一做法语气强烈地批评道：

> 那些人的那种行为违背了自然规律。反对与另一部分人有任何的物理性接触，或者把另一部分视作不可接触者，仅仅是因为他们出生在某个特定的群体……鄙视他们，并强迫他们按不可能实现的或难以办到的方式生活以保持自己的清洁，然后再责备他们是不洁的，这些是极不公正的行为。帮助他们摆脱那些因我们的过失和暴行而造成的缺陷，是我们大家的神圣职责。①

从这些文字中不难看出，甘地对"不可接触者"这一做法是持否定态度的，并且呼吁对这一不恰当、非正义的做法进行根除。但是，甘地又提醒要对有关各方的言论与行动进行仔细辨别，不要被支持保留"不可接触者"做法之人的便辞巧说所迷惑，也不要将废除种姓制度的人与根除"不可接触者"做法的人混为一谈：

> 共餐与通婚是与种姓制度改革息息相关的问题。那些认为应该废除种姓制度的人，正在努力推动这些改革。但应该清楚地认识到，他们的努力是与根除不可接触者做法完全不同的，与此毫不相干。那些希望废除种姓制度对根除不可接触者提供帮助，这

---

① The Collected Works of Mahatma Gandhi, Vol. 27 [C]. New Delhi: Publications Division, Government of India, 1999: 271-272.

是理所当然的。而如果他们明白共餐与通婚的改革和废除不可接触者做法的努力是不同的话,他们就能够根据成绩来判断其相对重要性。①

从这里的细节可以更多地观察出甘地的相关看法,即甘地的确支持根除"不可接触者"这一做法,以给予"不可接触者"更多的自由和权利。但是,甘地又反对全面废除印度社会中存在的种姓制度。甘地总体上对种姓制度持改良的态度,对其中较为尖锐的"不可接触者"抗议行动报以理解的心态,但并不想事态走向激烈化甚至爆发革命的程度。

而南印度的非婆罗门群体争取使用相关通道进入印度教庙宇权利的抗议爆发,正是非婆罗门群体与婆罗门群体关系紧张与激化的一大直接体现。并且,南印度的这次抗议行动在当地引起强烈的社会反响,得到了大量民众的支持。周边地区的一些政党代表与政治力量也部分参与其中,其中就有马德拉斯管区的国大党主席佩里亚尔带人参与和"支援"当地的抗议行动。与此同时,甘地也数次就此问题同各界相关人士发表自己的看法,十分关心南印度当地的抗议行动发展状况。以上几个方面的因素都从侧面显示出,此次南印度非婆罗门群体"庙宇道路使用权"抗议行动的爆发,对印度国内的政治形势产生了不小的影响力。

三、"不可接触者"抗议行动在南印度多地的蔓延

南印度非婆罗门群体"庙宇道路使用权"抗议行动,自瓦伊科姆地区爆发以后在当地社会乃至全国获得了大量的支持,抗议的规模持续扩大。这一事态的发展趋势引起了印度国内政坛特别是作为当地印度民族主义中心的国大党中央的高度关注。不久后的6月4日,甘地在《新生活报》上发表了一篇随笔,重点围绕"不可接触者"的政治地位与"不可接近者"的权利问题谈了一些看法。

首先,甘地于文中再次对所谓的"不可接触者""不可接近者"这两大做法表达了不满:

---

① The Collected Works of Mahatma Gandhi, Vol. 27 [C]. New Delhi: Publications Division, Government of India, 1999: 271.

> 印度教徒累积的罪恶负担已经够大了。本是教人无私的各种印度教圣典，却被我们用作自私的工具。……我的良心每天都更加强烈地告诉我自己，如此恶行之一就是"不可接触者"这一做法。好像"不可接触者"的做法罪孽还不够，我们又开始了另一种罪恶的行为，那就是"不可接近者"的做法来增加罪恶负担。①

其次，甘地就禁止"不可接触者"使用相关道路进入印度教庙宇的做法进行了批评，并提及彼时在马德拉斯管区、特拉凡哥尔的相关种姓隔阂情况已十分严重：

> 在南方即马德拉斯管区内，民众对这种罪恶的做法已感到熟悉。但是为了方便这些人保持距离并为自己的罪恶赎罪，特拉凡哥尔地区国大党中的印度教徒成员已经开始了非暴力不合作行动。特拉凡哥尔是一个印度教土邦。在那里，这种让民众强行保持距离的做法以残酷的形式存在。……基于这样一种信条，其他的印度教徒主要是婆罗门将会被这些不可接触者污染，即使是这些不可接触者在日光下的影子。后者有义务在从婆罗门和其他印度教徒旁边走过时保持一定的距离。当经过同一条道路时，如果他们没有这样做成，就会对他们进行辱骂甚至暴打。在特拉凡哥尔的一些道路，这些可怜的印度教弟兄甚至被禁止进入。②

当时，在南印度特拉凡哥尔土邦内的瓦伊科姆地区，针对"不可接触者"的相应权利也发起了非暴力不合作行动，每天都有参与行动的民众被英属印度政府逮捕，这些情况吸引了甘地的关注：

> 被这个难以忍受的邪恶所刺痛，国大党的印度教党员已经开

---

① The Collected Works of Mahatma Gandhi, Vol. 27 [C]. New Delhi: Publications Division, Government of India, 1999: 191.
② The Collected Works of Mahatma Gandhi, Vol. 27 [C]. New Delhi: Publications Division, Government of India, 1999: 191.

始了非暴力不合作行动,就如我上文中提到的那样。为了确保他在特定道路上行走的权利,一个印度教的不可接触者印度教徒带着另一个印度教徒踏上那条道路。由三名不可接触者实施的此类非暴力不合作行动每天都在进行,并且会被法院批准逮捕。他们其中的三人就以这样的方式被捕,正在服六个月的刑期。毋庸置疑,如果这个非暴力不合作行动能和平且稳步地继续下去,人们是会取得胜利的。①

面对南印度地区"不可接触者"群体抗议行动轰轰烈烈地开展,甘地对此颇为留意。甘地注意到,在北印度地区也存在种姓隔阂与冲突的问题,同样出现了类似的"不可接触者"群体争取相应权利的政治活动。实际上,当地"不可接触者"群体的政治行动在巴拉特·布珊·马拉维亚(Bharat Bhushan Malaviya)等人的领导下已取得积极的进展,不同种姓的群体在北印度地区已经可以使用共同的水井。

与此同时,一些相关的其他政治活动也在积极展开。同年12月28日,全印非婆罗门会议在南印度的贝尔高姆成功召开。会议上,与会各方就保护非婆罗门群体的利益进行了讨论并达成会议决议,呼吁更多的婆罗门加入国大党。② 这一会议决议体现出非婆罗门群体期望进一步利用现有的政党组织平台,增加自身政治代表数量以便更好地维护自身群体的政治利益。

这次全印非婆罗门会议在召开前,与国大党领袖甘地取得了联系,并邀请甘地参会。当时,国大党一年一度的代表大会也正在贝尔高姆举办。不过,甘地由于个人原因并未参加这场会议,并由此遭到了部分国大党党员的抱怨和指责。

次年1月15日,甘地在当天出版的《青年印度报》上发表了一篇短文,对自己未能参加于贝尔高姆举行的全印非婆罗门会议进行了解释。其一,对这次举办全印非婆罗门会议的组织方及其组织目的,甘地进

---

① The Collected Works of Mahatma Gandhi, Vol. 27 [C]. New Delhi: Publications Division, Government of India, 1999: 192.
② KULKARIN A RA. WAGLE N K.. Region, Nationality, and Religion [M]. Mumbai: Popular Prakashan Pvt. Ltd., 1999: 79.

行了较为强烈的质疑:

> 《纪事》邀请我说明一下,有关我在贝尔高姆举办的非婆罗门会议上的有为或无为。令人吃惊的是,我听到了部分国大党领导就这次会议对我漠不关心的抱怨。……反正我听到的说法是,已举行的或未举行的非婆罗门会议都是应毛拉纳·穆罕默德·阿里(Maulana Mahomed Ali)的邀请举办的。就我目前所知,它不是以国大党的名义举办的,它的举办也未经与任何一位国大党成员商议。除了一张别无二致的准入证以外,我对开会的时间和地点都一无所知。①

其二,甘地表态自己与大多数国大党领导人是愿意参加会议的,但限于上述原因未能参加:

> 尽管如此,我还是热切地想参加,并努力挪出与其他安排不相冲突的时间。……我陈述这些事实,只是为了表明对于这次会议我并非不感兴趣或者是故意失礼。适用于我的情况,也适用于大多数领导者。……我对非婆罗门会议的组织者无可挑剔。我只是力图表明,如果有机会或者曾有机会的话,国大党领导人都将非常乐意与会……②

较为明显的是,甘地解释的内容实际上前后逻辑似乎有所矛盾,一方面表达热切地想参加这次会议,另一方面不清楚、不关心这次会议的举办时间和地点。对于未参加此次全印非婆罗门会议的主要原因,作为政治人物的甘地讲是不知道会议召开时间与地点,这种理由似乎较难具有说服力。如果联系其最终未与会的情况来看,就大致可以揣测出甘地对举办方及会议目的的质疑应该占据了更主要的因素。甘地指出了这次全印非婆罗

---

① The Collected Works of Mahatma Gandhi, Vol. 30 [C]. New Delhi: Publications Division, Government of India, 1999: 97.
② The Collected Works of Mahatma Gandhi, Vol. 30 [C]. New Delhi: Publications Division, Government of India, 1999: 97-98.

族群的政治：西方殖民与南印度泰米尔民族主义的缘起（1813—1925）　>>>

门会议并非由国大党主办，这一方面体现出国大党的政治权威，另一方面反映出其担心此次活动与国大党的利益相冲突。

此后，南印度"不可接触者"群体的抗议行动并未停止下来，而是陆续在毗邻地区呈蔓延之势，特别是瓦伊科姆的抗议行动得以持续进行。几个月后的3月10日，甘地甚至亲自来到了瓦伊科姆的非暴力不合作公众集会现场，并向当地民众发表了公开演讲。

一方面，甘地对存在"不可接触者"这一做法的相关种种限制进行了控诉：

> 任何公共的道路，对印度教徒而言，对四大种姓①开放的确应该向被抛弃的种姓和被视为"不可接触者"或"不可接近者"群体开放。恕我愚见，这是一种天然且正义的要求。……在我看来，"不可接触者"这一做法是人类和印度教的一大污点。它经不起理性的考验。它与印度教的基本准则相违背。②

另一方面，甘地特别强调，要废除"不可接触者"这一做法，但不代表要废除种姓制度，婆罗门群体也应该被保护：

> 我已经反复地告诉印度的印度徒们，取消"不可接触者"这一做法，对我和那些参与到这场神圣的运动中的人究竟意味着什么。这并不意味着"瓦尔纳夏尔玛法"③的解体，也不意味着共餐或通婚，但它确实意味着人与人之间的共同关系应在任何文明社会中得以存在。它还意味着，礼拜的场所只要对任何一个人开

---

① 理论上印度的种姓制度只包含四大种姓，但实际上在四大种姓之下还有一大地位最低的群体——"不可接触者"，即"第五种姓"（印地语中称为 Panchama）。
② 此演讲权全文刊载于1925年3月16日的《印度教徒报》上。See The Collected Works of Mahatma Gandhi, Vol. 30 [C]. New Delhi: Publications Division, Government of India, 1999: 376.
③ 印地语字面意思大致为"种姓法"，古典印度教时期的一大重要思想，为印度教中以种姓为基础进行社会分工修行的古老教义，其中"达摩"特指个体在阶层（瓦尔纳）和人生阶段（四行期）的责任，历史上处于印度社会最高阶层的婆罗门最坚持这一教义。——作者注

放的话，就应该对所有被视为印度教徒的人开放。我承认，如果有特殊的阶层比如说婆罗门，他们想要建造庙宇并且拒绝非婆罗门进入，那么我得说这是他们的权利。①

从其演讲的内容不难看出，甘地的确支持根除"不可接触者"的做法，认为这是不合理的社会隔离。而且，甘地支持将印度社会中的公共场所向"不可接触者"群体开放。然而，这并不意味着，甘地就想要让高、低种姓之间的分别给消除掉。相反，甘地想要尽可能地维护这种不同种姓群体之间的区别及其背后的种姓体系，甚至认为都不能直接进行共餐或者通婚。实际上，甘地认为种姓制度是有合理性的，并且承认婆罗门群体对非婆罗门群体实行歧视性政策是婆罗门群体的权利，这就不难理解和体会甘地对南印度"不可接触者"群体抗议行动的真实态度。

在这一时期内，随着非婆罗门群体的政治意识觉醒，南印度社会中非婆罗门群体与婆罗门群体之间的族群矛盾已然十分尖锐。其中，当地政党组织的活动以及政治精英人士的领导，都起着相应的作用。而"不可接触者"群体争取拥有印度教"庙宇道路使用权"的冲突，只是这种族群间矛盾愈益尖锐的客观反映。不过，这次在南印度持续爆发的大规模抗议行动，进一步刺激了当地政党组织和民族主义力量的发展。

第三节　佩里亚尔领导地位凸显及与甘地领导的国大党决裂

作为马德拉斯管区的国大党人，也是一名南印度本土的民族主义代表，佩里亚尔对南印度"不可接触者"群体的政治抗议行动尤为同情与关注。随着相关抗议行动的蔓延，佩里亚尔选择主动前往瓦伊科姆投身参与到当地的抗议行动中。并且，在这次抗议活动中，佩里亚尔的表现于当地民众中获得了一致的赞扬、一定的政治威望，这让其迅速在南印度政坛中凸显出来。而佩里亚尔自身代表的南印度及泰米尔人的身份与认知，逐渐

---

① The Collected Works of Mahatma Gandhi, Vol. 30 [C]. New Delhi: Publications Division, Government of India, 1999: 377-378.

让佩里亚尔发现,其同甘地以及甘地领导的国大党之间存在着巨大的政治分歧。于是,在多种因素共同作用下,佩里亚尔最终走上了一条新的政治道路。

一、佩里亚尔于南印度的政治抗议中崭露头角

不过,就南印度"不可接触者"群体的政治抗议行动而言,同甘地隐晦批评及保持距离的态度相反,佩里亚尔选择了公开且坚定地对其予以支持。佩里亚尔甚至为此专程离家去往瓦伊科姆,并直接长时期参与当地"不可接触者"群体为争取使用相关道路进入庙宇权利的非暴力不合作行动。英属印度政府对佩里亚尔等十分反感,两次依据相关理由将佩里亚尔逮捕入狱。然而,佩里亚尔却因其在瓦伊科姆抗议行动中的表现,逐渐在当地获得了高度的群众威望与社会认可,被人称为"瓦伊科姆的英雄"。[①]可以说,凭借着在这次政治抗议行动中的突出表现,佩里亚尔随即于南印度的政坛中崭露头角。与此同时,佩里亚尔与当时印度民族主义领袖——甘地之间的政治分歧也日益扩大。

后来,佩里亚尔在一次公开演讲中就专门回忆了当时的活动情形,对甘地于抗议行动中的表态和举动颇为不满。

一方面,佩里亚尔强调,甘地当时直接向参与各方进行了政治喊话,让其他各族群不要卷入印度教的内部事务:

> 消息一经传到旁遮普省,萨米·西拉塔南达(Sami Sirathananda)就在那里提出了上诉。他派了约三十个旁遮普人去到瓦伊科姆。他们拿出 2000 卢比作为捐款,并答应支付志愿者的餐饮费。看到这一点,这里的婆罗门给甘地送去了书信。他们指责锡克教徒挑起了一场反对印度教的战争。甘地也表达了他的观点。他说,穆斯林、基督徒、锡克教徒和其他非印度教教徒不应参与这场抗议活动。作为对他号召的响应,穆斯林、基督教徒和

[①] MARY C. GREY. A Cry for Dignity Religion, Violence and the Struggle of Dalit Women in India [M]. New York: Taylor & Francis Group, 2014: 122.

<<< 第五章 南印度马德拉斯管区泰米尔人的民族主义政治渐显

锡克教徒退出了这场抗议活动。①

另一方面,佩里亚尔分析,当时甘地对南印度低种姓相关抗议活动的不支持表态,已成为抗议活动领导者中普遍存在的一大顾虑和担忧:

> 而拉贾戈帕拉查理又给乔治·约瑟夫(George Joseph)② 写了一封信,说他干涉属于印度教的事务是错误的。但是,乔治·约瑟夫并没有听从拉贾戈帕拉查理的劝告。他回答说,他已经做好了被国大党开除的准备。他坚称不会丧失自尊。森先生、奈杜博士(M. E. Naidu)和其他领导人都坚决支持这一抗议行动。但有些人担心甘地会写信来,谴责抗议、停止捐款。但当时萨米·西拉塔南达来到了瓦伊科姆,并且承诺提供财力支持。尽管面临着甘地的反对,瓦伊科姆的抗议行动还是被发动起来了。③

可以明确的是,就当时瓦伊科姆等南印度地区的抗议行动,甘地与佩里亚尔等人之间存在着不小的政治态度差异,甚至是严重的政治分歧。在得到其他各界人士从政治及经济等多方面的支持之后,南印度"不可接触者"群体争取相应权利的抗议活动最终仍然得以进行。就在这一时期,国大党马德拉斯管区的主席佩里亚尔也参与到当地的抗议行动中去,并逐渐成为南印度抗议行动中一大十分具有政治威望的领导者。

彼时,当地土邦的领导人希望同本次运动主要领导者佩里亚尔会面,就有关问题通过直接对话加以解决。不过,拉贾戈帕拉查理向土邦的领导人提议引入第三方参与。于是,土邦的领导人又决定邀请甘地来参与双方

---

① E. V. RAMASWAMI NAICKER. Collected Works of Periyar E. V. R. [C]. Chennai: The Periyar Self-Respect Propaganda Institution, 2007: 111-112.
② 南印度著名的民族主义活动家,信仰基督教,早年先后在马德拉斯基督教学院和爱丁堡大学求学,曾在英国伦敦从事法律工作,于1909年返回印度。后结识了不少印度国内争取民族独立的各派社会活动家,与甘地、贝桑特夫人等有过密切合作,对南印度不可接触者群体的"庙宇道路使用权"抗议行动持支持态度。并曾就此与甘地沟通,但二人分歧较大,其甚至为此离开国大党而加入了正义党一段时间。
③ RAMASWAMI NAICKER E V. Collected Works of Periyar E. V. R. [C]. Chennai: The Periyar Self-Respect Propaganda Institution, 2007: 112.

187

之间的政治斡旋。但是，佩里亚尔认为这是多此一举，心中对此事有不少怨言，其回忆道：

> 后来，土邦女王希望通过彼此对话来解决问题。她想和我讨论这个问题。但这个土邦的迪万①是一个婆罗门，他阻拦了我们的谈话。他说，土邦女王不应该直接和我对话。于是，他给拉贾戈帕拉查理写了一封信。拉贾吉②知道我会赢得鲜花和掌声。所以他精心地决定让土邦女王和甘地先谈。正是因为拉贾吉耍的这个把戏，甘地的名字被写入了瓦伊科姆抗议的历史。我不太在意究竟是哪一个人获得了声望和名誉。我并不是为了个人荣誉而来，我只想要这个问题得到成功的解决。③

这段文字从侧面说明，当时在南印度地区的抗议行动，实际上已在印度政坛中引起广泛注意；而除抗议行动以外，还有一些改善和解决相关问题的方式方法，正在酝酿和进行之中。

不日，甘地来到当地，先与土邦的领导人进行了会晤。土邦领导人表示可以给予这些群体使用道路的权利，但是担心"让步"之后抗议群体又"得寸进尺"要求更多利益。之后，甘地又找到佩里亚尔面对面交流，了解佩里亚尔的意图与态度。佩里亚尔表示，短时期内并没有进一步扩大抗议行动以争取其他权利的想法和计划。于是，土邦女王正式公开宣告，准予这些"不可接触者"获得相应的道路使用权利。

次年，当地的非暴力不合作行动取得阶段性胜利，大多数庙宇同意将相应的道路向"不可接触者"群体开放，"不可接触者"群体获得了相应的一些权利。

在很长一段时间后，佩里亚尔对这一抗议行动的经过仍然记忆犹新，曾声情并茂地对此描述道：

---

① 为印度土邦的行政长官。——作者注
② 为对拉贾戈帕拉查理的敬称，段内下文相同。——作者注
③ RAMASWAMI NAICKER E V. Collected Works of Periyar E. V. R. [C]. Chennai：The Periyar Self-Respect Propaganda Institution, 2007：112-113.

甘地来同土邦女王进行了会谈。土邦女王同意为低种姓的首陀罗和不可接触者开放所有的道路。但是,她又担心我会继续为争取不可接触者进入寺庙的权利而斗争。于是,甘地来到我下榻的平房,让我发表意见。我说,"让那些不可接触者使用公共的道路根本就不是什么大不了的事!尽管目前进入庙宇并不是国大党的理想之一,但就我而言,这的确是我的主要理想之一。不过,你可以告诉土邦女王,目前我还没有这样的想法去发起一场争取庙宇进入权的运动。在我决定该怎么做之前,还是先让一切恢复平静吧"。甘地转告了土邦女王。她宣布,人人都有使用庙宇周围所有道路的权利。这就是低种姓的首陀罗和不可接触者怎样获得相应权利的,可以像最高种姓婆罗门和正统印度教徒一样使用所有道路。①

从中可以看出,佩里亚尔客观上也承认了甘地在其中起到的斡旋作用。也正是在甘地的斡旋下,土邦领导人才得以较快地做出决定,给予当地"不可接触者"群体相应的"庙宇道路使用权"。

不过,佩里亚尔也确实对甘地颇有怨言乃至相当不满,背后的原因应该主要包含以下两个方面:一方面,佩里亚尔对这种找来"和事佬"实行中间"干预"的方式本身心生反感,甘地的参与阻碍了抗议群体可能直接与当地统治阶层"讨价还价"过程的充分展开;另一方面,佩里亚尔当时尽管表态之后没有发动更大规模抗议行动以获得更大权益的想法,但是他向甘地坦承这些的确是自己的一大主要政治理想。

此外,佩里亚尔还对争取印度教"庙宇道路使用权"爆发抗议行动前后相关的一些日常细节进行了回忆,其讲道:

> 有一段时间,我担任了埃罗德的天神国度委员会主席。当我不在那里的时候,古卢萨米(S. Gurusamy)、庞南巴兰(Ponnambalan)和埃斯瓦兰(Eswaran)几位同志,一起介绍了两名阿迪-

---

① RAMASWAMI NAICKER E V. Collected Works of Periyar E. V. R. [C]. Chennai: The Periyar Self-Respect Propaganda Institution, 2007: 113.

德拉维达①工作人员来到我的办公室。他们的前额都画上了圣灰②,就这样进入庙宇。看到这些,婆罗门大喊大叫:"他们玷污了神灵。"他们被扣在里面,并被提起诉讼。地方法院对他们进行了审判和惩处。但是在提请上诉后,高等法院对他们重新改判为无罪释放。那还是在英国统治的时期。但就是在苏钦德拉姆,第一次争取进入庙宇的公开抗议行动才得以举行③。在我的主持下,还举行了一次自尊会议。会上通过了不少决议,敦促废除种姓制度,确保不可接触者进入庙宇的权利。④

可见,佩里亚尔当时对南印度地区"不可接触者"群体的抗议行动是十分积极地参与其中的。而且,佩里亚尔积极地组织和参加其他形式的政治活动,以求维护南印度社会中"不可接触者"群体的政治利益。正是在南印度社会"不可接触者"群体争取印度教"庙宇道路使用权"抗议行动的热情参与下,佩里亚尔获得了甚高的政治威望进而在政坛崭露头角。同样是基于此立场,佩里亚尔与甘地在政治理念及政治态度之间的差异和分歧,逐渐明显化、扩大化。

---

① 字面意思为"原始达罗毗荼人",其本来称为"帕莱雅尔"(Paraiyar),是南印度和北斯里兰卡地区的一大贱民种姓。19世纪末,一些政治代表认为"帕莱雅尔"这一称呼具有歧视性,建议启用"阿迪-德拉维达"这一新称呼。其中,佩里亚尔也是这一新用法的一大推广者。——作者注
See Michael Bergunder, Heiko Frese, Ulrike Schröder (eds.). Ritual, Caste, and Religion in Colonial South India [M]. Kundli: Primus Books, 2011: 259-261; Michael Bergunder. Contested Past: Anti-brahmanical and Hindu Nationalist Reconstructions of Early Indian History [J]. Historiographia Linguistica, 2004, 31 (1): 95-104.
② 印地语中称为"维布蒂",中文里也称"吉祥记",由印度教宗教仪式中烧完的灰烬做材料,在信徒额头上画出相应图案。此图形画法也有教派之分,一般湿婆派为三条横纹,代表着对湿婆的崇拜,其名为"三"字圣记。参见包慧怡.建志补罗:帕拉瓦王朝的砂岩浮世绘 [N]. 文汇报,2020-05-22 (W05)。
③ 苏钦德拉姆位于马德拉斯管区,此次针对进入庙宇权利的抗议行动在马德拉斯管区内当时尚属首次。——作者注
④ RAMASWAMI NAICKER E V. Collected Works of Periyar E. V. R. [C]. Chennai: The Periyar Self-Respect Propaganda Institution, 2007: 113.

二、佩里亚尔与甘地领导的国大党"分道扬镳"

在南印度"不可接触者"群体争取"庙宇道路使用权"的抗议活动中,国大党领导人甘地的相关表态与行为,进一步扩大了佩里亚尔对甘地及国大党的不认可。佩里亚尔逐渐意识到,国大党并不能真正维护南印度广大民众的权益,更不能真正改善当地民众面临的社会压迫。而同一时期,在马德拉斯管区执政的正义党吸引了佩里亚尔的目光,正义党陆续采取的一些政策也获得了佩里亚尔的内心认可。

尽管这一时期,甘地多次公开发表了支持根除"不可接触者"做法的言论,并与相关行动的领导人保持了电报或书信的往来,佩里亚尔对甘地的观点和行动却不以为然,甚至产生了强烈的反感情绪。

彼时,佩里亚尔期望的是,为南印度地区特别是马德拉斯管区的低种姓群体和"不可接触者"群体争取更多的政治权利,让他们与婆罗门群体获得平等的政治地位,并真正过上有尊严的生活。佩里亚尔后来回顾了当时的具体情况,直接分析了其对甘地政治理念的不认同:

> 从政治自由的概念来说,甘地先生和贾瓦哈拉尔先生都是政坛的两位杰出人物。甘地说,振兴印度教和瓦尔纳夏尔玛法的老传统就是自由。摆脱英国的统治被大家视为自由。而人类社会中普遍存在的悲哀是无法根除的。即使是自由,由它带来的问题也比它能解决的还要多。据说,英国国民享有着最大的自由。但是你知道吗?英国国王①为了娶他心爱的女士,不得不放弃王位。这也是由所谓的民选代表推动的。既然如此,你认为甘地或尼赫鲁追求的自由有任何的自尊可言吗?如果自由是有自尊的话,那么你认为英国国王会丧失结婚选择的权利吗?在人的一生中,没有什么比自尊和基本人权更珍贵了。②

---

① 此应指爱德华八世,其于1936年1月20日登基为英国国王,后因欲娶一离异女子而引发宪政危机,迫于各方政治压力于1936年12月11日主动退位。——作者注
② RAMASWAMI NAICKER E V. Collected Works of Periyar E. V. R. [C]. Chennai: The Periyar Self-Respect Propaganda Institution, 2007: 51.

由此大概可以得知,在当时印度社会需要如何寻求"自救"的政治理念上,佩里亚尔与甘地存在着巨大的差异和分歧。甘地相信,当时印度社会发展中最迫切需要解决的是印度的自由问题;而佩里亚尔则认为,亟待解决的问题是印度人的自尊与基本人权问题,如果不是建立在拥有自尊和基本人权改善的基础上,那种自由也是不牢靠的。

对此,佩里亚尔感到十分生气,认为这些婆罗门群体狡猾地利用邪恶的种姓与迷信作为宗教武器,对达罗毗荼族群进行着系统性的打压和迫害。由于与甘地领导的国大党政治理念分歧日益扩大,佩里亚尔心中逐渐有了退出这个"迂腐"的国大党的想法。

相反的是,南印度的正义党一贯支持和保护非婆罗门群体的政治权益,其在马德拉斯管区已成为执政党并持续推出一些相应的举措,这些情况吸引到了佩里亚尔的注意。早在1921年,帕纳甘提·拉玛拉娅尼噶尔领导的正义党就提议,在马德拉斯管区政府内为落后种姓保留一定的职位。不过,议案中涉及的落后种姓名单安排与拉詹(M. C. Rajah)等人的设想差距不小,这引发了部分种姓团体的强烈不满。同年,正义党还在马德拉斯管区立法议会上提出了《印度教徒宗教捐赠法案》。根据此法案,马德拉斯管区政府将成立专门的基金会组织,以对辖区内的印度教庙宇进行更专业化的管理。

实际上,这一方案意味着准予了政府接管印度教庙宇和善款方面的权力,将削弱甚至终结印度教庙宇中婆罗门群体拥有的神圣地位和宗教特权,可大力保护非婆罗门群体在宗教事务上的权益。

因而,该法案在被提出后就引发了马德拉斯管区立法议会内外各种群体的热烈讨论。支持者认为,该法案的出台,将有助于加强印度教庙宇及宗教事务的规范化管理,消除既往印度教管理上的一些弊病,也可间接地保障非婆罗门群体的宗教事务权利。反对者的看法则是与之相反,批评法案中的内容实际上是政府公权力对民众私权利的侵犯,政府干涉宗教事务的管理不仅不能促进印度教事务的良性发展,还会导致更多的冲突和问题。到1923年时,马德拉斯管区立法议会上,投票通过了《马德拉斯印度教徒宗教捐赠法案》。及至1925年,马德拉斯管区政府又正式宣告成立印度教徒宗教与慈善捐赠委员会,委员会由政府提名任命的1位主席与

2~4位专员共同组成,负责辖区内印度教庙宇宗教事务的管理工作。①

在与甘地领导的国大党之间的政治分歧持续扩大的情况下,佩里亚尔为争取低种姓群体和"不可接触者"群体利益而行动的想法变得更为迫切。于是,佩里亚尔开始寻求和使用新的手段与方式,以继续追求相应政治目标的实现。于是,在1924年,佩里亚尔就带头创办了一份泰米尔语周报——《共和报》,此报于次年正式编辑发行。

彼时,正义党扎根在马德拉斯管区,并为当地非婆罗门种姓积极发声和持续作为,这些一点点得到了佩里亚尔高度的政治认可。次年,佩里亚尔下定决心,正式退出国大党并加入正义党,以新的方式引领南印度泰米尔民族主义的新发展。在此基础上,佩里亚尔策划了在马德拉斯管区发起和领导一场全新且广泛的政治运动,这在后来推动泰米尔民族主义迎来了新的高潮。

小　结

在甘地领导的第一次不合作运动时期,印度国内的民族主义力量走向了一个新的高峰,其涉及的领域、地域、范围都达到了一个新的高度。与此同时,印度国内各派民族主义的思想与组织日益分化,特别是不同族群的民族主义思想与力量逐渐凸显出来。

其间,印度的穆斯林群体发起了具有浓厚伊斯兰民族主义色彩的哈里发运动;印度的锡克教徒群体组建了阿卡利党,发动了具有锡克教民族主义色彩的阿卡利运动;而在南印度地区爆发了争取"庙宇道路使用权"的抗议行动,为低种姓群体对婆罗门群体的政治抗争。国大党决定中止第一次不合作运动之后,对印度国内其他各种民族主义的组织、运动及诉求持不支持与质疑的态度。

在这种背景下,印度国内不同族群的各派民族主义团体与国大党的分歧与矛盾走向激烈化。这一时期,南印度"不可接触者"的政治抗议活动

---

① 之后于1927年被撤销,并于1940年、1942年、1951年、1960年等分别做了多次修正。See A. Kalyanasundram, Thiru P. Parbhu. Sivaloganathar Temple at Thirupungur (Tamilnadu)[M]. Raleigh: Lulu Publication, 2019: 68.

声势变得更加浩大。甘地在较长一段时期对此高度关注,多次在与友人的通信中表达了相关的担忧,并最终亲自到南印度瓦伊科姆的非暴力不合作抗议现场。在面向当地的抗议民众发表的公开演讲中,甘地表示支持废除"不可接触者"这种做法,但并不支持废除种姓制度。

与此相反,佩里亚尔则是亲自前往瓦伊科姆,并长期投身到当地"不可接触者"群体的非暴力不合作抗议中,一度被捕入狱。也正是在当地的抗议行动中,佩里亚尔因其自身的参与表现获得了极高的政治威望,在南印度民族主义力量中获得了强大的政治领导力。

这场"不可接触者"群体争取印度教"庙宇道路使用权"的抗议行动,得到了南印度社会大量群体的支持,传播范围广、持续时间长、社会影响大。相关的抗议行动,既是南印度不同社会群体之间关系矛盾恶化的反映,也反过来激化了南印度不同群体的紧张关系。而正是这些实地的抗议行动参与经验,让佩里亚尔对"不可接触者"群体所处的情况、国大党的态度与政策有了更加深刻的切身体会。

佩里亚尔对甘地当时的表态与行动颇为不满,且逐渐对国大党失去了政治好感与信心。与此同时,南印度马德拉斯管区本地的正义党积极为当地非婆罗门群体、"不可接触者"群体谋求政治权利,这一系列政治主张与政治实践吸引了佩里亚尔加入这个具有泰米尔民族主义色彩的政党。此外,在正式退出国大党和加入正义党之前,佩里亚尔已在当地创办纸质刊物以宣传新的政治理念;而就在加入正义党的当年,佩里亚尔还决心并策划发起一场带有浓厚泰米尔民族主义色彩的政治运动——自尊运动。

稍加梳理,从上述几起事件、几次行动之间的时间与逻辑关系来看,不难觉察到,佩里亚尔这一时期极有可能在系统地酝酿推动当地民众获得相应政治权利的行动。一方面,佩里亚尔积极地组织创办了当地的一些泰米尔语报刊,并刊发一些宣传民族主义思想的文章;另一方面,佩里亚尔在考虑自身及南印度的政治状况后,选择退出国大党,并加入了正义党。而正是佩里亚尔在南印度政坛的凸显尤其是其加入了当地正义党的新天地,让此后南印度的泰米尔民族主义步入了新的发展阶段,乃至促使泰米尔民族主义走向新的"政治高潮"。

第六章

南印度泰米尔人的海外迁徙与海外泰米尔民族主义

南印度地区被印度洋所包裹,优良港口多,自古以来与南亚、东南亚地区的部分港口和交通枢纽之间有着密切的往来联系。其实,在古代,南印度的泰米尔人就曾通过军事活动与贸易往来到达过锡兰和马来亚等海外地区,不过起初总体上数量和规模较为有限;而由于地理邻近,陆续迁入锡兰岛上的南印度泰米尔人,逐渐成为当地第二大族群。

及至近现代,英国人在锡兰岛和马来亚等地区实现了大范围的殖民扩张,随着种植园经济活动的兴起,南印度的泰米尔人开始快速且大规模地迁入这些地区。到20世纪初期时,英属锡兰与英属马来亚的泰米尔人已形成相当的规模,并且随着新闻报刊与政治活动的影响,当地的泰米尔人族群中逐渐传来了南印度的泰米尔民族主义意识与思想。受到南印度泰米尔民族主义的扩散影响,且由于泰米尔人在斯里兰卡和马来西亚都属于少数族群,因此在面对所在国的大民族主义压迫之后泰米尔民族主义在海外国家出现和发展。

第一节 马来亚的泰米尔人与泰米尔民族主义

在古代时期,就有部分南印度的泰米尔人通过军事活动与贸易活动等方式来到马来亚地区,不过其数量和规模十分有限。及至近现代,英国人在马来亚地区积极地进行殖民扩张,其中种植园经济活动快速兴起需要大量的劳动人口。而当地的人口数量和人口素质并不能充分满足这个巨大的劳动力缺口,南印度的泰米尔人群体受到了格外青睐,并很快成为当地种植园中的主要劳动力来源,于是南印度的泰米尔人就被大规模地迁入马来亚地区。到19世纪末20世纪初时,英属马来亚的泰米尔人群体已形成相当的规模,泰米尔人在当地社会中拥有自己相对独立的文化生活圈。此外，当地泰米尔群体的少部分精英中也逐渐出现了宣传新的政治文化思想与组织政治团体的活动。并且，随着新闻报刊与政治活动的影响，当地的泰米尔人族群的政治意识呈上升趋势，而此过程中也给当地泰米尔人逐渐传来了南印度的泰米尔民族主义意识与思想。

一、英国殖民活动下马来亚地区泰米尔劳工的迁入

泰米尔人到马来西亚地区的历史较为悠久。在11世纪初时，泰米尔人建立的朱罗国①曾大规模派兵攻击马来半岛地区的室利佛逝国②，一度占领了这一由当地马来人建立的王国都城和管辖区域。不过，泰米尔人大规模地迁徙到马来亚及邻近地区，则主要缘于近代东南亚与南亚之间的海上经济活动。

18—19世纪，欧洲人的到来，以及在当地进行的经济活动，直接加强了南亚地区和东南亚地区之间的物资与人员联系。其中，英国人在当地的殖民地掠夺与经济开发，发挥了尤为突出的作用。1786—1824年，英国人以英属东印度公司的名义率先占领了槟城，后又陆续占据了新加坡、马六甲等。1826年，英国殖民政府在这些沿海据点的基础上组建了"海峡殖民地"③，首府就为马来亚的槟城。但是，其在行政上归千里之外的南印度马德拉斯殖民政府管辖。

欧洲人和商业资本在当地的经济殖民活动，拉开了马来亚地区种植业开发的序幕。马来亚地区先后引入了一些新的作物进行规模化种植，生产更具有商业价值的作物，以图获得更大的商业价值。19世纪20年代，马来亚地区引入了胡椒与香料加以种植；30年代，又引入了新的经济作物甘蔗进行移栽，④ 及至40—50年代，英国殖民政府在马来亚地区快速扩张，同时渐渐增加了对马来亚地区的经济殖民开发活动。

于是，英国殖民者就在马来亚邻近的殖民地区招募便宜劳工，南印度的泰米尔人成为欧洲人眼中可用于开发马来亚地区的重要人力来源。英国

---

① 中文古籍里也称"注辇国"，位于南印度地区。
② 中文典籍里也称为"三佛齐国"，为当时东南亚地区的一个主要大国。
③ 之后在1846年，拉布安也被纳入"海峡殖民地"管辖范围。
④ SANDHU K S, MANI A. Indian Communities in Southeast Asia [M]. Singapore：Institute of Southeast Asian Studies/Makono Pront Media, 2006：151.

殖民者以招工的名义，使用一整套契约制度，从南印度马德拉斯管区招募了大量的泰米尔人劳工。此外，英国人在印度的经济活动又冲击着南印度的传统经济模式，其在印度施行的土地政策让大量印度民众失去土地，这些因素也在其中扮演了"推波助澜"的重要角色。①

鉴于种植园内的工作性质为简单重复性劳动，当地的用工市场普遍面临这样一个现实情形：马来人没有积极性，华人会找报酬更高的工作，找非洲人或欧洲人又不太可行，找爪哇人既困难又昂贵，而印度人就显得不可或缺。在这些可以挑选的劳工群体内，南印度的农民特别是马德拉斯的低种姓或"不可接触者"，被认为是最适合这类种植园劳工工作的族群类型。泰米尔人身上具有几个十分突出的优点：第一，泰米尔人十分适应这种轻松、简单及重复性的劳动，其可塑性较强；第二，泰米尔人在监管下能够工作得非常好，这样便于管理；第三，泰米尔人不像大多数的北印度人那么野心勃勃；第四，泰米尔人不像来自印度次大陆其他乡村的那些人，并没有太强的自我抱团结社意识；第五，面对相对较低的工资，以及政府机构管制下相对严格的生活方式，泰米尔人表现得最为顺从。② 于是，在多种措施和力量的共同推动下，这些泰米尔劳工群体在19世纪中后期源源不断地去往马来亚地区。

马德拉斯管区的殖民当局在较长一段时间内对南印度泰米尔劳工群体迁移马来亚地区不设限制，总体上持一种"静观其变"的态度。因此，马德拉斯管区的殖民当局对此问题的政策态度，也为南印度的泰米尔人大量迁徙到马来亚地区起到了催化的作用。不过，这并不意味着马德拉斯管区的殖民当局对此问题的态度和政策会保持一成不变。1857—1859年，针对航行于孟加拉湾的移民运输船只，马德拉斯管区的殖民当局出台了禁止超载的要求与规定；而受到印度契约劳工被虐待丑闻曝光的社会压力，马德拉斯管区殖民当局议会于1867年甚至出台了法令，禁止包括泰米尔人在内

---

① 参见罗圣荣. 马来西亚的印度人及其历史变迁 [M]. 北京：中国社会科学出版社，2015：38-43。
② SANDHU K S, MANI A. Indian Communities in Southeast Asia [M]. Singapore: Institute of Southeast Asian Studiess/Makono Pront Media, 2006: 152.

的印度劳工迁徙移民至海峡殖民地。①

总体来看,在多种因素的共同推动下,南印度的泰米尔劳工被大量地送往到马来亚地区。其一,英国人在马来亚地区的种植园经济发展,极大地扩大了当地的用工需求量;其二,英国人在南印度的殖民当局对南印度当地泰米尔人赴海外做劳工的行为采取了默许的态度;其三,南印度泰米尔人自身的族群文化气质和行为特征受到了马来亚地区种植园主的青睐。

二、马来亚地区的族群杂居与泰米尔人族群意识萌发

1867年2月4日,海峡殖民地改为英国的皇家殖民地②,由英国政府的殖民地部直接管辖。此后,海峡殖民地政府在很长一段时期内多次就此问题与印度方面进行沟通,寻求印度方面减少或取消对包括泰米尔人在内的印度劳工去往马来亚地区的法律性及政策性限制。③

在19世纪70年代引入咖啡与橡胶两大关键的经济作物后,马来亚地区的种植园经济蓬勃发展,对泰米尔劳工的需求数量直线上升。移居到马来亚的泰米尔人又迎来了新的快速扩大时期,这些泰米尔人大多聚居在一起,从其他地区迁徙过来的其他族群也大抵如此,在当地分别形成了各自的工种模式、生活区域与族群圈子。

当地泰米尔群体中的部分文化人和精英分子,尝试与刊行了泰米尔文的报纸,以满足泰米尔社群的一些精神文化需求。据南亚史学家苏尼尔·阿姆瑞斯(Sunil S. Amrith)考证,1876年于海峡殖民地之内公开发行的《吾人之友》,即为马来亚地区近代历史上第一份泰米尔文报刊。该报纸的首任编辑为穆罕默德·塞伊德(Muhammad Sa'id),报纸主要聚焦周边的城市新闻,同时也适当涉及国际时事。1883年,泰米尔文人吴拉姆·卡迪尔·纳瓦拉尔(Ghulam Kadir Navalar)在槟城创办了一份名为《薇迪雅维卡里尼》的泰米尔文报纸。不过,这份报纸未能在当地长期驻扎,不久之后随

---

① 罗圣荣. 马来西亚的印度人及其历史变迁[M]. 北京:中国社会科学出版社,2015:48-49.
② 也译"皇室殖民地""直辖殖民地"。
③ GEOGHEGAN J. Note on Emigration from India[Z]. Calcutta:Office of Superintent of Government Printing,1873:63-65.

<<< 第六章　南印度泰米尔人的海外迁徙与海外泰米尔民族主义

创办人纳瓦拉尔返回南印度马德拉斯管区的纳格尔小镇。①

就在4年之后,在海峡殖民地的新加坡,又有一份新的泰米尔文报纸呱呱坠地。这份新的泰米尔文报纸取名为《新加坡之友》,每周印刷发行一次。此报覆盖的主题十分广泛,大到国际事件,小到街边新闻,皆予以刊载。报纸内容常借用当时的英文及马来文报刊文章,不过以英文刊物的文章居多。尽管报纸从成立时即公开承诺要为东南亚及南亚地区主要城市的泰米尔人努力服务,然而到1890年就因难以为继而不得不停刊。②

及至19世纪末时,泰米尔群体已逐渐成为马来亚地区十分重要的移民族群,与马来人、华人一起构成了当地的三大族群。当时,一位在马来亚地区多地行走了十余年的西方人安布罗斯·拉思本（Ambrose Rathborne）③,就对当地这些族群的日常生活进行了十分细致的观察与记录。

首先,拉思本的文字中介绍了一些当地的地理情况,并且强调华人、马来人和泰米尔人在共同掌管着这片地区:

> 而更靠近我们的是吉辇（Krian）,以前是一片巨大的沼泽,现在为中国人、马来人和泰米尔人所占据。……华人、马来人和泰米尔人的男学生们在外面玩着等候,直到他们的师傅来打开这幢大楼的门,他们的课程就在里面教授。对于大众的教育并没有被忽视,在所有的马来人聚居区,村子里的头人都务必使男童们所要就读的本地语言学校建在方便的中心区域。④

其次,虽然拉思本的语言中明白地流露出对西方殖民者的赞美与支

---

① SUNIL S AMRITH. Crossing the Bay of Bengal：the Furies of Nature and the Fortunes of Migrants [M]. Cambridge：Harvard University Press, 2013：166.
② SUNIL S AMRITH. Crossing the Bay of Bengal：the Furies of Nature and the Fortunes of Migrants [M]. Cambridge：Harvard University Press, 2013：167-168.
③ 一位来自英国的传教士,在马来亚地区进行医学传教活动。See Danielle Falconer. British Implementation of Western Medicine in Malaysian and the Malaysian Reaction [J]. The Forum：Journal of History, 2015, 7 (1)：43-57.
④ AMBROSE B. Rathborne, Camping and Tramping in Malaya：Fifteen Years' in the Native States of the Malay Peninsula [M]. London：Swan Sonnenschein & Co., 1898：218, 225, 230.

持,但其记述还是直接显示出了英国殖民者对当地族群的压迫,泰米尔人和华人普遍面临着被歧视与被奴役的不堪窘境:

> 苦力们坐在政府办公室外的走廊上,手里拉着"彷卡"①,持续地为里面辛勤工作的官员们服务。这些人倾听所有来者的声音,不管他们的民族可能是什么,都带着同样的礼貌和关注。一群人静静地坐在最高法院内等待判决结果;在警察法院②上,地方法官绞尽脑汁地努力从一堆的谎言中筛选出一丝真相;或者听到一个泰米尔人说着土语,扼杀着他的母语,那是达罗毗荼语系中组织化程度最高的语言。一位警察用手揪着辫子将一个骂骂咧咧的中国人带到警局,后面跟着一群闲人。他们导致一只慵懒"贱民犬"③ 得从躺着晒太阳的路面爬起来,之后偷偷溜走。④

然后,拉思本还从族群关系的视角进行了仔细观察,发现华人内部仍可以进一步细分为更小的族群⑤,而华人与泰米尔人之间在日常生活上呈现出两个不同的社群系统:

> 赌场里围得水泄不通,即使在外面的四周也站着成群结队的"中国佬"⑥,期待着最后能够进去试试他们的运气。这些拥挤人

---

① 一种悬挂在室内屋顶的手动风扇,扇叶一般由棕榈叶、竹叶或藤类植物等材料制成。这种风扇可依靠人力在房间内产生较大风力,从而形成一定的室内空气循环系统。由于南亚与东南亚地区许多地方炎热潮湿,这种风扇在19世纪的当地英属殖民地内十分流行。
② 也称"违警法院""治安法院"或"地方法院"。——作者注
③ 为南亚、东南亚地区常见的一种土狗类型,原产地为印度次大陆。——作者注
④ AMBROSE B RATHBORNE. Camping and Tramping in Malaya: Fifteen Years' in the Native States of the Malay Peninsula [M]. London: Swan Sonnenschein & Co., 1898: 231.
⑤ 在华人群体里还有更小的划分,来自中国境内不同省份就有较大的认同区别;甚至即使来自同一省份的族群内,也形成了以次一级地域为主要基础、更精细的群体认同差别。——作者注
参见宋燕鹏. 地域认同与社群边界:20世纪上半叶英属马来亚槟城福建籍社群的形成 [J]. 八桂侨刊, 2018 (2): 66-73; 宋燕鹏. 观念、组织与认同准则:19世纪英属槟城邱氏宗族再建构与社群形塑 [J]. 华侨华人历史研究, 2018 (2): 71-80.
⑥ 为当时英语世界中对当地华工群体的歧视性称呼。——作者注

群中的个体来自中国的许多地区,不仅说着彼此之间听不懂的方言,而且从事着不同的职业和行业。矿工们主要是客家人和澳门人,小商店主为福建人,种植园丁为潮州人,还有家政服务工为海南人。……泰米尔人也有他们的表演,但是在路边的露天区域。在那里,一个老年男性敲打着通通鼓①,而一个年轻女性则摆姿势和跳舞。不过,在节日里表演会持续一整天,很多人都加入其中。女性身着华丽的衣服,男性则装扮成动物,不断地进行着对话。在每一个恰当或机智的话语之处,围圈站着的听众们就会发出笑声,通通鼓手还会以打击一个震耳欲聋的急促鼓点和大喊一声喝彩来强化它。②

此外,另一种劳工制度——"凯加奈制度"③也在这一时期的马来亚种植园的泰米尔劳工中迅速发展起来。在此之前,长期奉行传统契约制度,以契约形式对泰米尔劳工的工作年限、人身自由进行了较多的严格束缚,甚至有不少黑心的招募机构以各种方式"欺骗""绑架"泰米尔劳工。而在"凯加奈制度"下,取消了契约的方式,由类似工头的人员专门负责招募与管理。因而,劳工们工作与生活的自由度获得一定程度的提高,更加受到泰米尔劳工群体的欢迎。④ 于是,在"凯加奈制度"推行后,从南印度来到马来亚地区的泰米尔劳工移民市场又步入新的发展时期。

这一时期,南印度的泰米尔人大量作为种植园劳工被输送到马来亚地区,相应的劳工体系为这种规模化、持续化的人口迁徙活动提供了机制化的动力。而大规模的南印度泰米尔劳工抵达马来亚地区后,逐渐形成聚居

---

① 这种鼓在南印度泰米尔人的文化生活中使用较为广泛,在斯里兰卡等海外多地也有传播,甚至引发了文化冲突。——作者注
See Dennis B McGilvray. Crucible of Conflict: Tamil and Muslim Society on the East Coast of Sri Lanka [M]. Durham: Duke University Press, 2008: 313-330.
② AMBROSE B RATHBORNE. Camping and Tramping in Malaya: Fifteen Years' in the Native States of the Malay Peninsula [M]. London: Swan Sonnenschein & Co., 1898: 231-232.
③ 一译"康甘尼制度",为当时的一种劳工制度。其中,"凯加奈"为泰米尔语词汇,意为监工、工头。
④ 罗圣荣. 马来西亚的印度人及其历史变迁 [M]. 北京:中国社会科学出版社, 2015: 50-56.

的生活共同体。当地泰米尔人在与其他族群的交往互动中,来源于同样文化习俗的族群基础让他们的族群意识显著提升。而随着通信媒介的发展,马来亚地区泰米尔人群体中的部分精英分子开始以办刊物、办报纸等方式来满足这种社会精神情感需求,而这些活动又反过来进一步促进当地泰米尔人的族群意识。

三、马来亚地区泰米尔人的文字出版与民族主义情绪抬升

20世纪初,汽车工业快速发展,马来亚当地种植园的用工需求也紧跟着快速扩大。海峡殖民地政府为此甚为担心,并采取了相应措施来缓解这一难题。1907年,海峡殖民地政府出资成立了"泰米尔人移民基金",有针对性地吸引泰米尔劳工迁入马来亚当地的种植园工作。1912年,此基金又更名为"印度人移民基金"。基金的资金主要来源于海峡殖民地政府及部分泰米尔人劳工雇主,到账的资金将首先注入基金会记账并进行管理。资金的发放会依据资金收入状况以及各劳工雇主每季度上交报告的情况综合考虑决定。相当长一段时间,海峡殖民地政府的贷款成为基金会的关键资金来源形式。①

海峡殖民地政府出台的资助移民政策,进一步激励了南印度的泰米尔人劳工远渡重洋来到马来亚地区。其中,泰米尔女性也逐渐成为泰米尔人劳工大军中日益突出的一大组成部分。20世纪最初的10年里,从南印度马德拉斯地区出发乘船渡过孟加拉湾去往马来亚地区务工的女性呈逐渐增加趋势,在泰米尔劳工中所占的比例持续扩大。这与当时在马来亚同样务工的华人群体呈现出了不小的差异。②

---

① PUSHPAVALLI A. Rengasamey; Sivachandralingam Sundara Raja. A Critique on the South Indian Labour Fund and the Malaysian Indian Plantation Workers [J]. KEMANUSIAAN: the Asian Journal of Humanities, 2020, 27 (1): 116-117.
② 在当时赴马来亚地区的华人劳工群体中,绝大多数为男性,女性数量非常少。因而,马来亚的华人劳工群体后多与当地的马来人女性结婚,形成了一个规模很大的混血群体——"峇峇娘惹"。"峇峇"为对马华混血中男性的称呼,"娘惹"则为对其中女性的称呼。有学者认为,"峇峇娘惹"这一称法最初被使用来指代泰米尔人与马来人的混血,后才被普遍用来代指华人与马来人的混血后代。See Sunil S Amrith. Crossing the Bay of Bengal: the Furies of Nature and the Fortunes of Migrants [M]. Cambridge: Harvard University Press, 2013: 71.

<<< 第六章 南印度泰米尔人的海外迁徙与海外泰米尔民族主义

第一次世界大战前后,橡胶产业就已成为当时全球工业的四大支柱性原料产业之一①,而在种植园里生产出的橡胶产销量也已超过野生橡胶产销量。② 整个20年代,马来亚的橡胶种植业随全球橡胶业的大发展又迎来勃发时期,赴马来亚地区的泰米尔女性劳工大为增加且占比持续上升。南亚史学家苏尼尔·阿姆瑞斯的研究显示,至20世纪20年代中期时,南印度赴马来亚地区务工的女性比例约占25%。③

1924年,马来亚地区第一份得到大面积发行并长期稳定运营的泰米尔文报纸应运而生。这份名为《泰米尔之友报》的报纸,面向马来亚地区的泰米尔人发表时事性的新闻及评论,于9月24日刊发了第一期。纳拉辛哈·艾扬格(Narasimma Aiyangar)④ 担任该报的第一任编辑,并努力通过这份报纸以泰米尔语言向马来亚地区的泰米尔民众传播政治思想理念。不久,这份报纸就成为当时整个海峡殖民地地区发行量最大的泰米尔文报纸。不过,纳拉辛哈·艾扬格虽然为泰米尔人,但其种姓属于婆罗门。在政治情感上,纳拉辛哈·艾扬格同印度社会主体族群更为亲近。当时,印度社会主体民族中正日益勃兴的政治思潮与政治运动即为印度教民族主义。因而,艾扬格领导的《泰米尔之友报》在思想情感上是十分偏向于印度教民族主义的。

这一时期,马来亚地区的泰米尔人仍然在快速增长,泰米尔人数量与规模快速扩大之后,当地泰米尔人对泰米尔人文化、历史及族群身份的需求也在快速上升。于是,当地部分精英人士陆续开办报纸,传播传统泰米尔文化,讨论时事与时局。泰米尔民族主义意识就在这种背景下朦胧地出现在马来亚地区泰米尔人的社会里,而当时非常流行的印度教民族主义、印度民族主义思想与力量也进一步促进了当地泰米尔民族主义的出现和发展。

---

① 另三大支柱性原料产业分别为钢铁产业、煤炭产业、石油产业。
② 张箭. 世界橡胶(树)发展传播史初论[J]. 中国农史,2015(3):3-16.
③ SUNIL S AMRITH. Crossing the Bay of Bengal: the Furies of Nature and the Fortunes of Migrants [M]. Cambridge: Harvard University Press, 2013:162-163.
④ 英文转写中也见拼写作 Narasimma Aiyangar。

族群的政治：西方殖民与南印度泰米尔民族主义的缘起（1813—1925） >>>

第二节 锡兰的泰米尔人与泰米尔民族主义

斯里兰卡与南印度一水相隔，族群联系也十分紧密。古时候，来自印度的雅利安人与达罗毗荼人（绝大多数为泰米尔人）就已大量迁入当地。逐渐地，雅利安人成为当地的第一大族群——僧伽罗人，而泰米尔人则成为当地的第二大族群。这一过程中，泰米尔人从南印度发起过大量对僧伽罗人的战争，在早期的史诗中即拥有一些相关"记录"并且广为传播。

近代，英国人来到当地殖民后，为推动种植园经济的发展也从南印度迁入了大量的印度裔泰米尔人，并且在20世纪初时与岛上原来的斯里兰卡裔泰米尔人数量大体相当。随着西方殖民者的军事扩张和传教活动的开展，19世纪中期当地的泰米尔民族主义意识即有所萌芽，长期在南印度活动的斯里兰卡泰米尔人纳瓦拉尔同时于两国的泰米尔民族主义意识形成过程中发挥了重要作用。由于泰米尔人在斯里兰卡也属于少数族群，因此面对本国的大民族主义压迫之后，泰米尔民族主义得到了不小的发展。

一、锡兰泰米尔人的早期迁入

斯里兰卡西北部的贾夫纳半岛与南印度的马德拉斯仅隔着一湾既窄且浅的保克海峡。保克海峡最窄处仅约67千米，且中间有不少小岛、礁盘分布，像一条天然的"通道"①。因而，南印度的泰米尔人渡过这道相对简易的自然屏障来到更南边的这个大岛并不算太难，而泰米尔移居斯里兰卡的历史也的确十分悠久。②

学术界普遍认为，泰米尔人早在2000多年前就来到了锡兰北部地区，至于究竟是泰米尔人还是僧伽罗人先抵达锡兰尚有待进一步的研究。考古

---

① 这些分布在斯里兰卡西北角塔莱曼纳尔与南印度泰米尔纳德邦东南角特努什戈迪之间的岛礁，大致像一座连接二者的"天然桥梁"，因而也常被成为"罗摩桥"或"亚当桥"。
② 一般认为，僧伽罗人为来自北印度的雅利安人，讲僧伽罗语，信仰佛教（上座部佛教），大约公元前6世纪到斯里兰卡。僧伽罗人的中文译名为唐代高僧玄奘所译，沿用至今。

发现显示，公元前 2 世纪的 2 篇铭文中皆提到了泰米尔商人，这些泰米尔商人常自称为"檀弥达"，其中还涉及泰米尔海员，这表明当时两地之间已有贸易等方面的往来。而据锡兰早期历史文献《岛史》①《大史》② 等的记载，在公元前 2 世纪已有一些当地的统治者为"陀密罗"（当时对泰米尔人的称呼），比如，舍那和拘帝迦两位统治者就是"陀密罗"。类似的泰米尔人移居到当地并成为政权统治者的事迹并不鲜见，这可以从侧面看出彼时已有不少泰米尔人移居至当地。依照地理条件来看，拥有地利之便的南印度泰米尔人似乎更应该成为锡兰的第一大族群，而非来自北印度的僧伽罗人。斯里兰卡学者西利玛·吉利巴慕尼此前的相关研究正好提供了解释这个问题的新线索与新思路，其发现早期大量泰米尔人均使用北印度的名字、讲僧伽罗语、写婆罗米文字。吉利巴慕尼进一步推测认为，很可能早期南印度的泰米尔人移居锡兰后，在尚未建立过强大王国时出现了一个在语言文化上被僧伽罗人大规模同化的过程。③

南印度慢慢开始出现了帕拉瓦王朝、潘迪亚、朱罗、哲罗等强大的泰米尔王国，其中一些陆续发动过不少对锡兰的大规模军事行动。从公元 5 世纪前后开始，锡兰北部地区曾数次为南印度的政权所统治。在相当长一段时期里，锡兰的僧伽罗人政权与南印度泰米尔人政权之间充满了政治与军事的互动博弈。伴随军事入侵的同时，大量的泰米尔人迁移到锡兰这些地区居住下来。及至 13—14 世纪时，在泰米尔人猛烈的军事进攻下，当地的僧伽罗人及其政权因节节败退而被迫南迁。在锡兰西北部的贾夫纳地区，泰米尔人正式建立了独立的王国——贾夫纳王国，锡兰岛上客观形成了南北两大族群并存的格局并存续下来。④ 于是，这些早期来到锡兰的泰米尔人渐渐成为当地人口数量第二的族群，而僧伽罗人则成为斯里兰卡人

---

① 为斯里兰卡目前已知最古老的史书，成书于公元 4—5 世纪，采用巴利文记录的编年体史诗。
② 为斯里兰卡早期重要历史文献，采用巴利文记录的编年体史诗，兼具极高的史学、文学及佛学价值。一般认为，其最早的部分写于约公元 6 世纪，后由多位不同时期的作者续写而成。
③ 西利玛·吉利巴慕尼. 古代和中世纪斯里兰卡的泰米尔人：民族同一性的历史根源 [J]. 徐亚男，译. 民族译丛，1987（5）：1-5.
④ 刘耀辉，简天天. 斯里兰卡僧泰冲突原因探析 [J]. 重庆师范大学学报（社会科学版），2018（2）：93-94.

口数量第一的族群。

中世纪时期,锡兰的海上贸易活动较为活跃,与中国人、阿拉伯人等进行着密切的贸易往来。由于位于印度洋中的战略位置及天然的港口优势,香料、宝石等贸易的商人与船只往来此地络绎不绝。到16世纪之后,欧洲人陆续航海来到了锡兰岛上。率先抵达锡兰的欧洲人为葡萄牙人。而后,又陆续有荷兰人与英国人到来。从1505年洛伦索·德·阿尔梅达(Lourenço de Almeida)① 率领小规模舰队发现并登陆锡兰之后,葡萄牙人又陆续派人在当地占据点、建城堡,利用各种政治、军事手段对当地实施统治,逐渐控制了锡兰大多数地区并积极在当地传播天主教。1658年,当地的康提王国联合荷兰人将葡萄牙人赶了出去,却转而形成了荷兰人对锡兰进行统治的新时期。18世纪末,英国人对这个觊觎已久的岛国发起了进攻与占领。1796年,荷兰人在当地的据点被英国人占领;1802年,《亚眠条约》对英国人在当地占领这些地方的权利予以了正式承认;1815年,英国人彻底打败锡兰的康提王国,获得了整个锡兰的控制权,给此地起名为"锡兰"并由当时的英王乔治三世兼任锡兰国王。

一位近代早期西方人在锡兰生活考察后记录的文字对岛上的族群分布进行了介绍,并直接提到了泰米尔人的概况:

> 第一,为僧伽罗人②,他们一般为佛教徒。这个群体占据了岛南部和西南的海岸,从东部的马加帕托到西部的奇洛,以及整个康提王国。通俗地说,上述领地的民众又细分为两种,即"僧伽罗人"和"康提人",这两个词与低地人和高地人相似,他们之间没有明确的区别。他们有相同的起源,讲相同的语言,信奉相同的宗教以及具有相同的生活习惯。低地人和高地人都遵守种姓的公民区别,根据凯西·奇蒂(Casie Chitty)的说法,种姓或职业的数量有24种。僧伽罗人和印度半岛的居民一样,也有欧洲人的特征,他们的肤色从棕色到黑色各异。第二,为印度人

---

① 弗郎西斯科·德·阿尔梅达之子,为葡萄牙近代海军著名将领,在印度洋地区参加了大量殖民入侵行动。
② 字面可拆解为"僧伽罗-人",其意乃流淌着狮子血液的人。——原文注

(Hindoos),通常被叫为"马拉巴尔人"或"泰穆尔人"(Tamuls)①。这个阶层占据了岛的东部和北部。他们显然是与那些居住在对面印度半岛海岸的当地居民来自同一个地方。他们最初是作为入侵者来到锡兰的。他们是梵天的信徒。②

这段19世纪40年代的文字,较为清晰地呈现出当时锡兰的族群总体状况,即僧伽罗人与泰米尔人的二元互动关系。首先,僧伽罗人主要分布在锡兰岛上的南部地区和西南部分地区,信奉佛教。其次,南印度来的泰米尔人就是当时锡兰第二大族群,主要分布在岛上的东部地区和北部地区,信奉印度教。最后,早期南印度泰米尔人通过战争迁徙到当地,具有侵略性。的确,僧伽罗人与泰米尔人两大族群之间的关系在这一时期呈现出较为对立的族群关系,这为当地泰米尔人促成了相对较强的民族意识和民族认同。

二、殖民活动下锡兰泰米尔人的民族觉醒

伴随早期西方殖民者一同到来的,还有西方基督教的有关传教团体及传教士,他们也到锡兰开展了不少活动。最早的葡萄牙人来到锡兰时,即开始向当地僧伽罗人群体传播天主教。而当时的泰米尔人群体并非锡兰的主体民族,居住地域也相对集中在北方远离中心的边疆区域。因而,相较于僧伽罗人,基督教在泰米尔人中的传教活动开展得较晚。

大致在19世纪初,才有北美的卫斯理公会传教团体于贾夫纳、亭可马里及拜蒂克洛建立传教站。这些传教站主要针对锡兰北部地区的泰米尔人进行传教活动,并在当地修建了一系列教堂与学校等设施,传播西方的基督教文化。③

基督教传教团体的文化教育工作,又让一些当地泰米尔人能够以一份

---

① 即泰米尔人,为当时英文中的另一种拼法。——作者注
② HENRY MARSHALL. Ceylon: A General Description of the Island and Its Inhabitants [M]. London: William H. Allen & Co., 1846: 16-17.
③ Sir James Emerson Tennent. Christianity in Ceylon: Its Introduction and Progress under the Portuguese, the Dutch, the British, and American Missions [M]. London: John Murray, 1850: 85-89.

外来的视角反观自身的泰米尔人文化。在这一过程中，两位关键性的人物发挥了重要作用，分别为西方传教士彼得·珀西瓦尔（Peter Percival）和锡兰泰米尔人阿努姆卡·纳瓦拉尔。

1826年，卫斯理公会传教士彼得·珀西瓦尔被教会专门派到贾夫纳地区从事传教活动，此前不少西方传教士由于疾病等原因返回本国，珀西瓦尔遂成为贾夫纳传教站的负责人。1834—1836年，传教团在贾夫纳修建了一座圣保罗大教堂，并建立了几所教会学校。其中，还包括专供女童接受教育的女校。[①] 1834—1851年，珀西瓦尔还担任教会大学——贾夫纳中央学院的校长。珀西瓦尔改进传教方法，期望能直接用泰米尔语让当地人阅读基督教经典，这样有助于传教工作的开展。在这一背景下，既理解英文又擅长泰米尔文的纳瓦拉尔，进入了珀西瓦尔的"眼帘"。

作为一位贾夫纳地区土生土长的泰米尔人婆罗门，纳瓦拉尔的父亲是一名泰米尔语诗人，纳瓦拉尔算是出生并成长在一个湿婆教文化氛围较为浓厚的家庭和地区。不过，纳瓦拉尔早年毕业于基督教的教会学校，后又在贾夫纳中央学院从事英语和泰米尔语的教学工作。1841—1848年，纳瓦拉尔协助珀西瓦尔翻译完成了英王詹姆士王译本《圣经》[②] 的泰米尔文版本，以及一些其他基督教经典作品的翻译。[③] 之后，珀西瓦尔还参与了泰米尔-英语词典、泰卢固语-英语词典的制作与印刷工作。

在从事基督教经典作品的翻译工作中，纳瓦拉尔得以反复阅读基督教的作品及思考其思想，并对基督教特别是之前传教士的不少说法产生了怀疑。1841年9月，纳瓦拉尔就以化名在《晨星报》上发表了一篇文章，向基督教教士对印度教的污蔑予以了批评与反驳，认为印度教崇拜林伽同基督教的十字架一样也应该得到平等的尊重，并分析得出印度教义不比基督

---

① FINDLAY G. HOLDSOWRTH W W. The History of the Wesleyan Methodist Missionary Society (in five volumes), Vol. Ⅳ [M]. London：The Epworth Press, 1922：19-22.

② 也称"钦定本《圣经》"，因由当时的英王詹姆士于1604年下令翻译成英文版而得名，于1611年正式完成并出版。后世在此基础上还出现过不少修订的版本。See SCRIVENE R F H A. The Authorized Edition of the English Bible (1611)：Its Subsequent Reprints and Modern Representatives [M]. Cambridge：Cambridge University Press, 1884：ⅲ-ⅵ.

③ KENNETH W JONES. Religious Controversy in British India：Dialogues in South Asian Languages [M]. Albany：State University of New York Press, 1992：29-33.

教义更低人一等的观点。

此外,纳瓦拉尔还积极协助出版一些湿婆教派活动家、思想家的作品,用以推动泰米尔人的传统湿婆教派文化复兴。其中,一位代表性的作家即为穆图库玛拉·卡维拉贾尔(Muttukumara Kavirajar)。卡维拉贾尔撰写的 2 篇代表性著作《关于智慧的"昆米"舞曲》① 与《耶稣教义的废止》,均在纳瓦拉尔的鼓励和支持下公开发表。2 篇作品均对基督教与基督教的教义进行了抨击,其中还涉及了对《圣经》的批判。这些作品很快传到了对岸的南印度马德拉斯地区,并在当地泰米尔人中产生了影响。② 当时,纳瓦拉尔甚至到马德拉斯开办了印刷机构,编辑和印刷出版了约 70 本著作,其中一些作品受到了泰米尔社会的高度关注与广泛好评。③

与此同时,纳瓦拉尔还仔细阅读吠陀经、"阿含经"及"往世书"三大类传统的印度教经典。在反复阅读、思考及比较后,纳瓦拉尔逐渐相信基督教并非一条"正确的道路",反而更加坚定了自身的湿婆教信仰。最终,在 1848 年,纳瓦拉尔选择了离开珀西瓦尔的基督教会团体,放弃在那里的工作及薪酬。纳瓦拉尔下定决心,要承担起复兴当地湿婆教的责任与使命。同年,纳瓦拉尔借鉴基督教会学校的理念与模式,在当地建立起了湿婆教派的宗教学校。传统的湿婆教派学习方式奉行师徒制,不过一位师傅能带的弟子非常有限。纳瓦拉尔遂模仿基督教会学校,建立起约可同时给 20 名弟子授课的课堂。传统的湿婆教派师徒制没有教材,具有一定的随意性而不便于普及传播,纳瓦拉尔牵头编制了湿婆教派的教材供学习使用。此外,纳瓦拉尔每周还在当地的湿婆教庙宇里直接进行布道,并且不定期向居民信众进行巡回演讲,弘扬湿婆教派教义。④

因而,在锡兰的泰米尔社会中,反对基督教相关思想的情绪逐渐增

---

① "昆米"英文拼作 Kummi,为泰米尔人的一种传统围圈舞蹈,在南印度及斯里兰卡的泰米尔人中广为流行。昆米舞曲,为跳昆米舞时的一种伴乐歌曲,最原始的昆米伴乐为简单的击掌声。如今,在庞格尔节中,常会有昆米舞曲在相关的庆祝仪式里面出现。

② KENNETH W JONES. Religious Controversy in British India: Dialogues in South Asian Languages [M]. Albany: State University of New York Press, 1992: 36-49.

③ PURNALINGAM PILLAI M S. A Primer of Tamil Literature [M]. Madras: Ananda Press, 1904: 188-189.

④ KENNETH W JONES. Religious Controversy in British India: Dialogues in South Asian Languages [M]. Albany: State University of New York Press, 1992: 38-41.

强。应该说，随着基督教文化传播活动的逐渐密集展开，对泰米尔人原本的印度教湿婆教派社会文化产生了一定的冲击。而由于印度教本身的宗教文化系统性较为成熟，于是这种基督教的冲击不久之后就在锡兰泰米尔人社会中产生了"回应"。这种"冲击—回应"的过程，在当地泰米尔人传统文化界的精英人士群体中率先产生，并且最为激烈。其中，锡兰泰米尔人精英阿努姆卡·纳瓦拉尔成为这一过程的先锋人物，印刷出版了大量当地传统文化经典作品，积极推动当地宗教借鉴基督教的系统革新，以抵抗英国的"文化殖民"。

三、种植园经济下锡兰泰米尔民族主义的萌发

英国在锡兰攻城略地的同时，经济殖民活动也同步展开，以攫取相应的经济利益服务于政治统治。英国在锡兰的殖民政府着手改变经济发展模式，而试图引入新的经济作物并扩大既有种植规模。于是，早期咖啡种植园中就有不少南印度的泰米尔人被招募到锡兰工作，而茶叶种植园兴起之后锡兰的泰米尔人劳工数量急剧增长。

彼时，在当地的种植园中，泰米尔人已成为劳工的主要劳动力来源，其人口的数量在当时已"蔚为可观"。1891年，锡兰殖民政府曾花费大量财力与物力在全国做了一次人口普查，官方普查报告的数据显示，锡兰的总人口中，外来移民人数占到总人口中的近9%，男性为173861人、女性为94244人。其中，泰米尔人共234957人，摩尔人为24559人，这些人几乎全来自印度。而从锡兰泰米尔人口的内部构成来看，本土的泰米尔人与外来的泰米尔人数据如下：每1000个泰米尔人中，有675人出生在锡兰；37%的泰米尔人男性和27%的泰米尔人女性出生在锡兰岛之外，其中多数出生在印度，还有极少数出生在法国、毛里求斯及西印度群岛。①

不过，随着茶叶种植园经济产业的快速发展，劳工缺口依然较大。特别是，茶叶种植园比此前的咖啡种植园劳动力更为密集，因而对劳工的需求问题也更为突出。19世纪末20世纪初，为解决当时的劳工荒问题，锡兰种植者协会数次与南印度马德拉斯的当地政府进行沟通，希望能够在当

---

① Lionel Lee. Census of Ceylon, 1891 (in three volumes), Volume Ⅰ: A General Report [R]. Colombo: Government Printer, Ceylon, 1892: 17-18.

<<< 第六章 南印度泰米尔人的海外迁徙与海外泰米尔民族主义

地直接成立招募泰米尔劳工的机构。1903年3月14日,锡兰政府向协会发布了一份指示,希望所有相关地方官员和各界人士向两位协会人员调查殖民地内茶叶种植园劳工情况提供协助。① 几天前的3月9日,马德拉斯管区政府也发出了一份类似的指示,要求马德拉斯管区南部各有关方面,向另一位调查当地泰米尔人劳工市场情况的人员提供便利。② 这一时期,围绕泰米尔劳工招募问题,锡兰政府与马德拉斯管区政府之间进行过多次直接和间接的沟通。

到1911年时,从锡兰殖民政府当年新的人口普查数据结果来看,出现了明显的变化:锡兰裔泰米尔人为528024人,男性268649人、女性259375人,大多数居住在北部省;印度裔泰米尔人为530983人,男性301400人、女性229583人,大多数居住在中央省;低地僧伽罗人与康提僧伽罗人一共为2715420人,整个锡兰全国总人口数量为4106350人。③ 也就是说,全锡兰的泰米尔人总数为1059007人,与僧伽罗人之比约为1∶3,而占到总人口中的约25%;而印度来的泰米尔人与锡兰本土的泰米尔人口数量大体持平,甚至印度来的泰米尔人还略多一点。这意味着,从1891年至1911年的20年里,锡兰的泰米尔人总数实现了快速增长。其中,特别是来自印度的泰米尔人劳工移民群体数量出现了巨大的跃升,并在人口总量上超过了锡兰的本土泰米尔人群体。伴随泰米尔人群体数量大为增加的同时,泰米尔人的政治意识也有所增强。

就在1911年底,英属锡兰殖民政府举办了第一届立法议会选举,以适应当时锡兰及海外的政治形势发展。整个选举只留出了4个席位由选民投票产生,其余席位均由总督直接任命。而即使在选举中的4个席位,也有

---

① G. O. Nos 244-5 of March 14, 1903 [A] // Patrick Peebles. The Plantation Tamils of Ceylon, London & New York : Leicester University Press, 2001: 64.
② G. O. Nos 217-18 of March 9, 1903 [A] // Patrick Peebles. The Plantation Tamils of Ceylon, London & New York : Leicester University Press, 2001: 64.
③ Colonial Secretary's Office . Ceylon Blue Book, 1916 [R] . Colombo : Governmrnt Printer, Ceylon, 1917: O 2.

211

2个被分配给了欧洲人候选人、1个为伯格人①，仅1个留给了锡兰人。②因而，这次选举名义上进行了权力的分配，其象征意义远大于实际意义。不过，这次选举的确反映了一个背景，即当时的英属锡兰殖民政府很难不考虑政治的民主问题。

实际上，锡兰僧伽罗人的民族主义情绪在这一时期已十分高涨。1915年春夏之交，大量僧伽罗民族主义分子积极参加与鼓动以推动佛教复兴的活动。活动期间，以僧伽罗人为首的活动参与者，对当地的穆斯林等群体进行了大规模的攻击行动。据统计，这次社会骚乱活动直接导致86座清真寺和17座基督教堂受到袭击与破坏。③ 这从侧面反映了当时僧伽罗民族主义思想的盛行，以及各族群间的关系状况。

这一时期，僧伽罗民族主义的一大代表性人物为阿努伽里加·达摩波罗（Anagarika Dharmapala）。达摩波罗早年与神智学会有着密切联系，后在基督教与湿婆教派的冲击下坚定了弘扬复兴佛教的信念。19世纪末20世纪初，达摩波罗即在锡兰各地巡回宣扬佛教文化。同时，达摩波罗在锡兰多地建立了佛教学校，以抵抗基督教会学校在当地的"入侵"。达摩波罗还创办了名为《僧伽罗佛教徒》的周刊宣传佛教文化思想，以及牵头参与建立了摩诃菩提会以扩大佛教徒在海内外的联系与影响。

而就在《僧伽罗佛教徒》这本刊物上，达摩波罗刊发了不少反对泰米尔人及湿婆教派的言论。④ 在公开的演讲中，达摩波罗也对基督教、印度教等相关宗教大加批判，认为这些宗教是野蛮的、丑陋的。⑤ 达摩波罗对

---

① 为斯里兰卡土生土长的西方人后代，由于葡萄牙、荷兰及英国先后殖民这里，其后裔数量不少并成为当地的一个重要族群。一般认为，该词来源于荷兰语，本义为"市民"。

② HUGH CHISHOLM. The Britannica Year-book 1913: A Survey of the World's Progress Since the Completion in 1910 of the Encyclopedia Britannica (Eleventh Edition) [R]. London: The Encyclopedia Britannica Co. ltd., 1913: 624-625.

③ PATRICK PEEBLES. The History of Sri Lanka [M]. Westport & London: Greenwood Press, 2006: 79-82.

④ PATRICK PEEBLES. The History of Sri Lanka [M]. Westport & London: Greenwood Press, 2006: 75-76.

⑤ ANANDA GURUGE. Return to Righteousness: A Collection of Speeches, Essays and Letters of the Anagarika Dharmapala [C]. Colombo: The Anagarika Dharmapala Birth Centenary Committee & Ministry of Education and Cultural Affairs, Ceylon, 1965: 479-485.

基督教、印度教等其他宗教的口诛笔伐，对当时僧伽罗人产生了巨大的精神号召力。而这次对穆斯林群体的攻击行动，就是这种僧伽罗民族主义思想转变为群体行动的一次客观体现。

于是，各种社会团体和政治组织在锡兰如雨后春笋般涌现出来。面对锡兰当地民族主义情绪与力量的快速发展，以及族群间关系的日趋紧张，锡兰政府正式尝试推动逐步给予当地民众相应政治权利的想法与实践。1918年9月，威廉·曼宁（William Manning）被任命为新的英属锡兰总督。次年，曼宁在考虑锡兰当地情况与英国的利益后，以社会群体代表制的方式逐步推动相应的政治进程。

1919年12月11日，为反对英国人的殖民统治、争取锡兰相应的政治权利，在此前已成立的锡兰国民协会与锡兰改革联盟两个政治组织基础上，锡兰国民大会党最终宣告成立，这是当时具有鲜明民族主义性质的政党组织。其成立既与锡兰国内的政治进程相关，也与当时印度的民族主义运动有着不小的关系，其从名称到制度都有着模仿印度国民大会党的"痕迹"。不过，围绕反抗英国人殖民统治这一共同目标，泰米尔民族主义者与僧伽罗民族主义这一时期在锡兰国民大会党问题上实现了合作。

1921年春，英属锡兰的殖民政府组织了第三届锡兰立法议会选举。在总督曼宁的支持与推动下，本届锡兰立法议会进行了席位的改革，扩大了总席位数并增加了非官方候选人的席位数量。在27个非官方候选人席位中，11个席位由以行政区划为基础的选区选举产生，5个席位由社会团体产生，7个席位由总督任命。5个社会团体产生的席位中，2个给欧洲人、1个给伯格人、1个给商会以及1个给种植园行业。7个由总督直接任命的席位中，1个给穆斯林，1个给印度人，2个给康提人，以及剩下3个给予立法机关内无代表的群体。总体来看，种植园行业的1个席位常由低地僧伽罗人出任，以及2个康提人的席位会留给另一群僧伽罗人以外，立法议会席位的分配对锡兰本土各族群的支持并不大。表面上看，好像1个给印度人的席位较大概率会从印度泰米尔劳工中选出，实际上于锡兰定居的印度人与在种植园工作的劳工均被排除在外。不久后的1923年，总督曼宁又牵头对英属锡兰立法议会的选举规则做了新的调整，继续扩大立法议会席位总数至49个，给非官方候选人的席位增加到37个。在这37个非官方候选人席位中，23个席位依据以行政为基础的选举产生，11个席位以社会群体选举产生,3个席位由总督任命。1924年夏秋之际,第三届锡兰立法议会选举按期举行。从选举的结果来看,11个社会族群选举席位中,欧洲人得到3个席位,穆斯林得到3个席位,柏格人得到2个席位,印度人得到2个席位,锡兰本土泰米尔人得到1个席位。①

在有限的立法议会席位争夺中,进一步加剧了各族群之间的紧张关系。1924年,锡兰国民大会党内部,几个族群的民族主义者之间出现了分裂。一方面,僧伽罗民族主义者与泰米尔民族主义者之间产生了巨大分歧,泰米尔民族主义者在党内失去了话语权、泰米尔人群体利益受到忽视;另一方面,僧伽罗人与康提人之间出现了关系紧张,康提人代表感到备受低地僧伽罗人群体的"压迫",康提人群体利益受到挤压。不久,康提人就组建了自己的新政党——康提国民议会党,积极寻求给予康提人相应的政治自治权利。而泰米尔人则在贾夫纳地区成立了贾夫纳青年大会党,主要吸纳当地受过良好教育的泰米尔有志青年入党,并追求实现"完全自治"。②

锡兰茶叶种植园经济的快速发展,让当地的泰米尔劳工群体人口快速攀升到了新的高度。20世纪初,锡兰殖民当局进行了立法议会的选举,当地各族群的政治意识和民族主义力量得到大幅提高。不同族群的政治权力博弈在此之后被迅速激化,尤其是当地的僧伽罗民族主义力量快速发展,并且对泰米尔人族群发表攻击性言论,进行攻击性行动。于是,当地泰米尔人族群中的泰米尔民族主义力量也有着巨大的市场并获得了快速发展,而且成立了相应的民族主义政党积极从事相应的政治活动,甚至其中的部分激进分子已提出"自治"的问题。

小 结

南印度的泰米尔人在古代就由于经商、征战等原因陆续出现了不少向

---

① PATRICK PEEBLES. The History of Sri Lanka [M]. Westport & London: Greenwood Press, 2006: 84-85.
② JANE RUSSELL. Communal Politics under the Donoughmore Constitution, 1931-1947 [M]. Dehiwala: Tisara Prakasakayo, 1982: 358.

海外移民的情况，这其中也包括了斯里兰卡、马来亚、新加坡等不少南亚与东南亚的国家和地区。而近代泰米尔人大规模地向海外移民，则主要源于西方殖民者的到来。更准确地说，主要源于英国殖民者在这些地区的殖民统治与"经济开发"活动。

在马来亚地区，从19世纪中期开始，英国殖民者在当地增加了经济殖民活动。由于当地劳动力不足，种植园商人便在其他地区引入劳工。其中，来自中国的华人劳工与南印度的泰米尔人劳工成为两大主要群体。19世纪后期，马来亚种植园经济快速发展壮大，较为温顺听话、吃苦耐劳的泰米尔人成为当时种植园劳工的主要群体。随着泰米尔人移民群体数量的增加，且大量聚居，泰米尔人在当地的社会生活文化圈逐渐形成。当地的泰米尔精英分子开始在当地创办泰米尔人的报纸，其中较为著名的有《泰米尔之友报》《进步报》等，一些具有泰米尔民族主义色彩的观点和思想开始出现。

在锡兰地区，葡萄牙人、荷兰人及英国人陆续于16世纪之后来到这里，而这些西方殖民者抵达锡兰的时间与抵达印度的时间相差不大。西方人在锡兰岛上进行了军事入侵、建立据点、修建要塞、创办学校、传播宗教、文字印刷等殖民活动。而由于地理邻近，自古以来就有不少南印度的泰米尔人陆续前往锡兰岛的北部，并在中世纪之后形成一定的规模。因而，西方人在锡兰泰米尔人居住的地区从事这些殖民活动，陆续让泰米尔人中的民族主义意识与思想有所萌芽。不过这种文化上的反抗较早出现在泰米尔社会精英群体的身上，其中一位重要人物就是纳瓦拉尔。纳瓦拉尔于19世纪中期即开始发表大量批驳西方基督教的言论，并决心模仿西方教会学校等模式弘扬与复兴泰米尔人传统的湿婆教。此后，支持和吸引了一批类似观点的泰米尔人精英创作了大量带有泰米尔民族主义色彩的作品。19世纪20年代之后，西方人在锡兰的经济活动逐渐增加；19世纪中后期，锡兰的种植园经济发展十分迅猛。因而，大量南印度的泰米尔劳工也被引入锡兰的种植园工作，到20世纪初时数量已十分庞大，与锡兰本土的泰米尔人群体数量不相上下。20世纪初到20年代，在僧伽罗民族主义力量的快速发展和政治倾轧下，锡兰泰米尔人中的泰米尔民族主义思想和力量有了较大的发展土壤。

总体来看，马来亚地区的泰米尔民族主义较为温和，发展速度较慢，主要为受南印度传播而出现的海外泰米尔民族主义;锡兰地区的泰米尔民族主义较为激烈,发展速度相对更快一些,其实为本土生成的泰米尔民族主义和南印度传播而来的海外泰米尔民族主义的混合产物。二者均不可忽视的是,南印度的泰米尔人群体及泰米尔民族主义缘起和发展,影响着马来亚和锡兰的泰米尔民族主义缘起和发展。不过,从根本上来看,海外泰米尔民族主义的缘起发展还是与所在国当地的民族关系紧张对立与否有着更本质的联系。

结　语

18世纪以降，民族主义在人类社会中持续产生了广泛的影响。即使在国际主义盛行的时代下，民族主义的影响力与号召力也未曾真正退去。整个20世纪是民族主义此起彼伏的长时段，全球社会中甚至出现了一次次的民族主义浪潮。① 进入21世纪后，民族主义并未退场，而是随着认同政治的上升而进一步刺激民族主义以不同形式再次兴起。②

当今全世界有8000多万的泰米尔人，其中绝大多数生活在南印度，特别是南印度的泰米尔纳德邦。而在海外数十个国家中有着泰米尔人的聚居分布，其中泰米尔人在斯里兰卡、马来西亚及新加坡是当地政治影响力较大的族群。泰米尔人是大印太地区重要的多国跨境民族，而泰米尔民族主义也是这一地区内一种十分具有代表性的民族主义。近现代历史上其以南印度的泰米尔纳德邦为主要基地，随着泰米尔人的海外迁徙向周边国家和地区实现了扩散，并尤以马来西亚和斯里兰卡最为突出。综观近代泰米尔民族主义的缘起历史，其在不同时期、不同地区呈现出不同的形式与特性。

第一，早期的泰米尔民族主义意识主要起源于对英国人殖民活动的反感与抵抗。英国人政治军事上的侵略引发了泰米尔人的武装起义，而宗教文化上的入侵才深刻"震动"了泰米尔社会，一些泰米尔精英呼吁并寻求传统文化及宗教上的复兴以维护民族认同，呈现出族群民族主义的特性。

---

① 一般认为，20世纪全球出现了三次民族主义浪潮，第一次为一战前后，第二次为二战前后，第三次为冷战结束后。参阅郝时远.20世纪三次民族主义浪潮评析［J］.世界民族，1996（3）：1-11.
② 王联，杨锐森，买玲.21世纪以来世界民族主义研究的发展：王联教授访谈［J］.国际政治研究，2021（2）：151.

族群的政治：西方殖民与南印度泰米尔民族主义的缘起（1813—1925） >>>

泰米尔人是印度古老的"土著"族群，其所讲的泰米尔语是达罗毗荼语系中最古老的一种，拥有璀璨悠久的历史文化。① 早在古代，泰米尔人就通过经商、征战等活动与这些国家和地区的民族有所往来，而在印度国内同北印度雅利安人的军事冲突与交往历史更是十分久远。在这些早期的互动特别是军事互动中，泰米尔人的民族意识已经有所萌芽。这从当时的泰米尔文学中可以找到相关的文字描述、历史记叙，其中不乏相关情感与观念的流露。不过，泰米尔民族主义意识的产生则是近现代的新事物。

近代西方人的军事入侵，首先扮演了军事上的"他者"，引发了南印度泰米尔人的抵抗与仇恨。而随着西方殖民者而来的传教士，又扮演了一个文化上的"他者"。他们在当地传播基督教、修建教堂等传教的行动，对当地的泰米尔人传统宗教与文化产生了剧烈的冲击。在这种军事与文化的双重"他者"冲击下，泰米尔人社会中激发出一种要保存及复兴传统文化、传统宗教的氛围与渴望。一些泰米尔人精英模仿西方基督教会的模式，在当地兴建湿婆教的教会学校，重新印刷泰米尔人的传统宗教书籍与传统文学作品，向信众进行新的传统文化教育。

西方人在印度开办的教会学校特别是大学，为后来泰米尔民族主义的发展培养了大量人才，而传教士带来的西方现代印刷技术及设备则成为另一个重要的技术条件。印度本地的民族主义力量在西方人的压迫下不断产生与发展，泰米尔民族主义也在其中。作为南印度本土的民族主义力量，泰米尔民族主义者创办自己的报刊宣传反抗英国人殖民压迫的政治思想，并积极成立自己的政治组织以争取相关的政治利益。

可以说，族群民族主义的基础为血统、情感及文化，并在此基础上形成的民族共同体认同②，早期的泰米尔民族主义意识即主要依据于文化、血统及情感等因素以拉近和加强泰米尔群体的认同，属族群民族主义特性。

第二，泰米尔民族主义初步成形于国大党时期，国大党扮演了泰米尔民族主义及印度国内其他几大族群民族主义的"孵化器"角色，泰米尔民族主义的"他者"转变为"英国人"和"北印度-雅利安人"的"双重他

---

① 张位均. 世界各国泰米尔研究概况[J]. 南亚研究, 1983 (2): 90.
② 林红. 族群民族主义的复归与民族国家的选择[J]. 教学与研究, 2020 (9): 55.

者",并逐步向后者过渡。这一时期的泰米尔民族主义在一定程度上有着族群民族主义、官方民族主义的双重特性。

官方民族主义也称"公民民族主义",而族群民族主义也长期潜伏在官方民族主义主导的政治实践之中。① 的确,族群民族主义与官方民族主义既相互区分,在历史实践中又有着密切的联系。泰米尔民族主义意识在孕育时期呈现出明显的族群民族主义特征。而在英属印度政府及国大党的官方民族主义活动下,泰米尔民族主义也开始接受官方民族主义的方式和理念,利用"非婆罗门""达罗毗荼人"等概念"标榜"自身,以获取和扩大相应的族群认同。

在英属印度方面的授意及支持下,印度国内主要民族主义力量基础上协同组建了第一个现代的全国性政党——国大党。很快,国大党的政治力量就在印度全国范围内站稳了脚跟,并拥有强大的组织影响力。英国殖民当局也对印度的民族主义力量做了一些妥协,让渡出来部分政治权力与利益给印度人。不过,泰米尔人的精英分子逐渐发现,这些英国人让渡出来的政治权力和利益,几乎全部被婆罗门群体占领。由于在传统印度种姓制度中,北印度-雅利安人的后裔普遍为婆罗门种姓,而南印度的达罗毗荼人其中包括泰米尔人则多为低种姓。而种姓的背后,不仅与社会地位挂钩,还与社会职业紧密相连。婆罗门由于从事宗教神职工作,其识字率与受教育状况在印度社会处于顶尖位置。然而,低种姓的群体受教育程度与识字率均非常低。因而,在当时的英属印度政府中,可供印度人选择的部分与岗位,几乎全部由婆罗门群体把控。

泰米尔人逐渐发现新的政治压迫与不平等在形成。为了扭转这一形势,泰米尔民族主义者开始创建自己的政治组织。在这个背景下,一系列泰米尔民族主义色彩的政治组织应运而生。其中,一个关键性的政治组织就是南印度自由联盟,亦称"正义党"。当时,正义党既发表了政治宣言,又创办了党报,还公布了组织目标。几年后,正义党即在马德拉斯管区的选举中胜出,于南印度获得了不小的政治影响力。这一时期,泰米尔民族主义渐渐成形,并且在原来的"他者"——英国人以外又增加了新的"他者"——北印度-雅利安人。

---

① 林红. 族群民族主义的复归与民族国家的选择 [J]. 教学与研究, 2020 (9):56.

正义党在马德拉斯管区不断地宣传与促进泰米尔民族主义，同时与国大党展开了合作，共同反抗英国人的殖民。第一次不合作运动后期，甘地对国内其他族群的民族主义持不支持和质疑态度，一方面破坏了泰米尔民族主义与国大党的合作，另一方面更加激发了泰米尔民族主义力量的发展。在南印度地区，出现了"庙宇道路使用权"的抗争行动，乃至佩里亚尔领导的自尊运动。

第三，近代英国人的经济殖民活动将大量南印度的泰米尔人迁入马来亚和锡兰两地，这些新迁入的泰米尔人在不足100年的时间内得到快速增加，达到了不小的人口规模，且主要为聚居性分布。泰米尔民族主义在这些海外泰米尔人的社会族群中受到了普遍的欢迎，并持续产生了一定程度的政治亲近感与民族认同，这些海外国家泰米尔人社会中的泰米尔民族主义还显露出一定的远程民族主义特性。

远程民族主义也作"远距离民族主义"，最早由人类学家本尼迪克特·安德森提出，为海外群体对母国群体的民族主义情感、认同及行动。① 近代随着英国在马来亚和锡兰种植园经济的规模化发展，大量南印度的泰米尔人作为劳工群体被迁入当地。这些新的泰米尔劳工移民群体，逐渐在当地聚集、累积到一定的人口规模，及至20世纪初时已成为当地排名前列的族群。

与此同时，南印度的泰米尔民族主义逐渐出现和形成，而泰米尔民族主义也在海外泰米尔人群体中有所生长、传播，其中较为突出的两个国家即为马来西亚与斯里兰卡。马来西亚的泰米尔民族主义发展，主要来源于南印度的传播，与此同时其与马来西亚的马来民族主义有一定的互动。斯里兰卡的泰米尔民族主义，则既有西方人入侵后的自生因素，也有南印度泰米尔民族主义的传入因素。

由于为新迁入的群体，此前也未曾有过民族国家的意识，这些海外的泰米尔人仍普遍认可自己为南印度公民。于是，马来西亚和斯里兰卡的这些泰米尔群体成为泰米尔民族主义在海外的"天然市场"。

正如学者梁茂春所分析的，在大量情况下，远程民族主义为海外普通

---

① 陈小萍. 远程民族主义视角下的印度教认同与美国印度移民政治[J]. 世界民族，2013（3）：69.

的民众发起,即使入外籍后仍对母国的政治事务充满热诚,其往往在海外国家得不到平等的政治参与和政治地位。海外泰米尔人特别是第二代之后在所在国往往已掌握当地语言,却仍存有较强的民族及文化认同,愿意通过网络等方式交流及参与母国的政治事务。①

而泰米尔民族主义在马来西亚和斯里兰卡的存在与发展,带有远程民族主义特性,这些在海外生活了一代甚至几代的人持续地对南印度带有政治认同或者政治情感寄托,十分关心南印度泰米尔人政治的发展。这种远程民族主义特性,虽然没有立即直接让斯里兰卡与马来西亚的泰米尔人寻求当地"独立",但在很大程度上、在较长时期巩固了海外泰米尔人的族群认同并且阻碍了其于所在国当地融入与形成新的国家认同。

总体来看,泰米尔民族主义为近现代政治发展的产物,近现代历史上泰米尔民族主义的缘起历史中有两条重要主线,一是对西方人主要是英国人殖民活动的"回应"和"反抗",二是与其他民族主义力量派系的"互动"和"博弈"。英国殖民活动的刺激促使了泰米尔民族主义的萌发,这一时期泰米尔民族主义主要表现为反抗英国的殖民统治,具有一定的进步性与积极意义。而从泰米尔民族主义出现和发展动力来看,西方人的殖民活动为一大直接诱因,不过从更深层次来分析则与印度国内各民族之间的交往联系较为薄弱、民族凝聚力不够、民族整合度不高有着密切联系。②可以说,正是在这些所在国当地内部紧张乃至对立的族群关系作用下,泰米尔民族主义才在当地社会中具有了相应的生存空间和活动空间。

---

① 梁茂春. 远距离民族主义:离散族群的跨国政治认同与实践 [J]. 世界民族,2020 (1):66-68.
② 熊坤新,严庆. 印度民族问题与民族整合的厘定 [J]. 西北民族研究,2008 (3):67-74.

参考文献

一、中文文献

(一) 中文译著

[1] 阿图尔·科利. 印度民主的成功 [M]. 牟效波, 等译. 南京: 译林出版社, 2013.

[2] 迪·罗特蒙特, 赫·库尔克. 印度史 [M]. 王立新, 周红江, 译. 北京: 中国青年出版社, 2008.

[3] 马克斯·韦伯. 印度的宗教: 印度教与佛教 [M]. 康乐, 简惠美, 译. 桂林: 广西师范大学出版社, 2005.

[4] 威廉·冯·洪堡. 论国家的作用 [M]. 林荣远, 译. 北京: 中国社会科学出版社, 1998.

[5] 毗耶娑. 薄伽梵歌 [M]. 黄宝生, 译, 北京: 商务印书馆, 2010.

[6] 查尔斯·泰勒. 自我的根源: 现代认同的形成 [M]. 韩震, 译. 南京: 译林出版社, 2012.

[7] 卜正民, 施恩德编. 民族的构建: 亚洲精英及其民族身份认同 [M]. 陈城, 等译. 长春: 吉林出版集团有限责任公司, 2008.

[8] 本尼迪克特·安德森. 想象的共同体: 民族主义的起源与散布 [M]. 吴叡人, 译. 上海: 上海人民出版社, 2016.

[9] 格尔哈特·伦斯基. 权力与特权: 社会分层的理论 [M]. 关信平, 陈宗显, 谢晋宇, 译. 北京: 社会科学文献出版社, 2018.

[10] 哈罗德·伊罗生. 群氓之族: 群体认同与政治变迁 [M]. 邓伯宸, 译. 桂林: 广西师范大学出版社, 2015.

[11] 芭芭拉·戴利·梅特卡夫,托马斯·R.梅特卡夫.剑桥现代印度史[M].李亚兰,周袁,任筱可,译.北京:新星出版社,2019.

[12] 本尼迪克特·安德森.比较的幽灵:民族主义、东南亚与世界[M].甘会斌,译.南京:译林出版社,2012.

[13] 弗朗辛·R.弗兰克尔.印度独立后政治经济发展史[M].孙培钧,等译.北京:中国社会科学出版社,1989.

[14] 戈德斯通.国家、政党与社会运动[M].章延杰,译.上海:上海人民出版社,2009.

[15] 亨廷顿.文明的冲突与世界秩序的重建[M].周琪,译.北京:新华出版社,2010.

[16] 杰克·斯奈德.从投票到暴力:民主化和民族主义冲突[M].吴强,译.北京:中央编译出版社,2017.

[17] 克雷格·卡尔霍恩.激进主义探源:传统、公共领域与19世纪初的社会运动[M].甘会斌,陈云龙,译.北京:北京大学出版社,2016.

[18] 里亚·格林菲尔德.民族主义:走向现代的五条道路[M].王春华,等译.上海:上海三联书店,2010.

[19] 曼纽尔·卡斯特.认同的力量[M].曹荣湘,译.北京:社会科学文献出版社,2006.

[20] 帕特里克·皮布尔斯.斯里兰卡史[M].王琛,译.上海:东方出版中心,2013.

[21] 耶尔·塔米尔.自由主义的民族主义[M].陶东风,译.上海:上海社会科学院出版社,2017.

[22] 阿马蒂亚·森.身份与暴力:命运的幻象[M].李风华,译.北京:中国人民大学出版社,2009.

[23] 贾瓦哈拉尔·尼赫鲁.印度的发现[M].齐文,译.北京:世界知识出版,1956.

[24] 拉宾德拉纳特·泰戈尔.民族主义[M].谭仁侠,译.北京:商务印书馆,1998.

[25] 毗耶娑.摩诃婆罗多[M].金克木,赵国华,席必庄,译.北京:中国社会科学出版社,2005.

[26] 蚁垤. 罗摩衍那 [M]. 季羡林, 译. 南京: 译林出版社, 2002.

[27] 爱德华·卢斯. 不顾诸神: 现代印度的崛起与发现 [M]. 张淑芳, 译. 北京: 中信出版社, 2011.

[28] 埃里克·霍布斯鲍姆. 民族与民族主义 [M]. 李金梅, 译. 上海: 上海人民出版社, 2006.

[29] 安东尼·史密斯. 全球化时代的民族与民族主义 [M]. 龚维斌, 良警宇, 译. 北京: 中央编译出版社, 2002.

[30] 安东尼·史密斯. 民族主义: 理论, 意识形态, 历史 [M]. 叶江, 译. 上海: 上海人民出版社, 2006.

[31] 迪利普·希罗. 今日印度内幕 [M]. 裴匡丽, 戴可景, 译. 天津: 天津人民出版社, 1980.

[32] 理查德·霍尔. 季风帝国: 印度洋及其入侵者的历史 [M]. 陈乔一, 译. 天津: 天津人民出版社, 2019.

[33] 奈保尔. 印度: 百万叛变的今天: 印度三部曲Ⅲ [M]. 黄道琳, 译. 海口: 南海出版公司, 2013.

[34] 苏·赖特. 语言政策与语言规划: 从民族主义到全球化 [M]. 陈新仁, 译. 北京: 商务印书馆, 2012.

(二) 中文专著、编著

[1] 曹小冰. 印度特色的政党和政党政治 [M]. 北京: 当代世界出版社, 2005.

[2] 陈金英. 社会结构与政党制度: 印度独大型政党制度的演变 [M]. 上海: 上海人民出版社, 2010.

[3] 陈小萍. 印度教民族主义与独立后印度政治发展研究 [M]. 北京: 时事出版社, 2015.

[4] 冯仕政. 西方社会运动理论研究 [M]. 北京: 中国人民大学出版社, 2013.

[5] 关凯. 族群政治 [M]. 北京: 中央民族大学出版社, 2007.

[6] 韩方明. 华人与马来西亚现代化进程 [M]. 北京: 商务印书馆, 2002.

[7] 洪共福. 印度独立后的政治变迁 [M]. 合肥: 黄山书社, 2011.

[8] 季羡林. 印度文学沉思录 [M]. 北京:中国财政经济出版社, 2018.

[9] 雷启淮. 当代印度 [M]. 成都:四川人民出版社, 2000.

[10] 廖小健. 战后马来西亚族群关系:华人与马来人关系研究 [M]. 广州:暨南大学出版社, 2012.

[11] 林承节. 独立后的印度史 [M]. 北京:北京大学出版社, 2005.

[12] 林承节. 印度独立后的政治经济社会发展史 [M]. 北京:昆仑出版社, 2003.

[13] 林承节. 印度现代化的发展道路 [M]. 北京:北京大学出版社, 2001.

[14] 林承节. 殖民统治时期的印度史 [M]. 北京:北京大学出版社, 2004.

[15] 林良光. 印度政治制度研究 [M]. 北京:北京大学出版, 1995.

[16] 林太. 印度通史 [M]. 上海:上海社会科学院出版社, 2012.

[17] 刘艺. 跨境民族问题与国际关系:以斯里兰卡泰米尔跨境民族问题与印度和斯里兰卡关系为例 [M]. 长沙:湖南人民出版社, 2012.

[18] 罗圣荣. 马来西亚的印度人及其历史变迁 [M]. 北京:中国社会科学出版社, 2015.

[19] 梅晓云. 文化无根:以 V.S. 奈保尔为个案的移民文化研究 [M]. 西安:陕西人民出版社, 2003.

[20] 邱永辉, 欧东明. 印度世俗化研究 [M]. 成都:巴蜀书社, 2003.

[21] 邱永辉. 印度教概论 [M]. 北京:社会科学文献出版社, 2012.

[22] 邱永辉. 印度宗教多元文化 [M]. 北京:社会科学文献出版社, 2009.

[23] 尚会鹏. 印度文化史 [M]. 杭州:浙江大学出版社, 2016.

[24] 尚会鹏. 种姓与印度教社会 [M]. 北京:北京大学出版社, 2015.

[25] 尚劝余. 印度独立运动 [M]. 北京:北京师范大学出版

社，2018.

［26］四川大学南亚研究所．赵卫邦文存：上、下册［M］．成都：四川大学出版社，1989.

［27］宋立道．暴力的诱惑：佛教与斯里兰卡政治变迁［M］．北京：中国社会科学出版社，2009.

［28］孙士海．南亚的政治、国际关系及安全［M］．北京：中国社会科学出版社，1998.

［29］佟加蒙．殖民统治时期的斯里兰卡［M］．北京：社会科学文献出版社，2015.

［30］王宏纬．南亚区域合作的现状与未来［M］．成都：四川大学出版社，1993.

［31］王辑五．亚洲各国史纲要［M］．北京：高等教育出版社，1957.

［32］王兰．斯里兰卡的民族宗教与文化［M］．北京：昆仑出版社，2005.

［33］王树英．印度民俗与文化［M］．成都：四川民俗出版社，1989.

［34］徐振，杨茜，陈祥波．V.S.奈保尔印度书写的嬗变［M］．成都：四川大学出版社，2014.

［35］薛克翘．印度民间文学［M］．银川：宁夏人民出版社，2008.

［36］尹锡南．印度文论史［M］．成都：巴蜀书社，2015.

［37］张高翔．印度教派冲突研究［M］．北京：人民出版社，2012.

［38］张淑兰．印度的环境政治［M］．济南：山东大学出版社，2010.

［39］赵伯乐．印度民族问题研究［M］．北京：时事出版社，2015.

［40］周兆呈．语言政治与国家化：南洋大学与新加坡政府关系（1953—1968）［M］．福州：福建教育出版社，2017.

［41］周平．多民族国家的族际政治整合［M］．北京：中央编译出版社，2012.

［42］朱明忠，尚会鹏．印度教：宗教与社会［M］．北京：世界知识出版社，2003.

［43］洪霞．英属印度"仁慈专制"制度与印度的民族性［M］//英国研究：第10辑．上海：上海人民出版社，2019．

［44］王红生．二十世纪印度教民族主义的历史与社会探源［M］//北大史学：第4辑．北京：北京大学出版社，1997．

（三）中文期刊论文

［1］陈小萍．远程民族主义视角下的印度教认同与美国印度移民政治［J］．世界民族，2013（3）．

［2］陈义华，王伟均．查特吉论印度民族主义叙事中的女性议题［J］．妇女研究论丛，2016（3）．

［3］邓红英．论印度民族主义对中印边界争端升级的影响［J］．武汉大学学报（人文科学版），2015（3）．

［4］方谦，晓瑜．从历史上和政治上看斯里兰卡的僧伽罗人——泰米尔人冲突［J］．南亚研究，1985（4）．

［5］付彦林．外来挑战、身份认同与印度教民族主义的产生［J］．南亚研究季刊，2017（3）．

［6］傅菊辉，汪长明．印度教民族主义对南亚国际关系的影响［J］．世界民族，2009（2）．

［7］郝时远．20世纪三次民族主义浪潮评析［J］．世界民族，1996（3）．

［8］和红梅，周少青．印度民族国家构建中应对复杂多样性的政治策略及其效果［J］．西南民族大学学报（人文社科版），2019（6）．

［9］和红梅，聂姣．21世纪南亚宗教民族主义崛起的影响研究［J］．印度洋经济体研究，2021（2）．

［10］胡志勇．民族主义视角下的克什米尔问题及对策［J］．世界民族，2009（1）．

［11］贾连庆，付东升，张景伟．印度的语言生态与语言政策研究［J］．学术探索，2020（1）．

［12］姜德顺．当今世界的土著民族运动初窥［J］．世界民族，2004（6）．

［13］姜景奎，贾岩．从多元到一元："印度"概念的当代变迁［J］．世界知识，2020（21）．

[14] 兰江. 再论印度民族主义的兴起 [J]. 历史教学 (下半月刊), 2010 (10).

[15] 李捷, 王培培. "后猛虎时代"斯里兰卡反分裂形势及民族关系分析 [J]. 南亚研究季刊, 2010 (2).

[16] 李珉. 印度教与印度民族主义 [J]. 南亚研究季刊, 2004 (4).

[17] 梁茂春. 远距离民族主义: 离散族群的跨国政治认同与实践 [J]. 世界民族, 2020 (1).

[18] 林红. 族群民族主义的复归与民族国家的选择 [J]. 教学与研究, 2020 (9).

[19] 刘艺. 从跨境民族的视角看斯里兰卡泰米尔人问题 [J]. 南亚研究, 2007 (2).

[20] 龙立. 全球化背景下地方民族主义兴起的成因 [J]. 青海民族大学学报 (社会科学版), 2013 (3).

[21] 吕昭义. 寇松与英国内阁对西藏问题的政策 [J]. 世界历史, 1992 (3).

[22] 欧东明. 浅论印度民族主义意识的确立 [J]. 南亚研究季刊, 2013 (3).

[23] 欧东明. 印度教派民族主义析论 [J]. 南亚研究季刊, 2019 (4).

[24] 邱永辉. 印度教、民族主义与印度人民党 [J]. 南亚研究季刊, 1998 (4).

[25] 邱永辉. 印度教民族主义与印巴关系 [J]. 当代亚太, 2003 (5).

[26] 沈本秋. 多民族与多族群国家整合模式的比较研究: 以英国、印度、马来西亚为例 [J]. 世界民族, 2020 (1).

[27] 沈曙东. 印度教民族主义者的女性观及其影响: 兼论印度电影《火》引发的争议 [J]. 南亚研究季刊, 2013 (1).

[28] 史锦秀. 印度民族主义文学的地域特征 [J]. 燕赵学术, 2009 (1).

[29] 宋海啸. 印度民族性格及其对印度国家的影响: 以印度教民族

为中心[J].世界民族,2010(1).

[30] 宋丽萍.印度教特性运动的政治文化解读[J].南亚研究,2019(4).

[31] 宋丽萍.殖民主义史学与民族主义史学:以1857年印度民族起义史编撰为例[J].史学理论研究,2013(4).

[32] 王兰.斯里兰卡的佛教复兴与僧伽罗民族主义[J].南亚研究,1984(4).

[33] 王立新.殖民主义、民族主义和知识分子:印度现代化模式的历史起源[J].江西科技师范学院学报,2010(5).

[34] 王联,杨铱森,买玲.21世纪以来世界民族主义研究的发展:王联教授访谈[J].国际政治研究,2021(2).

[35] 王世达.印度教民族主义强势崛起及其影响[J].现代国际关系,2020(2).

[36] 王伟均.民族国家史的建构与印度教民族主义史学的发端[J].南亚东南亚研究,2020(6).

[37] 王亚林.泰米尔纳杜邦政治发展中的电影因素[J].南亚研究季刊,2011(2).

[38] 吴晓黎.解析印度禁屠牛令争议:有关宗教情感、经济理性与文化政治[J].世界民族,2016(5).

[39] 吴晓黎.从印度的视角观照印度"民族问题":官方范畴与制度框架的历史形成[J].民族研究,2019(3).

[40] 肖宪,毕媛媛.印度的语言政策与族群关系[J].思想战线,2021(2).

[41] 谢国先.泰米尔人:斯里兰卡的顺民与猛虎[J].今日民族,2002(7).

[42] 熊坤新,严庆.印度民族问题与民族整合的厘定[J].西北民族研究,2008(3).

[43] 张高翔,靳若云.英属时期的印度教民族主义[J].东南亚南亚研究,2018(1).

[44] 张宏.当代印度女性主义对民族主义史学的挑战与修正[J].史学理论研究,2009(2).

[45] 张骥, 张泗考. 印度文化民族主义及其对印度社会政治的影响 [J]. 当代世界社会主义问题, 2006 (1).

[46] 张骥, 张泗考. 论印度文化民族主义对印度外交的影响 [J]. 国际论坛, 2008 (6).

[47] 张力. 工业化困境与印度近代民族主义的起源 [J]. 南亚研究季刊, 1987 (4).

[48] 张力. 印度近代民族主义意识与西方教育 [J]. 南亚研究季刊, 1989 (3).

[49] 张位均. 世界各国泰米尔研究概况 [J]. 南亚研究, 1983 (2).

[50] 张位均. 斯里兰卡泰米尔人问题：回顾与展望 [J]. 南亚研究, 1996 (2).

[51] 张文木. 印度的地缘战略与中国西藏问题 [J]. 战略与管理, 1998 (5).

[52] 张锡麟, 郑瑞祥. 巴拉蒂民族主义诗歌初探 [J]. 南亚研究, 1982 (4).

[53] 周陈. 国外印度教民族主义研究述评 [J]. 南亚研究季刊, 2005 (2).

[54] 周志宽. 试论印度民族主义诗歌的产生及其审美特征 [J]. 南亚研究, 1992 (1).

[55] 朱明忠. 印度教民族主义的兴起与印度政治 [J]. 当代亚太, 1999 (8).

（四）中文学位论文

[1] 华浩杰. 1905年印度司瓦德西运动研究 [D]. 上海：上海社会科学院, 2019.

[2] 安东程. 二战期间马来亚印度人民族主义运动研究 [D]. 昆明：云南大学, 2017.

[3] 程相. 民族意象：民族分离运动模式差异的比较分析 [D]. 北京：外交学院, 2017.

[4] 高夏林. 印度那加民族分离主义研究 [D]. 武汉：华中师范大学, 2015.

[5] 刘长珍. 从单语主义到多语主义的转变：印度语言政策研究 [D]. 北京：北京外国语大学，2015.

[6] 俞家海. 英属印度省级行政制度研究 [D]. 昆明：云南大学，2013.

[7] 皮明城. 印度语言规划对其民族建构的影响：对中国的适用性研究 [D]. 南昌：江西师范大学，2012.

[8] 徐楠. 西方民族分离主义问题研究：以英国和加拿大为例 [D]. 郑州：河南大学，2012.

[9] 丰字文. 印度民族国家建构困境的根源探析：以印度近代民族主义和世俗化的特点为视角 [D]. 北京：外交学院，2011.

[10] 易玲. 斯里兰卡泰米尔问题的国内国际关联 [D]. 成都：四川大学，2006.

[11] 张力. 冷战后时期印度的外交与战略安全 [D]. 成都：四川大学，2006.

[12] 张友国. 后冷战时期民族分离主义研究 [D]. 长春：吉林大学，2005.

二、英文文献

（一）原始资料

[1] A. Natesan. *The Indian Review, Vol.* 38 [C]. Madras：G. A. Natesan & Co.，1937.

[2] A. Neelakandha Aiyer. *Indian Problems In Malaya：A Brief Survey In Relation To Emigration* [M]. Kuala Lumpur：The Indian Office，1938.

[3] Alfred Webb (President of the Tenth Indian National Congress), *Resolutions Passed at the Tenth Indian National Congress Held at Madras on the 26th, 27th, 28th and 29th December, 1894* [Z]. Madras, 1894.

[4] Ambrose B. Rathborne. *Camping and Tramping in Malaya：Fifteen Years' in the Native States of the Malay Peninsula* [M]. London：Swan Sonnenschein & Co.，1898.

[5] Ananda Guruge. *Return to Righteousness：A Collection of Speeches, Essays and Letters of the Anagarika Dharmapala* [C]. Colombo：The Anagarika

Dharmapala Birth Centenary Committee & Ministry of Education and Cultural Affairs, Ceylon, 1965.

[6] Arthur Berriedale Keith. *A Constitutional History of India*, 1600-1935 [M]. London: Methuen, 1936.

[7] Arthur F. Cox. *Madras District Manuals*, *North Arcot*, *Vol. II* [C]. Madras: The Superintendent, Government Press, 1894.

[8] B. Pattabhi Sitaramayya. *The History of the Indian National Congress* (1885-1935) [Z]. The Working Committee of the Congress on the Occasion of the 50th Anniversary, Madras: Law Printing House, 1935.

[9] Benjamin Smith Barton. *Professor Cullen's Treatise of the Materia Medica (In Two Volumes)*, *Vol. II* [M]. Philadelphia: Edward Parker, 1812.

[10] Charles Hay Cameron. *An Address to Parliament on the Duties of Great Britain to India, in Respect of the Education of the Natives, and Their Official Employment* [M]. London: Longman, Brown, Green, & Longmans, 1853.

[11] Chartres Molony (I. C. S). *Census of India*, 1911, *Volume XII: Madras, Part I: Report* [R]. Madras: The Superintendent Government Press, 1912.

[12] Clements R. Markham. *Peruvian Bark : A Popular Account of the Introduction of Chinchona Cultivation into British India* [M]. London : William Clowes & Sons Lt., 1880.

[13] *Collected Works of Periyar E. V. R.* [C]. Chennai: The Periyar Self-Respect Propaganda Institution, 2007.

[14] Colonial Secretary's Office. *Ceylon Blue Book*, 1916 [R]. Colombo: Governmrnt Printer, Ceylon, 1917.

[15] D. E. Cranenburgh. *Unrepealed Acts of the Governor - General in Council, Volume III: Containing Acts from 1883 to 1893* [C]. Calcutta: Law-Publishing Press, 1894.

[16] David Arnold. *The Congress in Tamilnad: Nationalist Politics in South India*, 1919-1937 [M]. New Delhi: Manohar Book Service, 1977.

[17] *Dudley Senanayake - Chelvanayakam Pact* [Z]. March 24, 1965.

[18] Edward Aveling, Eleanor Marx Aveling. *The Working-Class Movement*

in America [M]. London: Swan Sonnenschein & Co., 1891.

[19] Edward J. Buck. *Simla: Past and Present* [M]. Calcutta: Spink & Co., 1904.

[20] Emma Raymond Pitman. *Indian Zenana Missions* [M]. England: John Snow & Co., 1903.

[21] Eugene F. Irschick. *Political and Social Conflict in South India: The non-Brahmin Movement and Tamil Separatism, 1916-1929* [M]. Bombay: Oxford University Press, 1969.

[22] Federation of Malaya. *Central Advisory Committee on Education, Report on the Barnes Report on Malay Education and the Fenn-Wu Report on Chinese Education* [Z]. Kuala Lumpur : Government Press, Malaya, 1951.

[23] Fourteenth Indian National Congress. *Appendix, List of Delegates Who Attended the Fourteenth Indian National Congress, Held at Madras December, 1898* [Z]. Madras : G. A. Natesan & Esplanade Co., 1899.

[24] Francis Buchanan. *A Journey from Madras Through the Countries of Mysore, Canara, and Malabar, Performed under the Orders of the Most Noble the Marquis Wellesley, Governor General of India, Vol. II* [M]. London : W. Bulmer&co., 1807.

[25] G. Findlay , W. W. Holdsworth , *The History of the Wesleyan Methodist Missionary Society (in five volumes), Vol. IV* [M]. London : The Epworth Press, 1922.

[26] Great Britain, Parliament, House of Commons. *Reports from Committees: Thirty-Two Volumes* [R]. East India, Lord's Third Report, Session: 4 November 1852—20 August 1853, Vol. XXXIII, 1852-1853.

[27] *GB 102 CWM/LMS/09, India, 1796 - 1970* [Z]. Council for World Mission Archive, School of Oriental and African Studies (SOAS) Archives, University of London.

[28] *GB 102 CWM/LMS/10, South India, 1796-1950* [Z]. Council for World Mission Archive, School of Oriental and African Studies (SOAS) Archives, University of London.

[29] *GB 102 MS 380885, Holy Trinity Church; Idaiyangudi, "Mahaan"*

(*Great Man*), *Biographical Film Regarding the Life Story of Bishop Caldwell* [Z] . 2006, School of Oriental and African Studies (SOAS) Archives, University of London .

[30] Government of India, Legislative Department, *The Assam Code, Containing the Bengal Regulations* [Z] . Calcutta: Superintendent of Government Printing, 1897.

[31] Govinda Paramesvara Pillai. *Representative Men of Southern India* [M] . Madras : The Price Current Press, 1896.

[32] Henry George Keene. *Fifty-Seven: Some Account of the Administration of Indian Districts during the Revolt of the Bengal Army* [M] . London: W. H. Allen & Co. , 1883.

[33] Henry John Stedman Cotton (K. C. S. I.) . *New India or India in Transition* [M] . London: Trübner & Co. , 1904.

[34] Henry Marshall, *Ceylon: A General Description of the Island and Its Inhabitants* [M] . London: William H. Allen & Co. , 1846.

[35] *House of Common Debates*, Vol. 109 [Z] . August 6, 1918.

[36] Hugh Chisholm. *The Britannica Year-book* 1913: *A Survey of the World's Progress Since the Completion in* 1910 *of the Encyclopedia Britannica (Eleventh Edition)* [R] . London : The Encyclopedia Britannica Co. ltd. , 1913.

[37] Hume (Late Secretary to the Government of India in the Department of Revenue Agriculeture and Commerce) , *Agricultural Reform in India* [M] . London: W. H. Allen & Co. , 1879.

[38] *Imperial Gazetteer of India*, Volume 2: *The Indian Empire, Historical* [C] . Oxford: Clarendon Press, 1909.

[39] James Harvey Robinson. *Readings in European History*, Vol. II: *From the opening of the Protestant Revolt to the Present Day* [C] . Boston: Ginn and Co. , 1906.

[40] Jawaharlal Nehru. Presidential Address to the Indian National Congress [J] . *The Labour Monthly*, 1936, 18 (5) .

[41] Jawaharlal Nehru. Presidential Address to the Indian National Congress at Faizpur [J] . *The Labour Monthly*, 1937, 19 (2) .

[42] Jawaharlal Nehru. *One Nation, One Heart: Selected Speeches* 1957 – 63 [C] . New Delhi: Publicatons Division, 1963.

[43] Jawaharlal Nehru. *Selected Works Of Jawaharlal Nehru* (1 *April* – 15 *July*, 1952), *Vol.* 18 [C] . New Delhi: Teen Murti House, 1996.

[44] Lawrence Palmer Briggs. The Syncretism of Religions in Southeast Asia, Especially in the Khmer Empire [J] . *Journal of the American Oriental Society*, 1951, 71 (4) .

[45] *Lok Sabha Debates (Thirteenth Session)* , *Vol. XLVII, No.* 5 [Z] . New Delhi : Lok Sabha Scretariat, 1975.

[46] M. S. Purnalingam Pillai. *A Primer of Tamil Literature* [M] . Madras: Ananda Press, 1904.

[47] Mary Weitbrecht. *The Women of India and Christian Work in the Zenana* [M] . London: James Nisbet &Co. , 1875.

[48] Narayana Iyer. *The Permanent History of Bharata Varsha*, *Vol. I* [M] . Trivandrum: Bhaskara Press, 1915.

[49] Narayana Rao. The Constitution (Sixteenth Amendment) Bill, 1963—Anti-Secession Measures [J] . Journal of the Indian Law Institute, 1963, 5 (1) .

[50] *No. 53/69/53 – Public, Ministry of Home Affairs Resolution* [Z] . , The Indian Law Institute, Deemed University, New Delhi, India, December 29, 1953.

[51] *Selections From the Records of Government, North Western Provinces*, Part XXXII [Z] . Calcutta: Baptist Mission Press, 1858.

[52] *Parliamentary Debates: House of The People, Official Report, Part* Ⅰ : *Questions and Answers*, *Vol.* 1 [Z] . New Delhi: Parliament Secretariat, July 7, 1952.

[53] R. Gleig. *The Life of Major – General Sir Thomas Munro, Bart. and K. C. B.* , *Vol.* 1 [M] . London : Henry Colburn & Richard Bentley, 1830.

[54] R. Caldwell. *A Comparative Grammar of the Dravidian or South – Indian Family of Languages* [M] . , London: Harrison & Sons, 1856.

[55] R. Caldwell. *A Comparative Grammar of the Dravidian or South – Indian Family of Languages* [M] . London: Trübner and Co. , 1875.

［56］ Ranganath Ramachandra Diwakar. *Karnataka Through the Ages*: *From Prehistoric Times to the Day of the Independence of India* ［M］. Mysore: Literary and Cultural Development Department, Government of Mysore, 1968.

［57］ *Report of Linguistic Provinces Commission*, *Constituent Assembly of India* ［R］. New Delhi: Government Of India Press, 1948.

［58］ *Reportof the Committee on Elementary Education in Madras* 1953 ［R］. Madras: Information and Publicity Government of Madras, 1953.

［59］ *Report of the Official Language Commission*, *Government of India* ［R］. New Delhi: Government of India Press, 1956.

［60］ *Report of the States Reorganisation Commission* ［R］. New Delhi: Government Of India Press, 1955.

［61］ Robert Kerr. *A General History and Collection of Voyages and Travels*, Vol. 8 ［M］. Edinburgh: James Ballantyne & Co., 1813.

［62］ Robert L. Hardgrave. The DMK and the Politics of Tamil Nationalism ［J］. *Pacific Affairs*, 1964, 37 (4).

［63］ Rudyard Kipling. *Something of Myself*: *For My Friends Known and Unknown* ［M］. London: Macmillan & Co., 1937.

［64］ S. Satthianadhan. *History of Education in the Madras Presidency* ［M］. Madras: Srinivasa Varadachari & Co., 1894.

［65］ *Selected Works Of Jawaharlal Nehru*, Vol. 8 ［C］. New Delhi: Orient Longman, 1961.

［66］ Sharp. *Bureau of Education*, *Selections from Educational Records*, Part I: 1781-1839 ［C］. Delhi: National Archives of India, 1965.

［67］ Sir James Emerson Tennent. *Christianity in Ceylon*: *Its Introduction and Progress under the Portuguese*, *the Dutch*, *the British*, *and American Missions* ［M］. London: John Murray, 1850.

［68］ Som Nath Chib. *Language*, *Universities and Nationalism in India* ［M］. Mysore: Wesley Press & Publishing House, 1936.

［69］ Sylvanus Urban. *The Gentleman's Magazine*, Vol. 1: *New Series* ［C］. London: John Bowyer Nicholas &Son, 1834.

［70］ Talboys Wheeler. *The History of India from the Earliest Ages*, Vol. I,

The Vedic Period and the Mahá Bhárata［M］. London：Trübner& Co. ,1867.

［71］Talboys Wheeler. *India Under British Rule：From the Foundation of the East India Company*［M］. London：Macmillan & Co. ,1886.

［72］Tenth Indian National Congress. *Appendix：List of Delegates Who Attended the Tenth Indian National Congress, Held at Madras December*, 1894［Z］. Madras, 1894.

［73］The Authority of His Majesty's Secretary of State for India in Council, *Imperial Gazetteer of India , The Indian Empire*, Vol. 2 ：Historical ［C］. Oxford：The Clarendon Press, 1908 .

［74］*The Collected Works of Mahatma Gandhi*, Vol. 27［C］. New Delhi：Publications Division, Government of India, 1999.

［75］*The Collected Works of Mahatma Gandhi*, Vol. 29［C］. New Delhi：Publications Division, Government of India, 1999.

［76］*The Collected Works of Mahatma Gandhi*, Vol. 72［C］. New Delhi：Publications Division, Government of India, 1999.

［77］*The Collected Works of Mahatma Gandhi*, Vol. 97［C］. New Delhi：Publications Division, Government of India, 1999.

［78］*The Complete Works of Swami Vivekananda (Mayawati Memorial Edition), Vol.* Ⅳ［C］. Calcutta：Advaita Ashrama, 1955.

［79］*The Complete Works of Swami Vivekananda*, Vol. 9［C］. Los Angeles：Vedanta Press, 2007.

［80］*The Constituent Assembly of India (Legislative) Debates ：Official Report, Third Session of the Constituent Assembly of India (Legislative)* 1948, Vol. Ⅶ［Z］. 1948.

［81］*The Constituent Assembly of India Debate (Proceedings)* , Vol. Ⅴ ［Z］. Constitution of India, 1947.

［82］*The Constituent Assembly of India Debate (Proceedings)* , Vol. Ⅶ ［Z］. Constitution of India, 1948.

［83］*The Constituent Assembly of India Debate (Proceedings)* , Vol. Ⅺ ［Z］. Constitution of India, 1949.

［84］*The Constitution of India*［Z］. 1950.

[85] The Madras State (Alteration of Name) Act, 1968, No. 53 of 1968 [Z]. December 20, 1968.

[86] The Non-Brahmin Manifesto [Z]. November 20, 1916.

[87] The Official Language Act, 1963, No. 19 of 1963 [Z]. May 10, 1963.

[88] V. Geetha, S. V. Rajadurai. Revolt - A Radical Weekly in Colonial Madras [C]. Chennai: Periyar Dravidar Kazhagam, 2008.

[89] Valentine Chirol. Indian Unrest [M]. London: Macmillan & Co., 1910.

[90] Wesleyan Missionary Society. The Wesleyan Juvenile Offering: A Miscellany of Missionary Information for Young Persons, Vol. 9: For the Year 1852 [M]. London: The Wesleyan Mission-House, 1852.

[91] William Hunter, Report of the Indian Education Commission, Appointed by the Resolution of Government of India, dated 3rd February 1882 [M]. Calcutta: The Superintendent Government Printing, 1883.

[92] William Ward. A View of the History, Literature, and Mythology of the Hindoos, Vol. III: Including a Minute Description of Their Manners and Customs, and Translations from Their Principle Works [M]. Cambridge: Cambridge University Press, 1820.

[93] WO 203/6190, Visit of Pandit Nehru to Malaya and Singapore: Arrangements and Reports [Z]. The National Archives, United Kingdom, 1946.

[94] Zaidi (ed.). Congress Presidential Addresses, Volume One: 1885-1900 [C]. New Delhi: Indian Institute of Applied Political Research, 1985.

(二) 英文专著、编著

[1] Achin Vanaik. The Rise of Hindu Authoritarianism: Secular Claims, Communal Realities [M]. London: Verso, 2017.

[2] Alfred Stepan, Juan J. Linz, Yogendra Yadav. Crafting State-Nations: India and Other Multinational Democracies [M]. Baltimore: The Johns Hopkins University Press, 2011.

[3] Amartya Sen. The Argumentative Indian: Writings on Indian History, Culture and Identity [M]. New Delhi: Penguin Books, 2005.

[4] *Ananda Abeysekara*. The Politics of Postsecular Religion: Mourning Secular Futures [M]. *New York*: *Columbia University Press*, 2008.

[5] *Ananda W. P. Guruge*. Peace at Last in Paradise: Sri Lanka Trilogy from Freedom to Peace [M]. *Bloomington*: *Author House*, 2011.

[6] *Andrew Wyatt*, *John Zavos* (eds.). Decentring the Indian Nation [C]. *London and Portland*, *Ore*: *Frank Cass*, 2003.

[7] *Arjun Appadurai*. Modernity at Large: Cultural Dimensions of Globalization [M]. *Minnesota*: *University of Minnesota Press*, 1996.

[8] *Asoka Bandarage*. The Separatist Conflict in Sri Lanka: Terrorism, Ethnicity, Political Economy (Routledge Contemporary South Asia Series) [M]. *Abingdon*: *Routledge*, 2009.

[9] *Asya Pereltsvaig*, *Martin W. Lewis*. The Indo–European Controversy: Facts and Fallacies in Historical Linguistics [M]. *Cambridge*: *Cambridge University Press*, 2015.

[10] *Badri Narayan*. Fascinating Hindutva: Saffron Politics and Dalit Mobilisation [M]. *New Delhi*: *Sage Publications*, 2009.

[11] *C. J. Fuller*, *Haripriya Narasimhan*. Tamil Brahmans: The Making of a Middle-Class Caste [M]. *Chicago*: *University of Chicago Press*, 2014.

[12] *Christophe Jaffrelot*, *Atul Kohli*, *Kanta Murali* (eds.). Business and Politics in India [C]. *New York*: *Oxford University Press*, 2019.

[13] *David Ludden*. Contesting the Nation: Religion, Community, and the Politics of Democracy in India (South Asia Seminar) [M]. *Philadelphia*: *University of Pennsylvania Press*, 1996.

[14] *David Miller*. On Nationality (Oxford Political Theory) [M]. *Oxford*: *Oxford University Press*, 1995.

[15] *David S. Meyer*, *Nancy Whittier*, *Belinda Robnett* (eds.). Social Movements: Identity, Culture and the State [C]. *New York*: *Oxford University Press*, *USA*, 2002.

[16] *David Shulman*. More than Real: A History of the Imagination in South India [M]. *Cambridge*, *MA*: *Harvard University Press*, 2012.

[17] *David Shulman*. Tamil : A Biography [M]. *Cambridge* (*U. S.*):

Harvard University Press, 2016.

[18] *David Shulman*. The Wisdom of Poets: Studies in Tamil, Telugu, and Sanskrit [M]. New York: Oxford University Press, USA, 2001.

[19] *E. J. Hobsbawm*. Nations and Nationalism since 1780: Programme, Myth, Reality [M]. Cambridge: Cambridge University Press, 2012.

[20] *Ernest Gellner*. Culture, Identity, and Politics [M]. Cambridge: Cambridge University Press, 1987.

[21] *Fionnuala Ní Aolain*, *Naomi Cahn*, *Dina Francesca Haynes*, et al. The Oxford Handbook of Gender and Conflict [C]. New York: Oxford University Press, 2018.

[22] *Francis Cody*. The Light of Knowledge: Literacy Activism and the Politics of Writing in South India [M]. Ithaca & London: Cornell University Press, 2013.

[23] *Francis Fukuyama*. Identity: The Demand for Dignity and the Politics of Resentment [M]. New York: Farrar Straus & Giroux, 2018.

[24] *G. Aloysius*. Nationalism without a Nation in India [M]. London: Oxford University Press, 1999.

[25] *Gerd Sebald*, *Jatin Wagle*. Theorizing Social Memories: Concepts and Contexts [C]. New York: Routledge, 2016.

[26] *Gordon Weiss*. The Cage: The Fight for Sri Lanka and the Last Days of the Tamil Tigers [M]. New York: Bellevue Literary Press, 2012.

[27] *Gyanendra Pandey*. Remembering Partition: Violence, Nationalism and History in India [M]. Cambridge: Cambridge University Press, 2002.

[28] *Hephzibah Israel*. Religious Transactions in Colonial South India: Language, Translation, and the Making of Protestant Identity [M]. New York: Palgrave Macmillan, 2011.

[29] *Hugo Gorringe*. Untouchable Citizens: Dalit Movements and Democratisation in Tamil Nadu [M]. New Delhi: Sage Publications, 2005.

[30] *Iqbal Singh Sevea*. The Political Philosophy of Muhammad Iqbal: Islam and Nationalism in Late Colonial India [M]. Cambridge: Cambridge University Press, 2012.

[31] *Jan Gonda*. A History of Indian Literature, Volume X: Dravidian Literature, Fasc. 1: Tamil Literature [C]. *Wiesbaden: Otto Harrassowitz*, 1974.

[32] *John Clifford Holt*. Buddhist Extremists and Muslim Minorities: Religious Conflict in Contemporary Sri Lanka [M]. *New York: Oxford University Press*, 2016.

[33] *James Jones*. Blood That Cries Out From the Earth: The Psychology of Religious Terrorism [M]. *New York: Oxford University Press*, 2008.

[34] *Kanakalatha Mukund*. The World of the Tamil Merchant: Pioneers of International Trade [M]. *New Delhi: Penguin Books Limited*, 2015.

[35] *Michael E. Brown, Sumit Ganguly*. Fighting Words: Language Policy and Ethnic Relations in Asia (BCSIA Studies in International Security) [C]. *London: The MIT Press*. 2003.

[36] *Michael R. Stenson*. Class, Race, and Colonialism in West Malaysia: The Indian Case [M]. *Vancouver : University of British Columbia Press*, 2002.

[37] *Mrinalini Sinha*. Specters of Mother India : The Global Restructuring of an Empire [M]. *Durham: Duke University Press*, 2006.

[38] *Mujibur Rehman* (ed.). Rise of Saffron Power: Reflections on Indian Politics [M]. *Abingdon: Routledge*, 2018.

[39] *Niranjan Ramakrishnan*. Reading Gandhi in the Twenty-First Century [M]. *New York: Palgrave Macmillan US*, 2013.

[40] *Nivedita Menon, Aditya Nigam*. Power and Contestation: India since 1989 [M]. *London & New York: Zed Books*, 2007.

[41] *Noboru Karashima*. A Concise History of South India: Issues and Interpretations [M]. *New York: Oxford University Press*, 2014.

[42] *Patrick Peebles*. The History of Sri Lanka [M]. *Westport: Greenwood*, 2006.

[43] *Patrick Peebles*. The Plantation Tamils of Ceylon [M]. *London & New York : Leicester University Press*, 2001.

[44] *Paul R. Brass*. Routledge Handbook of South Asian Politics: India, Pakistan, Bangladesh, Sri Lanka, and Nepal [M]. *Abingdon : Routledge*, 2010.

[45] Paula Richman, Ramayana. Stories in Modern South India: An Anthology [M]. Bloomington: Indiana University Press, 2008.

[46] Peter C. Phan. Christianities in Asia (Blackwell Guides to Global Christianity) [M]. Chichester: Wiley-Blackwell, 2010.

[47] Peter J. M. Nas. Cities Full of Symbols: A Theory of Urban Space and Culture [M]. Leiden: Leiden University Press, 2011.

[48] Peter Van Der Veer. Religious Nationalism: Hindus and Muslims in India [M]. University of Berkeley & Los Angeles: California Press, 1994.

[49] Philip Lutgendorf. Hanuman's Tale: The Messages of a Divine Monkey [M]. New York: Oxford University Press, USA, 2007.

[50] Preminda Jacob. Celluloid Deities: The Visual Culture of Cinema and Politics in South India [M]. Plymouth: Lexington Books, 2008.

[51] Priya Joshi. Bollywood's India: A Public Fantasy [M]. New York: Columbia University Press, 2015.

[52] R. B. Herath. Sri Lankan Ethnic Crisis: Towards a Resolution [M]. Victoria: Trafford Publishing, 2002.

[53] R. Umamaheshwari. Reading History with the Tamil Jainas: A Study on Identity, Memory and Marginalisation [M]. New Delhi: Springer India, 2017.

[54] Rachel Seoighe. War, Denial and Nation-Building in Sri Lanka: After the End [M]. Basingstoke: Palgrave Macmillan, 2017.

[55] Rajiv Malhotra, Aravindan Neelakandan. Breaking India: Western Interventions in Dravidian and Dalit Faultlines [M]. New Delhi: Amaryllis, 2012.

[56] Rajiv Sikri. Challenge and Strategy: Rethinking India's Foreign Policy [M]. New Delhi: SAGE Publications, 2013.

[57] Ramnarayan S. Rawat, K. Satyanarayana. Dalit Studies [C]. Durham & London: The Duke Press, 2016.

[58] Robert Lane Greene. You Are What You Speak: Grammar Grouches, Language Laws, and the Politics of Identity [M]. New York: Delacorte Press, 2011.

［59］ *Rosalind O'Hanlon*. Caste, Conflict and Ideology: Mahatma Jotirao Phule and Low Caste Protest in Nineteenth-Century Western India ［M］. Cambridge: Cambridge University Press, 2002.

［60］ *S. P. Udayakumar*. Presenting the Past: Anxious History and Ancient Future in Hindutva India ［M］. *Westport: Praeger*, 2005.

［61］ *S. Shankar*. Flesh and Fish Blood : Postcolonialism, Translation, and the Vernacular ［M］. *Berkeley: University of California Press*, 2012.

［62］ *Samanth Subramanian*. This Divided Island: Life, Death, and the Sri Lankan War ［M］. *New York: St. Martin's Press*, 2015.

［63］ *Sarah Hodges*. Contraception, Colonialism and Commerce: Birth Control in South India, 1920-1940 ［M］. *Aldershot: Ashgate*, 2008.

［64］ *Sascha Ebeling*. Colonizing the Realm of Words: The Transformation of Tamil Literature in Nineteenth-Century South India ［M］. *New York: State University of New York Press*, 2010.

［65］ *Selvaraj Velayutham*. Tamil Cinema: The Cultural Politics of India's Other Film Industry ［M］. *London: Routledge*, 2009.

［66］ *Sonia N. Das*. Linguistic Rivalries: Tamil migrants and Anglo-Franco Conflicts ［M］. *New York: Oxford University Press*, 2016.

［67］ *Srinath Raghavan*. India's War: World War II and the Making of Modern South Asia ［M］. *New York: Basic Books*, 2016.

［68］ *Stefan Berger*. Writing the Nation: A Global Perspective ［M］. *New York: Palgrave Macmillan*, 2007.

［69］ *Stuart Hall, Paul Du Gay*. Questions of Cultural Identity ［C］. *London: SAGE*, 1996.

［70］ *Sumathi Ramaswamy*. Passions of the Tongue: Language Devotion in Tamil India, 1891-1970 (Studies on the History of Society and Culture) ［M］. *Berkeley: University of California Press*, 1997.

［71］ *Sumit Sarkar*. Modern India, 1885-1947 ［M］. *New York: Palgrave Macmillan*, 1989.

［72］ *Svabhu Kohli, Viplov Singh*. Tales of India: Folk Tales from Bengal, Punjab, and Tamil Nadu ［M］. *San Francisco: Chronicle Books LLC*, 2018.

[73] *Swarnavel Eswaran Pillai.* Madras Studios: Narrative, Genre, and Ideology in Tamil Cinema [M]. *New Delhi: SAGE Publications Pvt. Ltd*, 2015.

[74] *Tapati Guha-Thakurta.* Monuments, Objects, Histories: Institutions of Art in Colonial and Post-Colonial India (Cultures of History) [M]. *New York: Columbia University Press*, 2004.

[75] *Thirumaavalavan (Translated from the Tamil by Meena Kandasamy).* Uproot Hindutva: The Fiery Voice of the Liberation Panthers [M]. *Kolkata: Samya*, 2004.

[76] *Timothy Brook, Andre Schmid.* Nation Work: Asian Elites and National Identities [C]. *Ann Arbor: University of Michigan Press*, 2000.

[77] *V. D. Savarkar.* Hindutva: Who is a Hindu? [M]. *New Delhi: Hindi Sahitya Sadan*, 2003.

[78] *William Gould.* Hindu Nationalism and the Language of Politics in Late Colonial India [M]. *Cambridge: Cambridge University Press*, 2004.

[79] *Zoe C. Sherinian.* Tamil Folk Music as Dalit Liberation Theology [M]. *Bloomington: Indiana University Press*, 2014.

(三) 英文期刊论文

[1] *Athithan Jayapalan. Politics of Primordial Loyalties and Its Transnational Dimensions: Tamilness as Pan-ethnic and Supranational* [J]. Studies in Ethnicity and Nationalism, 2017, 17 (2).

[2] *C. Christine Fair. Diaspora involvement in insurgencies: insights from the Khalistan and Tamil Eelam Movements* [J]. Nationalism and Ethnic Politics, 2005, 11 (1).

[3] *C. A. Perumal, R. Thandavan. Moderates and Extremists in Indian National Congress in Tamil Nadu: 1900 – 1920* [J]. The Indian Journal of Political Science, 1985, 46 (4).

[4] *C. J. Miller. The Essence of Home Landscape Images and the Construction of National Identity among Tamil Immigrants* [J]. Interdisciplinary Studies in Literature and Environment, 2002, 9 (2).

[5] *Demelza Jones. "Our Kith and Kin": Sri Lankan Tamil Refugees and the Ethnonationalist Parties of Tamil Nadu* [J]. Nationalism and Ethnic

Politics, 2012, 18 (4).

[6] John Harriss. *Whatever Happened to Cultural Nationalism in Tamil Nadu? A Reading of Current Events and the Recent Literature on Tamil Politics* [J]. Commonwealth & Comparative Politics, 2002, 40 (3).

[7] Jones Demelza. *Diaspora identification and long-distance nationalism among Tamil migrants of diverse state origins in the UK* [J]. Ethnic and Racial Studies, 2014, 37 (14).

[8] Kalpama Ram. *Rationalism, Cultural Nationalism and the Reform of Body Politics: Minority Intellectuals of the Tamil Catholic Community* [J]. Contributions to Indian Sociology, 1995, 29 (1).

[9] Kalyani Thurairajah. *The Case of the Sri Lankan Tamil Diaspora and Homeland: A Shared Ethnic Identity?* [J]. Studies in Ethnicity and Nationalism, 2017, 17 (1).

[10] Maya Ranganathan. *Nurturing a nation on the net: The case of Tamil Eelam* [J]. Nationalism and Ethnic Politics, 2002, 8 (2).

[11] Novotný Josef, Kubelková Jana, Joseph Vanishree. *A multi-dimensional analysis of the impacts of the Mahatma Gandhi National Rural Employment Guarantee Scheme: A Tale from Tamil Nadu* [J]. Singapore Journal of Tropical Geography, 2013, 34 (3).

[12] Pamela Price. *Revolution and Rank in Tamil Nationalism* [J]. The Journal of Asian Studies, 1996, 55 (2).

[13] Purnaka L. de Silva. *The Growth of Tamil Paramilitary Nationalisms: Sinhala Chauvinism and Tamil Responses* [J]. South Asia Journal of South Asian Studies, 1997, 20 (1).

[14] R. Cheran. *Cultural Politics of Tamil Nationalism* [J]. Comparative Studies of South Asia Africa and the Middle East, 1992, 12 (1).

[15] Radhika Coomaraswamy. *Nationalism: Sinhala and Tamil Myths* [J]. Comparative Studies of South Asia Africa and the Middle East, 1986, 6 (2).

[16] Ranganathan Maya. *Potential of the Net to Construct and Convey Ethnic and National Identities: Comparison of the Use in the Sri Lankan Tamil*

and Kashmir Situations [J]. Asian Hindu Nationalism and the Language of Politics in Late Colonial India Ethnicity, 2003, 4 (2).

[17] Renate Dohmen. Happy Homes and the Indian Nation: Women's Design in Post-Colonial Tamil Nadu [J]. Journal of Design History, 2001, 14 (2).

[18] Stine Bruland. Nationalism as Meaningful Life Projects: Identity Construction among Politically Active Tamil Families in Norway [J]. Ethnic and Racial Studies, 2012, 35 (12).

[19] Sumathi Ramaswamy. Body Language: The Somatics of Nationalism in Tamil India [J]. Gender & History, 1998, 10 (1).

[20] Sumathi Ramaswamy. Language of the People in the World of Gods: Ideologies of Tamil before the Nation [J]. The Journal of Asian Studies, 1998, 57 (1).

[21] Sumathi Ramaswamy. The Nation, the Region, and the Adventures of a Tamil "Hero" [J]. Contributions to Indian Sociology, 1994, 28 (2).

[22] Vaitheespara Ravi. Beyond "Benign" and "Fascist" Nationalisms: Interrogating the Historiography of Sri Lankan Tamil Nationalism [J]. South Asia Journal of South Asian Studies, 2006, 29 (3).

（四）英文学位论文

[1] John Zavos. Sangathan – The Pursuit of a Hindu Ideal in Colonial India: The Idea of Organisation in the Emergence of Hindu Nationalism 1870 – 1930 [D]. Bristol: University of Bristol, 1997.

[2] Meadowcroft Keith. The Emergence, Crystallization and Shattering of a Right – Wing Alternative to Congress Nationalism: the All – India Hindu Mahasabha, 1937-52 [D]. Montrea: Concordia University, 2003.

[3] Myra Sivaloganathan. Sri Lankan Discourse of Ethno-Nationalism and Religious Fundamentalism [D]. Hamilton: McMaster University, 2017.

[4] Nirad Pragasam. "Tigers On The Mind": An Interrogation of Conflict Diasporas and Long Distance Nationalism–A Study of the Sri Lankan Tamil Diaspora in London [D]. London: The London School of Economics and Political Science, 2012.

[5] *Sundaram Dheepa. Aesthetics as Resistance*:*Rasa*,*Dhvani*,*and Empire in Tamil 'Protest' Drama* [D].Urbana:University of Illinois at Urbana-Champaign,2014.

[6] *Suvarna Variyar. Saving Sita*:*The Ramayana and Gender Narratives in Postcolonial Hindu Nationalism* [D].Sydney:University of Sydney,2018.

(五) 其他文献及相关网站

[1]《印度教徒报》(The Hindu)。

[2]《印度每日邮报》(Indian Daily Mail)。

[3]《马六甲卫报》(Malacca Guardian)。

[4]《马来亚论坛报》(Malaya Tribune)。

[5]《新加坡自由西报》(The Singapore Free Press)。

[6]《海峡时报》(The Straits Times)。

[7]《斯里兰卡每日镜报》(The Daily Mirror)。

[8] 印度宪法网,https://www.constitutionofindia.net/。

[9] 印度国家档案馆,https://www.abhilekh-patal.in/jspui/。

[10] 英国国家档案馆,https://www.nationalarchives.gov.uk/。

[11] 印度议会(下议院)电子图书馆,https://eparlib.nic.in/handle/123456789/3/。

[12] 泰米尔纳德邦立法议会,http://www.assembly.tn.gov.in/documents/documents_menu.html/。

后 记

眼前的这本书，是在本人博士学位论文的部分内容基础上进行整理和深化的产物。博士毕业后，我有幸成为一名高校教师，十余年来的夙愿得以实现，可以奋战在我国的高教战线上。走上教师岗位的我，内心既有喜悦也有紧张。常言道"学高为师 身正为范"，我能不能给自己的学生做出一个优秀的示范？我是否始终有能力为学生"传道授业解惑"？这些问题时常萦绕在我的脑海。我想，"教学相长""教研相长"是回应这些问题的最好方式。也正是在广东技术师范大学马克思主义学院李尚旗教授、曾志浩副教授等领导和前辈的关心鼓励下，我紧张且匆忙地投入到了这份书稿的修改出版工作中。

在这里，我要特别感谢我读博期间的导师——南开大学历史学院肖玉秋教授。几年前，承蒙肖老师不弃，忝列门墙。肖老师乃国内世界近现代史领域的资深学者，能随老师学习实属学生之幸。步入南开大学后，肖老师亲手将学生领入世界史研究领域，从语言学习、资料搜集、史料分类、信息解读、选题立意、篇章布局、段落符号等方面，系统地向学生讲解与传授历史学的研究方法。这些研究技能的学习，令本人受益匪浅，既让我增加了跨学科研究的信心与动力，也使我得以掌握历史研究的视角、方法与规范。

学习研究之外，肖老师也常给我们讲为人处世的道理，常告诫我们应踏实做事、勿贪名逐利、板凳坐得十年冷。肖老师几十年如一日的言传身教，是我辈学习的最好榜样，更是我未来科研工作路上的"指明灯"。博士学位论文研究的开展中，从开题、写作至成稿，老师都始终如一地给予我细心指导。可以说，如果没有老师的指导，博士学位论文的完成是难以想象的，我衷心地向肖老师致以最崇高的敬意与最真诚的感谢！

"南开史院"是国内史学研究的一大重镇,这里大师荟萃、学风醇厚,诸位老师的授课或点拨使人醍醐灌顶、收获颇多。感谢付成双教授、丁见民教授、李凡教授、董瑜副教授等老师在论文的选题、研究及答辩上给予我的指导和建议;感谢赵学功教授、罗宣副教授等老师在课堂上就研究资料的查找及搜集所给予我的讲解和教诲;感谢杨令侠教授在入学时提醒我注意毕业的问题,这成为博士在学期间脑海中时常响起的一记"警钟";感谢王金连、刘欣、李刚、侯咏梅等老师在行政事务上提供的便利和帮助。

此外,感谢钱磊、刘成、吕文娟、宁锐、宋亚光等师兄师姐在学习与生活上的帮助和指点;感谢纪文娟、贾天宇、李旋、温昕、王思然等师弟师妹的温暖鼓励;感谢杨智雄、任炳卿、刘澜波、周彦榜、麦伟杰、王海龙等学友的跨学科交流与学术切磋;感谢同班的李泽源、李天宇、武文君、冯利、王译、袁苗苗、叶选慧、樊越、党程程、王越等同学,与大家相伴的学习时光常使人豁然开朗、茅塞顿开;感谢韩强强、徐福举、白丽萍、吴鲁锋、宋文、余熴等同学,与大家一起的羽毛球练习时光成为博士科研学习生活外难得的"惬意"时刻。

在此,我还要特别感谢研究生阶段向我系统讲授南亚问题研究的四川大学南亚研究所诸位老师。感谢我读硕士期间的导师——戴永红教授,戴老师是国内南亚国际关系学界的知名学者,正是在戴老师的引领下,我踏入了南亚及印太地区研究的大门。戴老师的系统指导,锻炼了我的科研能力,培养了我的研究兴趣。戴老师在科研素养和专业能力上的深厚功底,让师门的我们都受益匪浅。戴老师还时常告诉我们要有家国情怀,要立足本职工作服务社会、报效国家。

此外,感谢李涛教授、宋志辉教授、杨文武教授、王娟娟副教授、刘思伟副教授在课堂上传授的专业知识,感谢张力教授、尹锡南教授给予我的殷切鼓励与暖心叮嘱,感谢曾祥裕副教授多次给予我学术上的点拨和指教,感谢雷鸣老师、李建军老师在我读研时所给予的行政协助和生活关心。

不得不提的是,我还要感谢几位本科学习阶段的老师,他们是我专业学习的启蒙老师,也对我的读博生涯给予了精神鼓励和专业指教。感谢云南大学的刘军副教授,是他本科课堂上的专业知识讲授让我对南亚研究产生了兴趣并决心坚持下去；感谢云南民族大学的王恩学副教授、李兴刚副教授和许红艳副教授，几位老师的专业知识讲解，既提升了我的专业知识素养，也提高了我的专业学习兴趣。

从政治学学科跨越到世界史学科学习，虽然研究领域存在着密切的联系，但研究的方法、视角与思路之差别不可谓不大。而本人生性愚钝、才疏学浅，文中疏漏甚至谬误之处可能不少，诚请各位专家学者与读者朋友多多指正。从本科至今，本人的学习与研究兴趣主要围绕着印太地区国际问题展开，特别是有关印度的研究所花费之精力最多。本人也深知，目前国内学界与印度相关的国际关系特别是历史研究仍较为薄弱，许多领域和问题都亟待进一步深入研究，我愿在这一领域做一些自己的尝试与努力。同时，真挚欢迎能有更多的学界朋友加入此领域的研究，助推我国印太地区相关区域国别研究的发展与进步。

如果从刚步入大学算起，我在大学校园里度过了10年的学生时光；而若以小学步入校园计，则连续度过了22年的全日制学习生涯。在这个过程中，有过快乐、有过艰辛、有过兴奋、有过困惑。我有太多的人需要感谢，也有太多的事值得怀念，感谢我生命中遇到的所有人、所有事。特别是要感谢我的家人，谢谢他们一贯的理解与支持。从初中开始就一直离家求学，作为儿子不能时常陪伴在父母身旁，我深深地体悟到这其中需要承受的亲情割舍，以及父母做出的巨大付出。如今，参加工作后也不在父母身旁，我心中时常深怀愧疚。

谢谢所有爱我的人与我爱的人，祝福你们！青葱时光，悄然而逝；蓦然回首，五味杂陈，不禁潸然……我深知，那些逝去的青春时光不会复返。古语有云："往者不可谏，来者犹可追。"谨以自勉。

2022年4月2日深夜
于广州棠下